高职院校"十三五"学前教育专业规划教材
高职高专学前教育专业理实一体化立体教材

学前儿童音乐教育

主　编　沈玉萍
副主编　宋　乐　金培源
参　编　（按姓氏笔画排序）
　　　　刘振东　李　杜　宋琛琛
　　　　罗　茜　季毅斌　宫　婵
　　　　唐　梅　袁　超　徐翠凤

南京大学出版社

图书在版编目（CIP）数据

学前儿童音乐教育 / 沈玉萍主编 . — 南京：南京大学出版社，2018.6（2022.12 重印）

高职院校"十三五"学前教育专业规划教材

ISBN 978-7-305-19988-2

Ⅰ. ①学… Ⅱ. ①沈… Ⅲ. ①学前儿童 – 音乐教育 – 高等职业教育 – 教材 Ⅳ. ① G613.5

中国版本图书馆 CIP 数据核字 (2018) 第 048717 号

出版发行	南京大学出版社
社　　址	南京市汉口路 22 号　　邮编　210093
出 版 人	金鑫荣
书　　名	学前儿童音乐教育
主　　编	沈玉萍
责任编辑	丁　群　钱梦菊　　编辑热线　025-83596923
照　　排	南京凯建图文制作有限公司
印　　刷	南京人民印刷厂有限责任公司
开　　本	787×1092　1/16　印张　18.5　字数　357 千
版　　次	2018 年 6 月第 1 版　2022 年 12 月第 2 次印刷
ISBN	978-7-305-19988-2
定　　价	45.80 元
网　　址	http://www.njupco.com
官方微博	http://weibo.com/njupco
官方微博号	njupress
销售咨询热线	（025）83594756

* 版权所有，侵权必究
* 凡购买南大版图书，如有印装质量问题，请与所购
　图书销售部门联系调换

前　言

音乐不是虚无飘渺的存在，是个体生命表达的方式。表达的方式不仅仅是唱出来，还有学会倾听、随音乐律动等，这些都是个体亲近音乐的方式。通过音乐和幼儿一日生活的有机结合，让音乐满足幼儿的精神需要，熏陶、滋养幼儿的心灵。不少学前教育师范生在组织音乐活动时，会不好意思，会放不开，总觉得自己声音不够好听，唱歌不行。一些幼儿园指导老师也会反映：学生在组织音乐活动时，唱歌跑调离谱。这些现象引发我们的思考：学前教育师范生除了掌握最基本的音乐理论，到底应该掌握哪些核心的音乐基本能力？更为重要的是在幼儿园内，如何利用这些音乐基本能力，组织幼儿的音乐教学活动呢？

以往关于儿童音乐教育的教材，多从师范生音乐理论素养出发，忽视了学前师范生音乐基本能力的训练。而大部分有关音乐能力训练的教材，在学前专业更多在声乐训练、钢琴训练、合唱训练等其他学科中进行。各学科间未能形成完整的知识脉络，习得的知识也更多是静态的知识，属于陈述性知识。部分学生在习得专业的音乐能力后，很难把自身的音乐能力转化为幼儿的能力，很难将陈述性知识转换为程序性知识。面对需要音乐启蒙的幼儿，师范生存在实践的盲点。

本书是针对师范生的音乐实训教材。本教材的编写主要依据《3~6岁儿童学习与发展指南》以及音乐教育的相关内容，帮助学前教育师范生掌握基本的音乐理论，提升他们的音乐基本能力，即音乐的感受力、音乐的节奏感、音乐的表现力，在此基础上，能结合幼儿园的区域活动、集体教学活动、一日活动等，提高学前教育师范生的音乐实践能力。本书每一章后，都有对应的实践练习，旨在让师范生通过反复有效的训练，进一步掌握必备的技能。本教材的案例大部分来自幼儿园的鲜活案例，缩短了师范生走进实践场的距离。本书还附有大量的音乐视频和音频资料，通过扫描二维码的形式，能够获得对音乐活动的完整感受。通过本教材的学习，学前师范生的学习体验是立体的，是完整的。

本教材的编写团队不仅有高职院校教师，还有从事幼儿园音乐教育的一线教师。团队中幼儿园一线教师的学历都是硕士研究生，教龄长达10年以上。在此，一并表示衷心的感谢。由于作者学识有限，书中不足之处，敬请专家与学者批评指正。

编者
2018年1月

目 录

第一章 音乐与学前儿童音乐教育 …………………………………………………… 001
    第一节 音乐概述 ………………………………………………………………… 001
    第二节 音乐的发展 ……………………………………………………………… 012
    第三节 学前儿童音乐教育 ……………………………………………………… 021

第二章 国外学前儿童音乐教育理论与流派 ……………………………………… 028
    第一节 达尔克罗兹音乐教育体系 ……………………………………………… 028
    第二节 柯达伊音乐教育体系 …………………………………………………… 036
    第三节 奥尔夫音乐教育体系 …………………………………………………… 046
    第四节 铃木音乐教育体系 ……………………………………………………… 062

第三章 学前教育师范生音乐感受力训练 ………………………………………… 072
    第一节 音高辨析 ………………………………………………………………… 073
    第二节 音色辨析 ………………………………………………………………… 075
    第三节 音值辨析 ………………………………………………………………… 085
    第四节 音强辨析 ………………………………………………………………… 089
    第五节 曲式和调式辨析 ………………………………………………………… 092

第四章 学前教育师范生音乐节奏感训练 ………………………………………… 109
    第一节 嗓音节奏训练 …………………………………………………………… 109
    第二节 动作节奏训练 …………………………………………………………… 118
    第三节 乐器节奏训练 …………………………………………………………… 125
    第四节 综合训练 ………………………………………………………………… 134

第五章 学前教育师范生音乐表现力训练 ………………………………………… 147
    第一节 歌唱表现训练 …………………………………………………………… 147
    第二节 动作表现训练 …………………………………………………………… 157

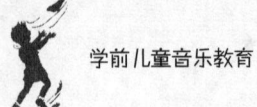

  第三节 乐器演奏表现训练……………………………………………………… 160

第六章 学前儿童音乐教学活动设计……………………………………………… 163
  第一节 学前儿童音乐教学活动目标的设计………………………………… 163
  第二节 歌唱活动的设计…………………………………………………… 172
  第三节 韵律活动的设计…………………………………………………… 195
  第四节 打击乐活动的设计………………………………………………… 207
  第五节 音乐欣赏活动的设计……………………………………………… 219

第七章 其他活动中音乐教育的渗透与组织……………………………………… 228
  第一节 生活活动中音乐教育的渗透与组织…………………………………… 228
  第二节 学习与游戏活动中音乐教育的渗透与组织……………………………… 241
  第三节 大型庆典活动中音乐教育的渗透与组织……………………………… 254

第八章 学前儿童音乐教育评价……………………………………………………… 267
  第一节 学前儿童音乐教育活动评价的作用和原则…………………………… 267
  第二节 学前儿童音乐教育活动评价的内容和标准…………………………… 276
  第三节 学前儿童音乐教育活动评价的方法…………………………………… 283

参考文献………………………………………………………………………………… 289

教师服务入口

- 课件申请
- 教学资源
- 申书申领

学生服务入口

- 拓展资源
- 在线学习
- 加入教师资格考试圈

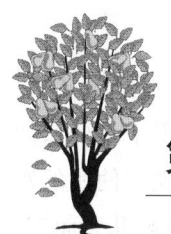

第一章 音乐与学前儿童音乐教育

研究自古至今音乐产生、发展、演变的过程,总结不同阶段音乐教育的经验、教训及其特点,并做出科学的评价,才能更深刻地认识音乐教育的今天,这将为发展儿童音乐教育提供有益的历史经验,理解儿童音乐教育的特点、任务。

音乐;发展;学前儿童音乐教育

第一节 音乐概述

问题导入

音乐是人类历史上最古老的艺术种类之一。音乐是一种声音的艺术,催人联想,给人力量,引导人们热爱生活,向往美好的未来。音乐源自何处?在历史长河中,是如何发生发展的?这些问题的解决能够帮助我们更好地进行学前儿童音乐教育。

一、音乐的起源

音乐的英文是"music",源自于拉丁文,原指古希腊神话中掌管文艺、科学并侍奉太阳神阿波罗的女神缪斯。以她的名字、形象来代表音乐,暗示音乐的高贵纯洁。由此可见,西方社会对音乐的重视和推崇由来已久。关于音乐的起源,古今中外历代的哲学家、美学家和文艺理论家们形成了许多不同的解释。影响比较大的有如下四种:

视频：
《音乐的起源》

（一）模仿说

从朴素的唯物主义观点出发，认为音乐来源于对客观的自然界和社会现实的模仿。这或许是最古老的一种说法。亚里士多德认为模仿是人的本能，所有的艺术都是模仿，差别只在于模仿使用的媒介不同，音乐是以声音来模仿的艺术形式。模仿对于低龄儿童而言，是主要的行为表现，他们在模仿中了解、熟悉这个世界。

（二）游戏说

游戏说主要是由18世纪德国哲学家席勒和19世纪英国哲学家斯宾塞提出来的。他们认为，艺术活动和审美活动起源于人类所具有的游戏本能，人的这种"游戏"本能和冲动，就是艺术创作的动机。在这种无功利、无目的、自由的音乐活动中，人的过剩精力得到了宣泄，同时也获得了快乐，即美的、愉悦的享受。游戏是儿童时期的主要活动方式，对音乐的感知、感受、表达也需要通过游戏的形式展开。

（三）巫术说

这种理论在19世纪末和20世纪初逐渐兴起，后来影响越来越大。它认为音乐起源于人类原始文化的图腾歌舞、巫术礼仪。这是当时社会生产实践的反映，属于社会意识形态。对于现在的儿童而言，音乐能让他们更好地连接彼此，感受群体交往的乐趣。

（四）劳动起源说

音乐的劳动起源说认为，音乐起源于劳动，劳动给予音乐以内容，劳动的呼声给予音乐以节奏和音调，劳动的动作给予音乐以舞姿（形象）；古代的诗歌、音乐、舞蹈三者是一体的。

音乐的劳动起源说的代表人物是奥地利音乐学者瓦勒谢克（1860—1917）和德国经济学者布赫（1847—1930）。瓦勒谢克在其著作《原始音乐》中提出，音乐是由非洲原始民族在战争狩猎时的舞蹈及强烈节奏的伴奏发展而来的。劳动起源说让我们重新重视音乐节奏、音乐律动对于儿童的重要性。

以上四种理论和说法都从某一个角度、某一个侧面探讨了音乐的产生。可见，音乐在没有被"抽象"独立出来以前，是同祖先们的劳动、娱乐、巫术等融为一体的。音乐产生的原因归根结底离不开人类社会的实践活动，是人类文化发展历史进程中的必然产物。随着人们社会实践的不断发展，音乐在人类社会发展中扮演着日益重要的角色。

二、音乐的本质

目前，关于音乐的概念，使用较广泛的是依照一定的规则、秩序，由人们根据内心需求和感受专门创造出来的音响效果，是表达思想感情的一种社会性艺术，表达的是语言穷于表达的更宽广、更奇妙的境界。音乐包括了音的高低、长短、力度和音色四个基本要素。

表1-1 音乐的基本要素

音高	任何一首曲子都是由高低相间的音组成的，从钢琴上直观地看，键盘越往左边音越低，越往右边音越高
音值	又称时值，指音延续时间的长短，由发音体振动的时间长短决定
音强	一首音乐作品总会有的音符的力度强一些，有的弱一些，力度的变化是作品中表达情感的手段之一
音色	不同的发声体，发出声音的音色不同，例如同样的旋律音高，男生和女声唱就有不一样的音色，小提琴和钢琴的音色也不一样

唱歌不准是音的高低问题，节奏不稳是长短问题，拍子不对是音的强弱问题，声音不动听是音色问题。同一首歌，音色、音强发生变化，这支歌的旋律依旧。但如果音高或音值有变化，这首歌也会发生一些变化。比如，把一首哀乐加快速度来演奏，就可使它变成欢快的儿歌。所以，对一段旋律来说，音高和音值是至关重要的。从要素出发，可以把音乐称之为声音的艺术。音乐的主要表现方式包括节奏、速度、旋律、调式、和声。

表1-2 音乐的表现方式

节奏	将时值长短不一的音组合在一起，常被比喻为音乐的骨骼
速度	音乐进行中节拍的快慢
旋律	长短、高低、强弱不同的一连串乐音有组织地进行
调式	几个音按照一定的关系组成一个体系，并以其中的某个音为中心（主音），该体系称为调式，如大调式、小调式、五声调式
和声	两个或两个以上不同的音按一定的法则同时发声而构成的音响组合

不论什么民族、国家、地域、阶层的人民，虽语言不通，却都能通过音乐的节奏、旋律直接感受它所表达的情绪。比如世界杯开场音乐，一听就让人心情澎湃。因此，"音乐是真正的世界语"。从

这点出发，音乐也是情感的艺术，具有以情动人、以情感人的艺术魅力。

音乐在时间中进行，在时间中发展，随着时间的进程而逐渐展示音乐作品的各个组成部分并最终为听者所感受理解。音乐能够表现出视觉艺术所不能表现的时间延续、运动发展的过程。从这点出发，音乐是时间的艺术。不同时期，音乐能反应不同社会生活的审美性。

拓展链接

不爱音乐不配做人。虽然爱音乐，也只能称半个人。只有对音乐倾倒的人，才可完全称作人。

——黑格尔

世界在音乐中得到了完整的再现和表达，它是各种艺术当中第一位的。

——叔本华

音乐是万德胚胎的源泉，不为音乐所动的人，我必定把他比作木石。

——马丁·路德

三、音乐的功能

音乐的功能是指音乐在人类社会生活中所起的作用。音乐作为一门古老的艺术，其社会功能是多方面的，且随着社会历史的不断发展，人们对音乐的社会功能的认识也有新的发展和变化。

（一）教育功能

对音乐教育功能的阐述早已有之。我国古代伟大的思想家孔子曾以"礼乐相济"的思想创立了最早的教育体系，提倡"六艺"——礼、乐、射、御、书、数。其中"乐"就是诗、歌、舞、演、奏等的艺术综合体。

1. 启迪智慧，诱发灵感

音乐能够激发人的灵感，启迪智慧，促进思维的发展。多听优美的音乐，不仅能够活化右脑，还能够通过大脑兴奋点的激发带动，促进左右脑的协调，推动想象、思维和创造活动，从而诱发出人们心中潜在的巨大力量和智慧火花。

2. 潜移默化，陶冶情操

音乐可以净化人的心灵，陶冶人的情操和品格。音乐是一种情感的艺术，鲜明的音乐形象能生动地反映和影响人的思想感情，对人产生潜移默化的教育和影响。同时，音乐又富于表现力和感染力。比如一首高昂、雄壮的乐曲能够对人的心灵产生极大的震撼。

（二）保健功能

人类对于音乐与健康关系的探索由来已久。音乐的保健功能具体表现在以下两个方面：

1. 调节身心

弗洛伊德认为，音乐能直达人的潜意识，因此最有利于宣泄内心积郁。科学研究证明，当人在倾听、欣赏美妙的音乐时，能够使听觉器官与机体内的各个共振系统的节奏相协调，产生有益的共振。随着这种生理共振，人的心跳速度、皮肤温度以及呼吸、循环、消化、内分泌系统都会发生一系列的变化，从而对调节躯体功能起到良好的作用[①]。此外，优美的音乐作用于人的大脑，能提高神经细胞的兴奋性，从而调节血流量，促进血液循环，加强新陈代谢。同样，音乐对人的心理健康也有一定的调节作用。通过音乐，还可以培养人稳定、积极的情绪和坚强的意志，使人获得精神力量，满怀热情投入到意志行为中去。

2. 治疗疾病

用音乐治疗疾病的历史源远流长。我国古代有类似的记载，现代音乐疗法更被广泛地吸收、运用于临床实践。如莫扎特可能不是世界上最伟大的音乐家，但他的《D大调双钢琴奏鸣曲》却已经成为世界上最知名的胎教音乐。再如琵琶曲《阳春》，全曲有一种明快愉悦、生机勃勃之感，听后使人身心舒畅，解除情志的压抑感，对于治疗肝气反胃的胃痛效果好。随着现代医学、生理学研究的不断深入和发展，用音乐疗法来医治各种慢性病、精神病、孤独症和自闭症等已十分普遍。研究发现，巴赫的音乐对消化系统有益，是因为其吻合了消化系统的生理节律；莫扎特的音乐对脑神经细胞有益，是因为其吻合了脑神经细胞的生理节律。

音频：
《D大调双钢琴奏鸣曲》
《阳春白雪》

---

① 李璞珉. 心理学与艺术[M]. 北京：首都师范大学出版社，1996：385.

（三）审美功能

正如绘画的美首先来源于线条、构图、色彩等绘画要素一样，音乐的美也体现在音高、音值、音色、旋律、曲式、和声等音乐要素上。这些形成了音乐独特的艺术审美特征。《动物狂欢节》这个组曲中，用音乐表现了各种动物的声音。大象用了低音区声音粗拙的倍大提琴，体现大象粗壮的体态和沉重的舞步；天鹅的音色则选用了温暖的大提琴。力度变化产生的音响既可以表现狂风暴雨、奔腾豪放等强烈的情感，也可以表达微妙的感受。如柴可夫斯基《儿童曲集》中的《云雀之歌》，乐曲运用了三连音，生动刻画了云雀欢快的叫声，这种声音效果产生的音乐形象，惟妙惟肖，非常生动。

视频：
《动物狂欢节》

四、基本音乐能力

当代著名作曲家、音乐教育家卡尔·奥尔夫（1895—1982）认为，音乐性在每个儿童的自然本性中都存在，人的音乐才能高低取决于内在的音乐性有没有被充分地发掘出来。事实也证明，每个人都有音乐能力，尤其是早期幼儿音乐能力的普遍存在。音乐能力实质是个体从事音乐实践活动的本领，具体表现为音乐感受力、音乐节奏感、音乐表现力和创造力。

（一）音乐感受力

音乐感受力是指对音乐作品所反映的情绪和思想感情的体验能力，即能够感受音乐的高低、长短等，感受音乐作品所表达的内容、情感，进行有关的联想、想象，并在感情上产生共鸣。如小提琴演奏的《摇篮曲》，人们能够感受到音乐的优美和宁静，体验作品带来的美好感觉。奥尔夫说过："完全没有音乐感受的幼儿是罕见的，几乎每个幼儿都能理解和享受音乐。"一般来说，出生四五个月的婴儿就有了对音乐的最初感受力，他们能听着摇篮曲入睡。幼儿1岁左右时，开始练习说话，他能准确判断整个语句、语调的不同，并记住它，从而根据语调的不同判断成人说话时的不同感情，对于他来说，这就是旋律。

音乐是听觉的艺术，培养儿童的音乐感受力，首先要以聆听音乐为核心，包括音乐听觉和情绪感受两部分。如果先天缺乏听觉当然不可能有所感受。音乐听觉的要求比语言听觉高，它要求能听出音是渐高还是渐低的；音的组成是1个、2个、3个还是4个。例如

C 调中 1-2-3 就是渐高，3-2-1 就是渐低；如 C 调中 1 是单音，13 是双音，135 是 3 个音，135$\dot{1}$ 是由 4 个音组成的。有人对变调非常灵敏，有些人竟完全不能觉察。每个人对音乐的情绪感受也不同。某种音乐对一些人是一种享受，而对另一些人是讨厌的噪音。音乐是一种不用翻译的语言，有时使人跃跃欲试，翩翩起舞，情绪愉悦；有时使人潸然泪下，情绪跌宕起伏。

有人认为音乐感受能力完全是先天遗传的，不能改变，但经研究证明，音乐感受力可以在培养下渐渐提高。例如区别半音和变调的能力，如果在 3 岁之前经常听到有半音的音乐或伴奏，或者随琴唱出半音和变调，这种能力会固定下来终生有之。如果 3 岁之前缺乏这种培养，过了 7 岁就难以再学会这种本领。辨别和弦能力与后天培养有更密切的关系，不过对年龄的要求可以放宽。儿童的音乐感受能力受父母影响很大，例如，父母喜欢京剧，儿童也很会欣赏，并会随着学习各种唱腔和表演。当父母对音乐有所感受时，会从表情和言语中流露出来，从而引导儿童进入情境。难怪有些儿童在音乐中产生种种幻想，如同置身其中，在听的过程中脸部表情和肢体动作都有种种变化。缺乏音乐环境长大的儿童就不可能有这些体会。

（二）音乐节奏感

在中国古代音乐史《乐记·疏》里对"节奏"是这样诠释的："节奏，谓或作或止，作则奏之，止则节之。"这里"节"是"节制"的意思，指音乐进行中的停顿，"奏"是"演奏"的意思，指音乐演奏的进行。把音乐的演奏与停顿、进行与节制、连续与休止这些互相对立的因素结合起来，就称为"节奏"。奥尔夫在其音乐教育思想与实践中提到，节奏是最朴实的音乐素材，是原本的力量，是音乐的生命。音乐中的节奏概念是比较宽泛的，是一切有关音乐时值方面各种因素的综合，它包括节拍、速度、重音等。

1. 节拍

节拍是乐音长度的量器，具有一定的组合规律。每隔一个弱拍出现一个强拍是一种节拍，每隔两个弱拍出现一个强拍时也是一种节拍。因此，节拍是在长度相同的时间内，按照一定的顺序反复出现，形成有规律的强弱变化。

在乐谱中，节拍单位一般用一个固定的音符来代表。这个音符可以是二分音符、四分音符、八分音符、甚至是十六分音符。如 1/4

拓展：
常见拍子的强弱规律

拍，是以四分音符为一拍，每小节1拍；2/4拍，是以4分音符为一拍，每小节2拍；还有3/4拍、4/4拍、3/8拍、6/8拍、2/2拍、5/4拍、6/4拍、9/8拍等。无论是音乐的节拍还是舞蹈的节拍，都是有节奏、有规律的。一般来说，音乐中的节奏与节拍同时并存，不可分割。节奏与节拍两者之间的差异是，前者指音符，而后者指小节中的拍子。音乐的节拍是以小节律划分节拍，是周期性的重音运动；舞蹈的节拍是有规律的舞步或动作若干次反复呈现的肢体运动；两者并不冲突。

2. 速度

速度的专业术语一般又分为两类：基本速度与变化速度。基本速度术语或符号主要用于标记全曲或整段音乐的速度，如慢板、柔板等。常见的基本速度术语如下：

表1-3 基本速度术语及诠释

速度术语	中文	意义	每分钟拍数
Grave	庄板	沉重、庄严、缓慢地	40
Largo	广板	慢速、宽广地	46
Lento	慢板	慢速地	52
Adagio	柔板	徐缓、从容地	56
Larghtto	小广板	稍缓慢地	60
Andante	行板	稍慢、步行速度	66
Andantino	小行板	比行板稍快	69
Moderato	中板	中等速度	88
Allergretto	小快板	稍快	108
Allegro	快板	快速地	132
Vivace	活板	快速、有生气地	160
Presto	急板	急速	184
Prestissimo	最急板	极快速地	208

（临时）变化速度符号一般都用于标记乐曲进行时的变化，对乐曲的情感表达有非常重要的作用，巧妙地使用变化速度符号会使整个音乐的情感更加丰富多彩。常用的（临时）变化速度记号如下表

所示：

表1-4 基本速度术语及诠释

变化速度术语	意义
a tempo	速度还原
Accelerando	渐快
Affrettando	再快一些
Stringendo	加紧加快
Piu allegro	更多的加快；突快
Piu mosso	更快些；被激动了的
ad libitum（ad lib）	[拉丁]速度任意
Dcppio movimento	加快一倍
Stretto	加速；紧凑些
Incalcando	加急；渐快并渐强
Precipitano	突然加快；匆忙的；急促的
Ritardando（Rit）	渐慢；突慢
Ritardato	放慢了的
Piu	更；更多的
Piu lento	更慢的
Meno	少些；减少
Meno moss	慢些（少快点）
Allargando	逐渐变得宽广并渐强（通常用在曲尾）
L'istesso tempo	当基本拍改变时速度不变

音乐的速度与音乐所表达的情绪、情感有密切关系，是准确诠释音乐作品个性的基础。音乐速度快的通常表达的是欢快、活泼、愉快、高兴、欢庆、热烈、令人兴奋的情绪；速度慢的通常表达的是沉重、忧郁、悲伤、肃穆、令人压抑的情绪。在每一首乐曲开始时都有速度要求的标记。速度标记♩=45表示在一分钟的时间里演奏45拍。同理，♩=120便表示一分钟时间里演奏120拍。

3. 重音

重音是传达音乐作品内涵的重要手法。和周围音相比，重音是

拓展：
常见力度记号

在音响上较强的音，通常分为节拍重音和节奏重音。为了构成节拍而使用的重音，叫作节拍重音。出现的位置相对固定和静态，一般有规律地循环出现，隔一拍、两拍等。节奏重音不受节拍结构的约束，因此它不是静态和固定的。需要标记重音记号">"，也可写作"∧"或"∨"。在乐曲中，有时会出现重音前移的现象，比如切分音。但不是第一拍没有重音，而是出现了两个重音。前面是音乐重音，第二个是人为重音。（切分音：当一个从弱拍或强拍的弱位置开始的音，其时值延续到后面的强拍或弱拍的强位置时，它就成为重音，这个音就叫切分音。）

儿童对于客观世界和自己的认识主要是通过自己感官的直接体验来获得的，早期的艺术活动是一种集动作、语言、音乐、舞蹈为一体的综合行为，使他们融合在一起的最重要、最基本的元素就是节奏。儿童早期阶段是直接感知和体验节奏的最佳时期。0～1岁，儿童具有天生的节奏感，包括许多本能动作，如吮吸、哭泣时手脚摆动、四肢伸张、伸缩，听到节奏感强的音乐时，会主动用拍手、点头等动作做出相应的反应。1～2岁，这一阶段的儿童初步具有表现节奏的能力，可以通过走路、跑步、拍手、点头、念儿歌等各种方式来配合节拍，但往往合不上节拍。2～3岁，这一阶段的儿童节奏感很强，他们已经会按照节奏表达自己的情感，对快、慢等概念有了初步的认识和了解，能听口令做模仿操，合着音乐按拍子进行律动，极有表演欲望。学习音乐的人，就应从学习节奏开始。

以往师范生的音乐教育中，唯一涉及节奏教学的课程是"视唱练耳"，并且以用手打拍子或画拍子进行视唱的方式是最为常见。但对于儿童而言，这样的方式略显单调、乏味。事实上，不通过说教，儿童也能自然地理解音乐，享受音乐。教师培养儿童节奏感时，不需要格外强调音乐的理论知识，可让儿童随着节奏，通过拍手、摇头、拍腿、叉腰、打肩、踩脚等身体动作，来感知和表现音乐的节奏。教师还可以根据音符间不同的节奏组合，编成各式各样的节奏感训练小游戏。游戏可以分小组进行，有时一人一组，有时多人一组，变化百出、趣味十足。同样，教师在对学前师范生进行音乐教育时，也可以通过这种形式，在过程中亲近音乐，不知不觉中感受音乐的魅力。

（三）音乐表现力

音乐表现力是指在音乐感受能力的基础上，把自己对音乐的理解和感受，通过自己的声音或动作有机结合在一起表现出来，通常分为歌唱表现力、动作表现力和乐器演奏表现力等。教师要通过音乐教育活动，帮助儿童用恰当的声音、动作、表情、姿态等方式表现音乐，积极与音乐材料发生有效互动。学习心理学指出，个体在认识过程中开放的感知信通道越多，个体对认识对象的体验就越细致、越丰富，理解也就越全面、越深刻。这意味着原本的音乐绝不只是单纯的音乐，它是和动作、舞蹈、语言紧密结合在一起的。动作、舞蹈、语言要符合音乐的节拍、节奏。音乐表现力包括演唱、演奏、综合艺术表演等。综合表现更多的表现音乐教学不同领域之间的综合，例如音乐与舞蹈、戏剧、影视、美术等艺术的结合，主要内容有律动、集体舞、音乐游戏、歌表演等。《幼儿园教育指导纲要（试行）》（以下简称《纲要》）提出："幼儿园应满足幼儿多方面发展的需要，使幼儿在快乐的童年生活中获得有益于身心发展的经验。"

如奥尔夫音乐律动《钟表舞会》，教师创设了一个参加钟表舞会的故事情境，幼儿们的角色是各种姿态的钟宝宝，当教师出示"摆钟"的图片时，幼儿们便能用动作形象地表现出摆钟的特有姿态——按固定节拍摆动；当"布谷鸟钟"出现时，他们又立马做出一个探出头的动作并学布谷鸟发出叫声，通过几次练习之后，他们创造性的动作便能和音乐巧妙融合在一起了。将音乐和童话剧表演结合，幼儿能够在游戏情境中感受音乐的魅力，通过音乐来表达自己的情绪感受。

3~4岁的幼儿对童话剧感到亲切而陌生。他们喜欢童话剧里的人物，喜欢虚幻的童话世界，但由于语言表达能力的限制，表演经验的缺乏，大部分幼儿会害怕这种表演活动。因此，对于这个年龄段的幼儿，重在激发表现热情，体验表演的快乐。

集体表演形式则比较适合4~5岁的幼儿。集体表演指在理解作品的基础上，按照故事的情节发展连贯完整地表演故事情节。其中，只设1~2名主要角色，其余均为群体角色。集体表演的重点在于幼儿以集体的形式参与童话剧的演出，在表演时，要求幼儿一起念台词，一起表演角色的动作，通过相互模仿，集体练习，激发每个幼儿参与童话剧的热情，帮助幼儿积累最初的舞台经验。中班的幼儿已经积累了部分的表演经验，在语言表达、动作表现方面也日趋成熟，分角色表演的方式是更加适合。分角色表演是指在童话剧中增加不同角色，增加不同场景。

创造性表演适合于 5~6 岁的幼儿。大班的幼儿有着较完善的表达能力，在这个阶段，通过创造性表演，来创新童话剧的表现形式，充分体现了"幼儿在前，教师在后"的特色。音乐剧的表演也能激活学生的表现欲望和创作冲动，在主动参与中展现他们的个性和创造才能，树立勇于表达个人情智的信心。

若缺乏音乐的表现力，只能说明我们在学习音乐时，不擅于将这些内在的感受和理解表现出来。在课堂上，表现力的培养已成为一个重要的环节。在《纲要》中提出："要让幼儿能用自己喜欢的方式，真切、自然地表达对音乐、舞蹈作品的感受"，"运用多种方法表现自己的思想"。《指南》中也强调幼儿的学习应通过实际操作、亲身体验，去模仿、感知、探究。这就给我们的教育提出了"要培养幼儿的表现力"的要求。

第二节 音乐的发展

情境导入

西方的音乐在不同时期体现出来不同的特征，从古希腊、罗马时期，到中世纪、文艺复兴、巴洛克、古典主义、浪漫主义、民族乐派的兴起与繁荣，再到 20 世纪出现了各种新式音乐。中国音乐在公元前 21 世纪前就开始了，经历了萌芽期、形成期、新生期、整理器四个阶段，到如今音乐被赋予了新的生命，进入了一个崭新的时期。

一、西方音乐的发展

（一）古希腊时期的音乐

大约公元前 800 年起，随着原始氏族社会的瓦解，雅典文化空前繁荣，不管是歌唱、抒情诗、器乐演奏，还是有音乐伴奏的戏剧等，都发展到很高水平。音律、音阶、调式等音乐理论主要产生于这一时期。古希腊音乐的源起是与各种神话或神的崇拜相连的。在古希腊人的集体社会生活如祭祀、敬神等宗教活动中,音乐表现不可或缺。如在古希腊有四年一度的宙斯大祭,也有祭奠阿波罗的盛会。

公元前8世纪开始,随着社会体制的转变,政治风气开朗,开始流行抒情诗歌的演唱,常用拉琴演奏,带有浓厚的地方民族音乐特色,更大程度上表达了古希腊人民的自由精神。公元前5世纪到前4世纪是古希腊音乐文化发展的第二个黄金时期,即古典时代,此时期产生了新的综合艺术体裁——古希腊悲剧。这是一种音乐、戏剧和舞蹈相结合的综合艺术体,包含合唱、独唱、朗诵、对白、器乐伴奏等艺术形式,起源于祭祀上的赞美歌,内容多表达深刻的人性和悲剧性的感情。古希腊文化的第三个时期,又称希腊文化的衰退期,这时期的特点是,集体的音乐戏剧活动减少了,声乐成为突出的艺术,涌现出了许多专业歌唱家。在古希腊时期,乐器主要分为三大类:弹弦乐器,吹管乐器和打击乐器。

拓展阅读:
乐器起源的传说

(二)古罗马时期的音乐

公元前146年,尚武骁勇的古罗马人征服希腊,文化的中心也随着西移罗马,古罗马的音乐基本沿袭了古希腊。音乐在古罗马成为教养和身份的象征,在贵族私人家庭为显示身份和地位,各种音乐活动非常普及。

古罗马骨制的蒂比(Tibia)是古希腊阿夫洛斯管的变体,它在宗教仪式和戏剧音乐中广泛使用。古罗马人认为,它可以驱除邪恶,唤起慈善的神性。蒂比管演奏者在社会上颇有地位。古罗马人尚武,军乐得到发展,出现了一些较大型的铜管乐器,如直筒喇叭口的大号(Tuba)和G字形的库努(Cornu)。古罗马盛期,还有许多音乐节日与比赛等。

(三)中世纪时期的音乐

从西亚迁至北欧的日耳曼人,在公元4~5世纪"民族流动"时入侵了罗马帝国。日耳曼人文化落后,知识浅陋,不懂任何艺术。公元6~7世纪,西欧大部分地区倒退至落后时代,异族的国王们完全没有能力管理他们篡取的权力。然而当西欧社会一派凋敝之时,基督教却在向着它的巅峰发展。中世纪早期,病态的禁欲主义和对现世的蔑视,扼杀了艺术的人文精神,绘画和雕塑对人的描绘是虚拟的，音乐追求客观彼岸的风格。

12~13世纪，西欧迎来了与中世纪初期不同的新文明时期。与哥特式的建筑以及绘画中透视科学几乎同时出现，是在听觉上有立体空间感的音乐风格——复调音乐。由于文化的进步以及撒拉逊文明的影响，骑士文学出现了新的思想与行为准则。发源于法国南部普罗旺斯地区的游吟诗人（troubadour）的歌曲是这时期骑士文学和音乐的主要代表。游吟诗人的艺术是封建贵族阶层的一种世俗艺术，他们既是诗人又是作曲者，有的还自己演唱。

（四）文艺复兴时期的音乐

从14世纪开始，中世纪的封建主义社会政治制度、骑士制度、教皇统治的权威都逐渐衰落，哥特艺术的黄金时代也已经过去。一个新的文明时代被称为文艺复兴（西方音乐史上的文艺复兴指1430—1600年）。与直接受到古典作品启发的文学、绘画和雕塑相比，文艺复兴精神在音乐中的表现要来得迟缓。音乐家仍然要在教堂中接受训练并服务于教会或宫廷。但是世俗音乐的价值已为人们所认识。音乐不再仅仅作为宗教仪式的附属品，它同时也是一门独立的艺术。

从15世纪早期到16世纪中叶，欧洲大陆北部的低地区形成了一个对欧洲文艺复兴音乐风格发展有重要影响的音乐流派。帕莱斯特里纳（1525—1594）是宗教改革时期的一位重要的音乐家。他在罗马天主教音乐原则的限制下，继承吸收佛兰德乐派的复调技巧，创作出一种具有独特美学意义的复调合唱风格。作品多为4~6个声部的无伴奏合唱。其中清晰的声部缓缓而动，主调与复调相结合。

（五）巴洛克时期的音乐

西方音乐史上，1600—1750年称为巴洛克时期。巴洛克（Baroque）一词是法语，来源于葡萄牙语（Barroco），意为"不规则的、鳞茎状的珍珠"。巴洛克一词最早用于建筑艺术中，巴洛克时期的音乐与其他艺术交相辉映，呈现出比往昔更加繁荣的艺术景象。蒙特威尔第于1607年写出了杰出的歌剧《奥菲欧》，第二年又创作了《阿里安娜》，其中仅留存下的悲歌以其至深的感染力而著称。

英国文学家弥尔顿的长诗《失乐园》综合了新时代宗教信仰观念，被称为新教信仰的庄严诗篇。意大利歌剧虽然产生于16—17世纪之交，可是这种综合的音乐戏剧形式可以追溯到古希腊的悲剧、

视频：
《奥菲欧》
《所罗门》

中世纪的宗教剧。对歌剧有更直接影响的是文艺复兴的意大利牧歌、幕间剧（inter-medi）和牧歌喜剧。

17世纪中叶，一种宗教戏剧体裁——清唱剧（oratorio）出现。它源于中世纪的宗教剧，是一种带戏剧性的歌唱祈祷，与歌剧相似，包括咏叹调、宣叙调、重唱、合唱。与歌剧不同的是清唱歌剧的题材是宗教或史诗，用拉丁语或意大利语演唱，多数清唱剧没有布景服装，也没有歌剧的情节表演，剧情由演唱者来叙述，常常有令人思索的道德寓意。

（六）古典主义时期的音乐

18世纪的欧洲，经历了一场广泛的思想革命——启蒙运动，它是一场反对教会神权和封建专制的文化运动，然而它的影响远远超出文化领域，涉及经济、政治、法律、哲学、科学乃至社会制度和社会风尚等方面。

视频：
《C大调第一交响曲》
《D大调第二交响曲》

18世纪上半叶，意大利出现了喜歌剧（Opera Baffa），这是在启蒙主义思潮影响下，反意大利正歌剧"矫揉造作"而追求"自然"的一种新的歌剧体裁形式。18世纪下半叶，维也纳成为欧洲音乐的中心。这一时期也出现了很多杰出的音乐家，如莫扎特、贝多芬等。

（七）浪漫主义时期的音乐

19世纪的浪漫主义音乐抛弃了古典音乐以旋律为主的统一性，强调多样性，发展和声的作用，对人物性格的特殊品质进行刻画，更多地运用转调手法和半音。从时代上来说，19世纪中叶是其全盛时期。事实上，在古典派作曲家贝多芬、罗西尼和韦伯的后期作品中，就已经明显地流露出浪漫主义音乐的风格，正是他们开创了浪漫派的先河。

（八）民族乐派的音乐

19世纪中叶，东欧、北欧和俄罗斯的许多音乐家虽然深受西欧浪漫主义音乐创作的影响，但他们实际上更重视具有本民族特色的音乐创作，因而此间产生了一大批表现本民族的国民性格、愿望和生活的优秀音乐作品。这一乐派并不属于某一时间范围，而是由于这一乐派具有共同的美学准则，在音乐史上划归为一个整体。狭义上的民族乐派仅包括四位代表人物，即捷克音乐家斯美塔那、德沃夏克和挪威音乐家格里格以及芬兰音乐家西贝柳斯。广义的民族乐派范围稍大一些，除了上述四位音乐家之外，还包括俄罗斯音乐家格林卡和俄罗斯"强力五人集团"（巴拉基列夫、里姆斯基-柯萨科夫、穆索尔斯基、鲍罗丁和居伊）。有的音乐理论家甚至认为俄罗斯音乐家柴可夫斯基、波兰音乐家肖邦和匈牙利音乐家李斯特等人应兼属浪漫乐派和民族乐派。

（九）20世纪的音乐

20世纪的到来，音乐在形成各种流派的同时，出现了形式各样的音乐语言和风格。一个世纪的时间让人们应接不暇的是各种各样奇特怪异的音响、技法、谱式、观点、理论与创新想法。比如电子音乐、表现主义音乐、计算机音乐、新古典主义音乐、偶然音乐、序列音乐等。不断标新立异的20世纪音乐发展中，经历过两次巅峰期。20世纪10~20年代引发了第一次高潮，第一次世界大战让音乐创作受到了一定的影响，但还是出现了像勋伯格的十二音体系这样让人惊艳的音乐作品。奥地利作曲家勋伯格在1909年完成了第一首无调性钢琴作品，3年后，《五首管弦乐曲》在伦敦进行首演，这是第一首用无调性技法完成的管弦乐作品。第二次顶峰期在20世纪50~60年代，这时的音乐发展有了更大的突破和影响，又增加了各种流派的实验音乐。噪音音乐在20年代已经销声匿迹，但在此时又卷土重来。在新的技法条件下，派生出了空间音乐、具体音乐，还有偶然音乐、直觉音乐、概念音乐等。也许这些新事物不为广大听众欣赏和接受，但这些音乐倡导的全新的音乐理念确是值得推崇的。20世纪音乐发生了巨大的变化，是一个开拓和探索的时代。音乐的发展已经向多元化的方向迈进，此时的作曲者们考虑更多的是自己的感受和审美，创作自己认为美的音乐。但也正因为如此，才涌现出了个性迥异、勇于创新的一批批新式音乐。

视频：
勋伯格的无调性
音乐作品选段

二、中国音乐的发展

中国是一个伟大的文明古国，历史悠久，地域辽阔，民族众多，是人类文化的发祥地之一。中国传统音乐是在以黄河流域为中心的中原音乐和四域音乐以及外国音乐的交流融合之中形成发展起来的。中国音乐的发展可以大致分为四个时期：

（一）中国音乐的萌芽期（公元前21世纪前）

当我们祖先由类人猿进化为人，为了使生命个体能够存在和种族能够延续,在人类还没有产生语言时,就已经知道利用声音的高低、强弱等来表达自己的意思和感情。当人们庆贺收获和分享劳动成果时,往往敲打石器、木器以表达喜悦、欢乐之情。这是最原始的音乐雏形。

原始的乐器主要由生产工具演变而成。山西夏县东下冯文化遗址出土的石磬①,最初可能是耕田用的石犁②;河南舞阳县贾湖文化遗址出土的骨笛,浙江河姆渡文化遗址留存的骨哨③,西安半坡村出土的埙④,则有可能是狩猎时模仿动物鸣叫以便诱猎的工具;陶制的盛物器皿本身就可以敲击,口部蒙上动物的皮则成了"陶鼓"。发音工具的长期使用,使人们逐渐掌握了发音的手段,审美听觉也得到了开发。山西万荣县荆村出土的新石器时代的陶埙,已能分别吹奏出小三度、纯五度音程,而距今八千多年的舞阳骨笛多达七个音孔,这反映了我们祖先最初的音高、音程感的形成,以及民族音乐审美在听觉上的朦胧意识。

图 1-1 石磬

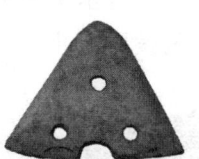

图 1-2 石犁

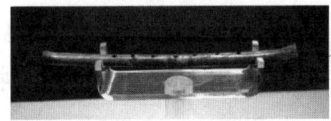

图 1-3 骨笛

图 1-4 骨哨

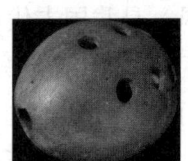

图 1-5 埙

图 1-6 陶鼓

拓展:
中国古代十大乐器

---

① 磬,古代石制的一种打击乐器。
② 石犁,农具,翻土耕地用。器体扁平而薄,呈三角形,石质坚硬。
③ 用鸟禽类中段肢骨制成,古代人将骨骼中的骨髓抽调,形成一只中空的骨管,然后在管壁上打有孔洞,可以吹出几个音来,于是就形成了骨哨。
④ 是中国迄今所发现的最早的一种吹奏乐器之一,大多由泥土制成。据考古学家考证,埙产生于时迁时代,首次发掘是在西安的半坡遗址。

在音乐产生的过程中，实用功能先于审美需求。原始的音乐与诗歌、舞蹈合为一体。乐舞多与氏族部落的农耕狩猎、图腾崇拜、祭祀典礼等社会生活有关。如黄帝时期的《弹歌》，语言简洁规整，富于节奏律动性，是先民从制作弓箭到射猎的劳动过程记录。随着社会的发展和生活的日益复杂，音乐的形式也更为丰富多样。

（二）中国音乐的形成期（公元前21世纪至公元3世纪）

这一时期经历夏、商、西周到春秋、战国、秦汉，为中国音乐以后的发展奠定了基础，其最具有代表性意义的音乐形式是钟鼓乐队。夏代开始，我国进入奴隶制社会，社会制度在乐舞中得到反映。夏商时期的乐舞，展现的是人们对征服自然的人的颂歌，如《大夏》歌颂开国君主大禹治水功绩；商代乐舞《大濩》，炫耀成汤伐舜的武功，目的是通过对统治者的歌功颂德，起到肯定王权、巩固奴隶制统治的作用。商代产生了专司乐舞的"巫"及"觋"，他们成为中国最早的专业音乐舞蹈家，并促进了乐舞艺术的提高发展。这是随着生产力的发展，社会分工在音乐中的体现。至殷商时期，从出土文物及甲骨文字看，中国已出现了十余种敲击乐器和吹管乐器，并有可能还有了弹弦乐器。如编磬、铙，铎、铃、钟、镛等。其中最著名的是殷墓出土的曾侯乙偏钟（图1-7）。

拓展：
曾侯乙编钟

图1-7 曾侯乙编钟

东周时期，统治者建立了完善的礼乐制度，收集民歌，保留史诗典章，如《诗经》。《诗经》中的《国风》是我国古代最早的民歌选集，它汇集了从西周到春秋约500多年间，流传于北方15个地区的民歌。《国风》中的民歌，大部分揭露了统治阶级的剥削实质，表达了被剥削阶级的反抗思想和斗争精神。民歌是人类历史上最早的语言艺术之一。我们祖先在生产劳动中，创造了音乐，唱出了最早的民间歌曲——劳动号子，成为人们生活的重要组成部分。春秋战国时期，百家争鸣。孔子弟子三千，所崇尚的便是"诗、书、礼、乐"，提倡道德与音乐居于同等地位，以音乐来提高道德。春秋时期，楚国的民歌已经十分繁荣，战国后期，诗人屈原等人对楚国民歌进行搜集整理，根据楚国民歌曲调创作新词，称为《楚辞》，当中

第一章 音乐与学前儿童音乐教育

不少作品充满了热爱祖国和人民的感情，热烈而富于幻想，充满了浪漫主义色彩。直至秦汉时期，音乐体裁完成了由原始乐舞到宫廷乐舞的进化。

先秦时代是我国文化艺术的第一个高峰，也是传统音乐美学思想的酝酿期，不同阶级的代表人物都曾提出了自己的艺术观和音乐观。儒家的"移风易俗，莫善于乐"、老子的"大音希声"、庄子的"天籁、地籁、人籁"、墨子的非乐等，都是弥足珍贵的思想，至今仍具有重要的学术价值。公元前211年，秦王嬴政统一天国，建立了中国历史上第一个君主专制的中央集权国家。这一时期，秦国将六国之乐集于咸阳宫，设立中国第一个音乐管理机构——乐府。乐府民歌多以描写民间疾苦为主要内容，直接道出了人民的爱憎，揭露了封建社会的种种矛盾。在形式上又出现了长短句、五言和七言体，并开始加速了乐器伴奏，《孔雀东南飞》①等长篇叙事歌曲的产生，标志着这一时期民歌的不断发展和日臻成熟。

视频：
《孔雀东南飞》

拓展链接

孔子："兴于诗，立于礼，成于乐。"仁人君子修身最后完成是"成于乐"，即通过音乐的学习完成一个人的修身，成为一个完全的人。

孔子："安上治民，莫善于礼。移风易俗，莫善与乐。"在这里孔子强调了音乐的社会作用。

孟子："与民同乐。"所有人应该参与艺术审美活动，人性皆善。

荀子："夫乐者，乐也，人情之所必不免也。故人不能无乐。乐则必发出声音，形于动静；而人之道，声音动静性术之变尽是矣。故人不能不乐，乐则不能无形，形而不为道，则不能无乱。"荀子认为听音乐是人生的快乐，是人天性的要求；人不能没有音乐，用"礼乐"来教育人民是符合自然规律的。音乐教育能达到"化恶为善，化性起伪"的目的。使恶的人性变为善的人性，从而纳入社会的群体规范，否则社会就会混乱不堪。

墨子："非乐"、"兼相爱，交相利。"墨子认为儒家倡导的审美教育主张，没有实用价值，只为社会带来消极因素，加重人民经济负担，使君王贵族只顾享乐，不理国事，这样国不能强，民不能富。

---

① 南朝的《孔雀东南飞》和北朝的《木兰辞》并称乐府双璧，是古乐府民歌的代表作。

（三）中国音乐的新生期（公元4世纪至10世纪）

这一时期包括从魏、晋、南北朝到隋、唐。中国音乐在这一时期发生显著变化，开创了音乐国际化的新乐风。一方面，世界音乐为中国音乐的发展做出了贡献，另一方面，中国音乐也开始走向世界。

图1-8　唐代宫乐图

三国、两晋、南北朝时期，各民族在音乐上的交流已经普及，传统音乐文化代表性乐器古琴已趋于成熟，代表作有《广陵散》《猗兰操》《酒狂》等。汉代以后，乐府真正发展起来；唐代民歌的创作相当繁盛。隋唐时代，政权统一，经济旺盛，政策开放，萌发了以歌舞音乐为标志的音乐艺术全面发展的高峰，举世闻名的《霓裳羽衣曲》便是出自那时。

（四）中国音乐的整理期（公元10世纪至19世纪）

这一时期包括辽、宋、金、明、清。此时的音乐文化与普通的平民阶层保持着密切的关联，呈现出世俗性和社会性的特点。南宋统治阶级贪污腐化，玩弄政权，有民歌讽刺道："若要官，杀人放火受招安；若要富，跟着皇帝卖酒醋。"到了元明，百姓的痛苦越来越深，作歌道："说凤阳，道凤阳，凤阳本是个好地方，自从出了个朱皇帝，十年倒有九年荒。"宋、金、元时期，市民音乐蓬勃发展，典型之作有《窦娥冤》《单刀会》《西厢记》。到了明清时期，资本主义经济萌芽，市民阶层日益壮大，音乐文化发展更具有世俗化特点，达到了"不问男女"、"人人习之"的程度。形成了不同的派系和唱腔，如京腔、秦腔、昆山腔。现代西洋文化的大量涌入，虽对传统音乐文化造成了一定程度的冲击，但很多音乐家根据时代特征实现了完美的中西结合。

中华人民共和国诞生，赋予了民歌新的生命，民歌创作进入了

视频：
《广陵散》
《霓裳羽衣曲》

一个崭新的时期。人们用歌声唱出了对党、对毛主席、对新生活的无限热爱。如《东方红》《咱们的领袖毛泽东》《浏阳河》《八月桂花遍地开》等传世之作。中国音乐的发展离不开中西文化交流，同理，世界音乐的发展也不可能永远以欧洲为中心。已经来到的21世纪，中西音乐文化会更加不断地交融，无疑，这将会促进世界音乐文化不断地向前发展。

视频：
《窦娥冤》
《西厢记》
《单刀会》

拓展链接

中原音乐指的是以黄河流域为中心而发展起来的音乐，这是一种以汉族为主体的音乐文化，其中，殷商和西周时期的音乐文化具有代表意义。四域音乐指的是除中原华夏族为主所创造的黄河流域音乐文化以外的中华大地各民族的音乐文化。其中，长江流域、珠江流域等地区，与黄河流域同为中华民族的文化发祥地。中国音乐与外国音乐的交流由来已久。在汉代，伴随着佛教的传入，印度音乐和天竺乐开始传入中国；隋唐时期，大量外国音乐的输入，不仅带来外国乐曲，也引进了乐器、乐律和音阶。

第三节　学前儿童音乐教育

卡尔·奥尔夫曾说过："音乐教育是人的教育。"他认为，音乐教育的首要任务是为众多的将来不是音乐家的幼儿们着想，鼓励、帮助他们成为积极的、有一定音乐能力的音乐爱好者，使他们从音乐中享受到喜悦、乐趣，也为他们向音乐的高深方面发展打下良好的基础。那学前儿童音乐教育到底应该有什么特点和任务呢？

一、学前儿童音乐教育的含义

广义的音乐教育自人类音乐诞生之日起就已产生。"礼"与"乐"

同源于日常生活,举行"礼"与"乐"活动的目的是为了"敬于鬼神",而"敬于鬼神"是为了求得神灵的保佑,使人们更好地生存下来。

狭义的音乐教育指学校音乐教育。氏族公社末期,学校的雏形已经出现。《周记》《礼记》都曾提到名为"成均"的学校。从原始社会到奴隶社会漫长历史阶段,教育逐步从学校教育的萌芽状态发展到有意识、有目的的教育状态。学前儿童的音乐教育是以音乐为手段,选取更贴近儿童天性的内容、手段和形式,在儿童主动参与和积极体验的前提下,感受、理解、表达音乐,促进幼儿全面发展的过程。

二、音乐教育的发展

我国史料记载的音乐教育早在远古时期已产生。夏、商、周三代是学校教育逐步定型的历史时期。继"成均"之学以后,又出现了名为"校"、"序"、"庠"、"学"之类的教育场所。商代统治者重视音乐教育,曾提出"以乐造士"的教育主张,到了周代,这种思想进一步发展。政治上颇有建树的周公旦认识到音乐是一种行之有效的统治手段,于是,"制礼作乐",兴办大型音乐教育机构,设大司乐、太师、小师、典同等乐官专门掌管音乐,并组织了相当规模的音乐教育活动。

魏晋南北朝是我国历史上一个动荡的时期,这一时期由于玄学之风的影响以及道教、佛教的广为流传,音乐教育主要在宗教领域得到发展,开始了同印度、朝鲜、日本等国的音乐交流活动。唐朝音乐教育事业也取得了辉煌成就。唐玄宗亲自倡导与关照设立小部音声,目的是为了唐乐的稳步发展和统治者的需要提供人才。这种对于儿童进行早期启蒙性音乐教育的尝试,在世界音乐教育史上是少见的。当时音乐虽然作为统治者加强其统治的工具,但客观上促进了音乐及音乐教育的发展。

纵观音乐教育的发展历史,我们发现,我国古代重视音乐教育具有以下特征:首先,在教育观念上突出"礼""乐"互补,强调音乐教育与道德教育的相互渗透;其次,教育目标上突出陶情冶性,强调通过音乐以情动人,培养高尚德行;再次,在教育方法上突出感受领悟,强调受教育者对音乐作品的全身心投入与参与体验,在直接的审美感知中心有所动,产生快感,获得教益。

我国的普通学校音乐教育始于20世纪初。按照中国近现代音乐教育史的划分,中国近现代音乐教育划分为两个时期。1840年至

1919年为近代，即中国旧民主主义革命时期；1919年至1949年为现代，即中国新民主主义革命时期。

1. 旧民主主义革命时期的音乐教育

1840年"鸦片战争"打开了清政府闭关自守的大门。在教育上的重大突破是兴办新式学堂，废除科举制度，调整教育结构，更新教学内容。"学堂乐歌"的出现，成为中国近现代音乐教育的重要标志，音乐课正式列为国家教育计划。中国音乐教育历史从此开始了新篇章。戊戌政变后，梁启超等人积极提倡在学校中设立乐歌课，这是我国音乐教育史上第一次提出设立乐歌课程的主张。1903年起，"音乐"被列为女子师范学堂课程，此后几年间，新式学堂陆续开设了唱歌课，从而在普通学校中形成了一种学校音乐文化的雏形，即以教授新式歌曲和欧洲音乐常识为主要内容的音乐教育。在一些广为流传、深受欢迎的优秀乐歌作品中，富国强兵、抵御外侮题材占据首要地位。如《中国男儿》《维我同胞》《出军歌》等，均号召民族觉醒，宣传自强意识。有些歌如《男儿第一志气高》《雪中行军》《铁匠》《春游》等，是专门作为向学生、儿童进行思想教育和知识教育的。学堂乐歌的填词者最初热衷于日本曲调，但是后来又纷纷弃日本曲调而转向欧美旋律。

音频：
《男儿第一志气高》
《中国男儿》
《春游》

2. 新民主主义革命时期的音乐教育

五四以后的30年间，中国传统音乐文化因为得不到政府的重视而处于一种自然延续的状态。我国杰出的民主主义革命家、思想家和教育家蔡元培先生所提出了"以美育代宗教"的号召和"为人生的艺术"的口号，并提出"五育并举"的主张。在当时，一批去日本、欧洲研习过音乐和音乐教育的新知识分子，一些在学堂乐歌活动期间具有音乐知识的业余音乐爱好者，积极响应这一号召，兴起专业音乐活动。

"文革"时期，"左"的思潮发展到顶峰，音乐教育和其他行业一样，陷入了混乱之中，音乐教育完全失去了艺术意义，音乐教育事业遭受了空前的破坏，停滞不前。1978年至今，改革开放的春风使中华大地再次焕发了活力。1986年3月，第六届人民代表大会第四次会议，明确了美育与德育、智育、体育的同等地位。

三、音乐教育与儿童发展

音乐是表情达意的艺术，儿童恰恰具有喜形于色，感情外露的特点，可以利用音乐表达自己内心的情感和体验。

南斯拉夫一所实用音乐学校多年的研究发现，在该校受过良好音乐启蒙的幼儿到了成年以后，仍然保持着强烈的好奇心，他们会对周围的音乐活动及所有富有创造性的活动抱有很大的热情，在生活中勇于克服困难，不怕失败，更主要的是，这些学生都成了一个个独立的、能干的、多才多艺的社会成员而不是一排缺乏个性的人。研究者认为，这便是音乐启蒙的成就，音乐启蒙的意义就在于保护和不断发展儿童的创造力、想象力，使它不至于随着年龄的增长而丧失。

音乐教育使儿童的注意力得以发展。一个新的音色，一首新的歌曲容易使幼儿集中注意力，因而在倾听、歌唱和演奏活动中，儿童的注意力得到了提高。

音乐教育使儿童的观察力得以发展。因为儿童必须对他所听到的音乐做细致的观察，即听觉上的"观察"，然后努力模仿他们听到的声音，唱好歌词和曲调，或做出动作表现。

音乐教育发展了儿童的记忆力，老师通过哼唱旋律，把歌词教给儿童，儿童的记忆力在他自己的内心哼唱中得到了加强。

音乐教育发展了儿童想象力、创造力。主要表现为歌曲或乐曲编配表演动作，为打击乐曲编配节奏型或演奏方案，用动作形象、视觉艺术形象或语言形象表达对音乐的理解和感受等。音乐活动离不开想象和联想，它使儿童沉浸于音乐并获得快乐。我们经常可以看到，当儿童在欣赏富有感染力、表现力的音乐作品时，往往会情不自禁地陶醉于充满乐趣的想象之中，对音乐产生一定的共鸣。

音乐教育能发展儿童的思维能力。心理学中根据思维发展水平把思维划分为直觉行动思维、具体形象思维和抽象概念思维三种形式，而音乐教育与他们都有着一定的联系。儿童在模仿成人的歌唱或身体动作时，是边动作边思考，直至完全学会。此基础上儿童逐渐积累起初步的概括能力、判断能力，如分辨音乐的风格、性质，知道这首乐曲是活泼的还是宁静的，是快乐的还是忧伤的；能对不同风格、题材和情绪性质的乐曲做出比较，进行分类，初步建立起音乐与音乐之间关系的体验等。

音乐教育发展了儿童的情感和意志。列宁说："没有人的情感，就从来没有也不可能有人对真理的追求。"学前期的儿童正处于个人情感由低级到高级逐步发展的重要阶段。随着儿童社会交往活动的日益扩大、情感体验的日趋丰富及分化的逐渐细腻，富有情感性的音乐活动已逐渐成为促进儿童情感发展的有效手段之一。音乐既能够帮助儿童构建自己的感情，也能帮助儿童与自己的感情沟通，并与其他人的感情沟通。一首好的音乐作品、一次成功的音乐教育能使儿童产生对音乐的情感共鸣。在音乐活动中，儿童能够接触到表现不同情感、内容的音乐，他们的情感世界会逐渐变得丰富而充实。音乐教育也具有促进儿童意志品质的潜力。音乐教育活动是一种有目的、有计划的实践活动，正如铃木镇一创建的儿童音乐教育体系强调坚持不懈的大量练习一样，在于锻炼坚韧不拔的意志品质。

音乐教育促进儿童个性发展。个性是区别他人的稳定的、独特的、整体的特性。音乐教育帮助儿童形成对人和事物的积极态度，促进儿童自我意识的发展。在音乐活动中，儿童会逐渐产生明显的探索行为，在探索过程中，自尊心迅速发展。在集体中，音乐活动形式还会使儿童获得来自于同伴、教师的各种评价，也会对儿童自信心、自尊心和自我评价、自我态度的形成产生重要的影响。

音乐教育促进儿童社会性的发展。音乐教育活动能够为儿童提供大量的人际交往和合作交流的机会。通过合唱、合奏、集体舞等要求高度协作的音乐表演形式，儿童逐渐懂得只有齐心协力、共同合作才能演奏出优美动听的音乐，而且儿童能在其中体验到集体协作的快乐，学会理解、尊重、接纳和欣赏他人。

四、学前儿童音乐教育的特点和任务

（一）学前儿童音乐教育的特点

对于 3~6 岁的学龄前儿童而言，他们所从事的音乐活动从内容上可以分为歌唱活动、韵律活动、打击乐活动、音乐欣赏活动。具体地说，儿童音乐有以下基本特点：

1. 游戏性

游戏是学前儿童的基本活动。教师要顺应儿童的天性，创造机会和条件满足儿童好动的需要，引导儿童充沛的精力与能量能够以合理、舒适的方式得以宣泄，教师要让游戏化的音乐活动真正成为儿童的需要。游戏精神是自由、自主、愉悦与创造，教师要创设轻松、愉快的游戏氛围，让儿童在音乐中获得快乐，大胆表现。如在音乐活动"开始与停止"中，为了让儿童更好地感受地休止符，教师可将开汽车的游戏融入音乐中，让幼儿明白休止就好像司机叔叔

教案：
中班音乐游戏
《开始与停止》

开车遇到红灯停下来，看到绿灯往前进一样。

2. 生活性

生活中处处有音乐。生活化的音乐内容更容易引起幼儿的共鸣。教师在选择儿童音乐教育的内容时，更要贴近儿童的生活，选择他们感兴趣的音乐。如中班音乐活动"动动鼓"，里面所提及的事物，都是幼儿日常生活中很熟悉、很感兴趣的，如小枕头、小精灵、小老鼠、小猫、小狗、大鼓、小鼓、铃鼓等。歌词中所表达的情节也是儿童平日里最爱做的事，如躲猫猫、敲鼓等。再如节奏能力的训练，昼夜交替、四季轮转、潮起潮落、电闪雷鸣、虫鸣鸟叫等处处都可以感受到节奏，甚至我们的呼吸、心跳和走路、说话也同样有一定的韵律存在，这些都是音乐节奏的源泉，也是音乐活动的素材。因此，关注自然环境和社会生活情景中的节奏元素，从现实生活中所熟悉的情景入手，引导儿童挖掘生活中的声响，感受节奏的魅力。模仿钟摆的声响、齐步走、马蹄声、母鸡下蛋、秋蝉的叫声、汽车的喇叭声、锣鼓声等，通过倾听这些声音，对它们进行艺术的处理，使这些声音成为音乐中节奏要素的组成部分。通过倾听与模仿自然界和社会生活中的声音，使得音乐不再让人觉得那么神秘莫测，也增进了人与艺术、艺术与生活的距离。在愉悦、享受的过程学习音乐，进而在轻松快乐中了解音乐、接受音乐、感悟音乐的真谛。

3. 综合性

音乐教育应该尽可能以儿童熟悉、喜爱的综合形式开展，在歌、舞、乐三者密切相融的音乐形式中使幼儿体验到参与音乐的快乐。音乐教育体现出表演、欣赏、创作"三位一体"的综合性特点。此外，学前儿童音乐教育的方法是灵活而丰富多样的。其中，示范的方法、语言讲解的方法、练习的方法、引导探索的方法等，都不是孤立的，而是相互融合的一个整体。它们共同应用于儿童音乐活动实践之中，相互交融，相互渗透，以促进儿童在认知、情感、个性以及社会性方面的和谐发展。

根据《纲要》中幼儿艺术教育的目标、内容、要求与指导要点，幼儿音乐教育的具体任务可归纳为以下四个方面。

（二）学前儿童音乐教育的任务

1. 激发学前儿童对音乐的兴趣和爱好

儿童音乐教育不是为了培养小演奏家、小舞蹈家或小歌唱家，

而是为了培养儿童对音乐的兴趣和爱好,通过音乐使儿童萌发美感,通过具体的音乐活动使儿童的认知、情感、智力、技能得到健康发展。兴趣是学习的动力,但兴趣不是与生俱来的,它是在一定的社会生活和教育影响下发展起来的。

激发学前儿童对音乐的兴趣,首先要遵循儿童的生理心理特点,选用合适的音乐活动内容,采取生动活泼的指导形式,培养和发展儿童对音乐的兴趣。如在音乐的伴奏下,教师带儿童做动手、动脚、动口等一些活泼有趣的游戏活动。其次,在音乐活动中,应加强师幼之间的情感交流,创造一种平等、宽松、和谐的气氛,以此来激发儿童对音乐活动的兴趣。

2. 指导学前儿童学习简单的音乐知识和技能

一定的音乐知识和技能是学前儿童能够比较顺利地进行音乐实践活动的基础。儿童只有掌握了基本的音乐知识,具备了一定的演唱、演奏技能,才能在听、唱、动、奏等音乐实践活动中深刻地感受和表达音乐艺术的美。知识的学习和技能的训练不能忽略审美能力的培养。

3. 重视学前儿童音乐能力的培养

音乐能力的发展是音乐素质发展的一个重要方面,是多种音乐能力的综合。音乐能力原则上应人人具有,但大多数儿童却比较欠缺,正是因为在他最容易接受音乐训练的年龄缺少"耳朵"和"心灵"的训练,如音高的训练、节奏的训练、感受的训练。

为了有效提高儿童的音乐能力,帮助他们形成初步的音乐概念,为他们进一步接受良好的音乐教育打下坚实的基础,教师应指导他们在歌唱活动、韵律活动、欣赏活动、综合音乐活动中,对音乐的音高、旋律、节奏等有所感受,并能利用各种方式将音乐作品表达和表演出来,甚至加以创作。

4. 注意发挥音乐的教育作用

幼儿园教育的总体目标是对儿童实施德智体美全面发展教育。根据儿童的年龄特点,运用音乐艺术对儿童进行教育,最易收到良好的效果。音乐教育可以净化儿童的心灵,陶冶儿童的情操,培养儿童高尚的道德品质,使儿童有自信心,有毅力,有克服困难的勇气,有助人为乐和集体主义精神等。教师要充分发挥音乐艺术教育的优势来促进幼儿的全面发展。

第二章 国外学前儿童音乐教育理论与流派

第二次世界大战以来，世界各国普遍更为重视教育的发展，学前儿童音乐教育改革思潮应运而生。瑞士、德国、匈牙利、美国、日本等经济发达国家先后出现了适应本土具体情况的新型教育体系。其中较为突出的是达尔克罗兹音乐教育体系、柯达伊音乐教育体系、奥尔夫音乐教育体系和铃木音乐教育体系。它们既各有特色，又相互影响，共同发展。学习、研究和借鉴国外先进的音乐教育经验是摆在音乐教育学习者面前的一个现实问题。因此，了解、研究国外的音乐教育体系的教学理念、教学目的、教学内容和教学手段，结合我国的教育实际，对探索和创新学前儿童音乐教育具有重要的意义及深远的影响。

关键词 →

达尔克罗兹；柯达伊；奥尔夫；铃木

第一节 达尔克罗兹音乐教育体系

婴儿在听到音乐时会情不自禁地随着节奏晃动身体、点头、摆手；幼儿园里小朋友在做游戏时能自然地和着音乐踏步走；音乐厅里观众们在听到《拉德斯基进行曲》时会集体一致地击掌打拍子。进行这些活动时，没有人感觉到困难，一切都是自然而然发生的。对节奏的感受力是人的天性，用肢体动作表达对节奏的理解出自人类的本能。当把节奏、音乐和身体律动结合起来时，人们与音乐的距离得以拉近，感受也变得更为清晰可触。

音频：
《拉德斯基进行曲》

一、达尔克罗兹的生平

爱米尔·雅克·达尔克罗兹（1865—1950），瑞士著名的作曲家兼音乐教育家，20世纪最早的音乐教育体系创始人。达尔克罗兹出生于奥地利的维也纳，6岁学习钢琴，7岁时创作了进行曲。在维也纳居住的十年里，他经常参加音乐会，广泛地接触音乐。1875年，达尔克罗兹进入日内瓦大学，一年以后辍学来到巴黎，在法兰西喜剧院工作，同时学习音乐。1886—1889年，他回到维也纳音乐学院，通过

图2-1 达尔克罗兹

拓展阅读：
《达尔克罗兹不平凡的一生》

严格考试，先后进入了安东·布鲁克纳等名家的作曲班进一步深造。1892年完成学业后，担任日内瓦音乐学院教授，主讲音乐史、和声、高级视唱练耳等课程，同时从事音乐创作活动。1894年，达尔克罗兹出版了《实用音准练习》《附词声乐练习曲》的视唱练耳教科书，进而进行了"体态律动"教学法的实验和探索，直至1905年左右，他初步建立了自己的音乐教育体系，从而引起瑞士音乐界的关注。之后，他辞退了大学里的工作，开始带着他的实验周游欧洲各国。后来，达尔克罗兹在德国建立了实验应用研究所，进一步将他的教学法扩大到舞蹈、戏剧和其他相关领域。1906年，他出版《达尔克罗兹体态律动教学法》，在德国、英国、巴黎、维也纳等地得到进一步推广，在当时产生了巨大的反响。1915年，他在纽约成立了达尔克罗兹节奏学校，创造了一种结合肢体动作、听音、歌唱和视谱写作为一体的训练方式。1950年7月1日，达尔克罗兹在日内瓦病逝。

二、达尔克罗兹音乐教学法的形成背景及其影响

达尔克罗兹在教学的过程中发现：学生对于正在聆听的音乐普遍缺乏情感共鸣，不能感受音乐的美感，更不能深刻地体会与把握；

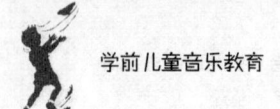

音乐理论与实际音响、音乐相分离,学生无论在学习基础乐理还是作曲技术理论课程时,都没有建立起相应的对调、和声或对位敏锐的感应能力;学生虽然具有较高水准的演奏技巧,但内心音乐感受却与之严重脱节,演奏缺乏对节奏细节的理解和表现。这些问题造成了技术与艺术的割裂,学生的音乐素养较为琐碎而片断,缺乏流畅性、创造性和表现力,这促使他开始反思传统的音乐教育理念和沿袭了几百年教学方法。

一天,他走在街上,发现一个学生和着音乐走得很有节奏感,但他却在班级的表现中缺乏乐感。这使得他深受启发,随后他开始探索针对学生节奏感的培养路径。课堂上他让学生们从课桌后面走出来,跟着音乐做出自发动作,以调动学生对音乐全身心的投入。虽然他的实验受到了来自校方的反对,但他通过招募志愿者将研究继续下去。

音乐的最初形式是用具有韵律性的肢体动作来表达情感。为了解决这一问题,他从探索运动和心理的关系入手,为学生设计了将倾听活动与身体反应相结合的音乐训练。在他看来,在音乐的学习和体验中,身体的松弛、自然能够使人体的肌肉运动轻松、迅速地执行大脑的意愿,这种身体动作是人在自然、自由状态下的一种本能的动作,它可以成为音乐表演媒体的有机组成部分。音乐的节奏和力度的表现可以依赖身体的运动来实现,人体运动与音乐之间存在着内在的、紧密的联系。通过肢体运动,人的内在情感能够转化为外在的音乐形式而表达出来,不同的肢体运动方式可以表现不同的情感从而形成不同的音乐。在此基础上,达尔克罗兹创建了"体态律动学"。

传统的教学中,声乐和器乐技巧的训练俨然成为最重要的内容,对音乐风格的把握、对音乐色彩的感知被置于次要的地位。达尔克罗兹认为,音乐是情感的体现和反映,技巧仅仅是艺术的一种手段。音乐教育的目的之一就是发展音乐能力。音乐是一个情感体验过程,而节奏运动能唤起人的音乐本能,培养学生的音乐感受力和反应能力,从而使学生获得体验和表现音乐的能力。

基于以上研究,达尔克罗兹逐渐形成了他的教育理念和教学模式。他认为音乐教育应"唤醒天生的本能,培养对人体极为重要的节奏感,使儿童身心和谐,健康活泼,感情更细腻敏锐,激发儿童的想象力,促进各方面的学习"。在一系列的实验研究中,达尔克罗兹逐渐形成了新型的教学模式,将视唱、练耳、读写乐谱的活动与肌体的反应和动作训练相结合，开设融合体态律动、视唱练耳、理论、表演和即兴演奏为一体的综合性课程，以帮助学生获得对于音乐的积极体验。达尔克罗兹的"体态律动教学法"是20世纪最具影响力的音乐教学法之一，获得了国际社会的广泛认可。随着如雨后春笋般地体态律动学院、体态律动学校、体态律动系或体态律动班的纷纷建立，其教学法和教育体系在世界许多国家的普通和专业音乐教育中、在儿童和成人音乐教育中，乃至特殊教育中，都占有重要地位，并为日后音乐教育的改革与发展，奠定了坚实的理论和实践基础，起到典范和先导作用。

三、达尔克罗兹音乐教学法的基本原则

随着时代的发展，达尔克罗兹音乐教学法中教学手段、教学方法不断扩展、更新和完善，但其四项教学原则始终如一，适合于不同年龄的学生和不同的活动方式。

（一）培养学生感知音乐和反映音乐的能力

有些人先天拥有音乐感知能力，但在达尔克罗兹教学法中，这种能力是完全可以通过后天的游戏和节奏反应训练来获得并逐步增强的。无论是体态律动教学还是视唱练耳训练，都是围绕着培养学前儿童音乐感知力和反应力的目标展开的。

（二）发展学生内在的音乐听觉

不借助演唱、演奏而建立的对音乐作品的内心把握称为内在音乐听觉，即根据乐谱产生对音乐的想象。作曲家可以不用乐器而进行音乐创作；表演者能够根据乐谱在脑海中再现音乐，并借此完善音乐的再创作过程。达尔克罗兹将培养内心听觉作为音乐课程的重要任务之一，并设置了节奏运动、视唱、即兴活动等多种音乐记忆练习。

（三）发展学生耳、眼、身体和脑之间进行迅速交流的能力

达尔克罗兹强调音乐学习的起点不是乐器，而是人的体态律动。先聆听音乐，再引导学习者通过身体运动去接触音乐的各种要素。因而音乐教学中首先要培养学前儿童运用所有的官能参与体验，其次才是获得知识和技能。歌曲《Listen And Move》就是很好的教学例子。

音频：
《Listen And Move》

（四）培养学生大量储存听觉和动觉意象的能力

听觉和动觉意象可以通过大脑的反应转化为音乐符号，并且能经过记忆再现达到帮助即兴表演的目的。达尔克罗兹认为，有意识地储存听觉和动觉意象能使学生对音乐的感知变得更为敏锐，因此在教学法的各个环节都贯穿有听觉和动觉练习，意在达到通过长期的训练帮助学生储存大量听觉和动觉意象的目的。

四、达尔克罗兹音乐教学法的主要内容与方法

达尔克罗兹认为，音乐学习应遵循这样一个螺旋上升的过程：听→动作→感受（情感体验）→感觉→分析→读谱→写谱→即兴创造→表演。因此，他的教学法中由体态律动（Eurhythmics）、视唱练耳（Solfege）和即兴创作（Improvisation）三个部分组成，它们之间互相联系，又各有侧重，成为一个整体，以培养和发展学生的内在音乐听觉、运动觉和创造性的表现能力。

（一）体态律动

达尔克罗兹曾说，人类的情感是音乐的来源，而情感通常是由人的身体动作表现出来的，在人的身体中包括发展感受和分析音乐与情感的各种能力。因此，音乐学习的起点不是钢琴、长笛等乐器，而是人的体态活动。

体态律动是达尔克罗兹教学法中最核心的组成部分，它集中体现了达尔克罗兹的音乐教育理念。他曾形象地把身体、人体比喻成"乐器"，是一种能够理解音乐的要求、解释音乐的部分和整体的一种"乐器"，通过身体动作的"弹奏"把对音乐要素的理解展示出来。当学生根据音乐激发的情感以肢体动作做出相应的即兴反应时，其对音乐发展变化的感知也会变得敏锐。因此，体态律动教学法应运而生。大家可以通过两个视频《致爱丽丝》和《土耳其进行曲》直观感受下体态律动。

视频：
《致爱丽丝》
《土耳其进行曲》

体态律动又称和乐动作，不同于简单的、用音乐伴奏的舞蹈动作和表演动作，是一种自然、放松状态下的身体律动，强调的是人在聆听音乐时，学习用内心去感受，通过身体的即兴动作来表现速度力度、节奏疏密、旋律起伏及情绪变化等音乐要素。这一练习意在将声音感觉与肌肉反应相结合，加强听觉和运动觉、情感和思维的联系。这种训练不注重身体姿态或外表形式，而是着重于培养学

生对于音乐的体验和感受。

节奏训练是体态律动的中心内容。根据达尔克罗兹的理论，体态律动的教学目的，即借助节奏来引起大脑与身体之间迅速而有规律的交流，达到情感与思想、本能与控制、想象与意志之间的协调发展。为了训练、培养学生的节奏意识，达尔克罗兹以"时间—空间—能量—重量—平衡"作为基本定律和要求，归纳了三十余种基本节奏因素，其中包括速度、力度、重音、节拍、休止、节奏型、乐句、单声部曲式（乐段、主题、主题与变奏等）、切分、赋格、复合节奏等，打破一般人认为节奏只是数拍子的刻板印象。

在体态律动教学实践过程中，所采用的一般方法如下：

第一，音乐要素的即兴音乐。在开始阶段，主要是即兴音乐材料。在学生对音乐的要素有了较为深刻的理解之后，再用经典的音乐作品。

第二，通过律动语汇来学习。根据动作发生位置的转换和空间的不同，律动语汇主要包括两种类型：一种是位置动作，是指在固定方位内的人体动作，如拍掌、摇摆、转动、踏步、指挥、弯腰、旋转等；另一种是空间动作，是指改变位置的活动，包括走、跑、爬、跳、滑、蹦、快跑等。在这些活动中，身体成为感受和表现音乐的工具，不同的肢体运动对应不同的音乐要素，如手位的高低变化表示音高的不同、旋律的走向，肌肉的张弛表现音乐力度的变化等。对多声部音乐的表现则更为复杂，可将身体多个部位动作结合表示，也可将两种类型的动作任意组合表示，或多人分做不同的动作表示，丰富多样的律动语汇结合使用具有惊人的表现力。如走的练习，一般从教速度开始，让全班学生按规定速度走路或摇摆，然后加上喜、怒、悲、惧等感情，速度不能改变。探索不同的走路方式，如跑跳、并跳等，还要探索不同的方向感，如向前、向后、向右等，启发学生想象和创造。

第三，教师可敦促学生将身体运动与声音内在性有机地结合在一起，以发展内部听觉和运动觉、动觉的想象与记忆力等。

在达尔克罗兹的教学试验中，最初是以音乐学院的学生为对象的，但是当他发现音乐与身体运动的结合训练特别适合于学前儿童的天性和本能时，便扩展到了儿童音乐教育的领域中。适宜的体态律动活动可启迪儿童的音乐感知力，唤醒孩子热爱音乐的本能。

案例分析

以"妈妈下班后"的生活动作为题，探索出各种不同的时值

生活动作	动作冠名	音符名称	音符时值
上楼梯	走步	四分音符	5
敲门	横移步	三连音	$\overset{3}{\underline{5\ 5\ 5}}$
拖地	摇步	二分音符	5　—
切菜	碎步	十六分音符	$\underline{5\ 5\ 5\ 5}$
揉面	转体	全音符	5　—　—　—
炒菜	切步	切分音	$\underline{5}$　5.

分析：关于时值探索，本身是个抽象的音乐知识与音乐符号，以儿童熟悉的生活知识为切入点，结合律动语汇，来帮助儿童理解和掌握音符的名称和时值，既激发了儿童的兴趣，也将知识化难为易。

（二）视唱练耳

达尔克罗兹指出："一切音乐教育都应当建立在听觉的基础上，而不是建立在模仿和数学运算的训练上。"视唱练耳是发展学生综合音乐能力的重要手段，可以帮助学生发展听力和记忆力，培养绝对音高感，从而形成良好的内心听觉。在他的教学体系中包括了数千种视唱练习，其主要目的是通过系统的听觉训练，提高学生读谱视唱能力、节奏、旋律、和声、复调、风格、音乐分析等方面的感觉、能力和技巧。在具体的教学实践中，他是将耳、口与身体，并加上语言与歌唱的形式来作为理想的教学工具和手段的。

其主要特点表现在：

其一，视唱练耳与体态律动相结合。他设计了一系列练习来训练学生的音高、音准和调性感。此方法还可通过练习呼吸、姿态平衡和肌肉放松来实现快速读谱所需的技巧。譬如在休止节奏练习中，学生被要求随着教师的音乐拍手，当音乐休止时动作立即结束。

其二，以固定唱名法为主要教学手段。达尔克罗兹认为绝对音

高感对于音乐学习者而言具有重要价值，因此他的教学以固定唱名法为主要训练工具。固定唱名法也叫"固定找 Dol 唱名法"，它是一种永远把五线谱上的 C、D、E、F、G、A、B 七个基本音级和它们的变化音级相应地唱作 Dol、Re、Mi、Fa、Sol、La、Si 的唱名法。无论乐谱上是什么调号，也无论七个基本音级怎样地升降变化，其唱名永远固定不变。

（三）即兴创作

达尔克罗兹教学法中的即兴创作，是发展运用律动材料（节奏）和声音材料（音高、音阶、和声）的技能，培养学生创造音乐、表现音乐能力的方法。即兴表现的手段包括歌唱、语言、故事、演奏乐器及表演等。

最初的即兴课可建立在对固定音型、节奏型的模仿和改编上。如采用即兴问答的形式，两个表演者中后者根据前者表演的音型即兴答出下句，要求保持速度的统一和音调的连贯性。在掌握较为简单的游戏方式后，难度可逐渐增加，如根据教师演奏的和声片段即兴唱出旋律或演奏。

在教学实践中，教师的即兴工具以钢琴为佳。如若教师键盘能力有限，则可使用其他乐器，如敲击乐器；针对学生而言，各种乐器、人声和身体皆可成为他们的即兴表达创作的媒介。

对于学前儿童来说，即兴创作的音乐活动是从儿童学习音乐之初开始的，对于儿童的想象力、创造力的培养起着至关重要的作用。因此，即兴创作应该成为学前儿童音乐教育的一种重要实践活动。

拓展链接

《达尔克罗兹体态律动学》一书将这一学说归纳为六个方面：人体的基本节奏；身体各部分的配合；头脑和身体的协调；动作的控制和反应；时间和空间；紧张和放松。其中人体的基本节奏指用身体活动的自然动作来体验音乐基本节奏和速度，是最基础的即兴性动作。肢体动作的配合、身体和头脑的协调以及动作的控制和反应是训练学生对音乐敏捷的反应。

第二节 柯达伊音乐教育体系

> **情境导入**

《丢手绢》《拔萝卜》《小老鼠上灯台》《小白兔乖乖》……这是我们的童年时期的经典童谣。它们旋律亲切质朴、歌词朗朗上口,是人民智慧的结晶,具有恒久的生命力。在学前儿童音乐教育初期,以童谣作为音乐教材,不但符合儿童的心理发展规律,而且蕴含于歌谣中的民族音乐风格对培养儿童音乐审美能力具有至关重要的作用。当前世界上占据主流的欧洲音乐体系对其他民族音乐文化形成了较大冲击,在此背景下,柯达伊对民族音乐素材的重视和应用就更为值得借鉴和学习了。

一、柯达伊的生平

图2-2 柯达伊

柯达伊·左尔坦(1882—1967),匈牙利著名的作曲家、民族音乐理论家、音乐教育家。他出生于布达佩斯南部的文化名城克奇克梅特市,家中具有良好的艺术环境,少年时期的他就学过钢琴、小提琴、中提琴、大提琴等多种乐器,且很早就达到参加室内乐演奏的水平。他从中学时代就开始了音乐创作活动,高中毕业后于布达佩斯的李斯特音乐学院学习作曲和指挥,1904年,获得作曲专业的毕业文凭,1905年,获得德文教师资格证书,1906年,以《匈牙利民间歌曲歌词结构》的论文获得博士学位。1907—1914年,柯达伊继续民歌搜集工作。虽然他极力主张民族文化应该以民间音乐为基础,但他的音乐视野并不局限于此,他曾去拜罗伊特、萨尔茨堡、柏林、巴黎等地旅行。其间,他到法国巴黎,接触并研究了印象派作曲家德彪西的音乐,对和声中五声音阶的用法大感兴趣;在李斯特音乐学院任教,1908年接手克勒斯的作曲班,1911年升任教授,1919年被任命为副院长。

柯达伊音乐作品十分丰富，主要有民谣歌剧《塞凯利家的纺纱房》、合唱《匈牙利诗篇》、组曲《孔雀变奏曲》《加兰特舞曲》及室外内乐、交响曲、钢琴曲等。他著有《匈牙利民间音乐中的五声音阶》《论匈牙利民间音乐》等书。1925 年后，柯达伊开始密切关注青少年音乐教育，著名的柯达伊教学法开始创建并逐步享誉全球，成为其晚年主要活动。

柯达伊为匈牙利民族音乐事业的发展做出了巨大贡献。1942 年，匈牙利合唱协会宣布这一年为"柯达伊年"，并授予他十字勋章。除此以外，他曾获得三次柯树特奖金，两次荣誉市民的称号，三个名誉博士学位及名誉院士、名誉教授、优秀艺术家的称号，可以说是现代研究民间音乐中最杰出的一位音乐家。1961 年，柯达伊被推荐担任国际民间音乐理事会主席，1964 年，被选为国际音乐教育协会（ISME）名誉主席。1967 年 3 月，柯达伊在布达佩斯逝世。但是，他的教育思想及其教学法却得到了广泛的传播和发展。

二、柯达伊音乐教育理念的形成与发展

柯达伊音乐教学法创建于 20 世纪初，他的教育理念主要包括重视青少年音乐教育、关注音乐教育的普及和倡导民族音乐的传承等方面。特别是 1925 年以后，他开始对儿童的情感和审美教育进行研究，并为儿童写作音乐读写教材和合唱作品，亲自撰写文章，去各地演讲，以推动匈牙利儿童音乐教育的普及和发展。以他的名字命名的"柯达伊教学法"是构成当今匈牙利音乐教育的基础，也是当代世界上最具影响的音乐教育体系之一。该体系具有高度严谨的结构性和系统性，教材内容大多取材于匈牙利民歌或以本民族风格创作的多声部合唱，以集体歌唱为主要教学形式，五声音阶为视唱教学的起点，采用首调唱名法及柯尔文手势等教学手段。

柯达伊的音乐教育观念离不开他对匈牙利国家的历史、民族斗争的历史、音乐文化发展史、美学等的深入探究，体现出博大的艺术观和深厚的民族音乐文化精髓。他始终认为，培养有修养的音乐听众和培养音乐家是发展音乐文化不可分割的两个部分，专业音乐教育的发展不能脱离全体人民音乐文化的基础和实际水平，人人都应该有接受音乐教育的权利和义务。

柯达伊认为，音乐是人类文化不可或缺的部分，音乐教育应及早开始。因此，幼儿园时期开始的音乐课程对塑造人的完整人格有

着重要意义。歌唱是音乐教育的基础，带有游戏性质的歌唱活动符合儿童的天性，可增加儿童参与音乐的热情和体验音乐的乐趣。如：配合布袋玩具"鳄鱼的大嘴巴"和"小鸭子的小嘴巴"启发儿童感知声音的强弱；用红绿灯交替出现，练习张口唱和内心唱。母语演唱的民间歌曲是音乐教育中最基础、最适宜的教材，不但能培养儿童良好的音乐趣味和审美感，而且能增进儿童对于民族音乐文化的感情。在师资的培养上，柯达伊主张高素质的幼儿教师不但要完成一般的必修课程，还需在合唱、指挥、教学方法论等方面接受严格的训练，此观点一直贯穿于匈牙利的幼儿教师培养中。

柯达伊音乐教育体系建立于早期教育的基础之上，受英国的柯尔文、瑞士的达尔克罗兹、法国的艾米里·约瑟夫·契夫等音乐家的影响，广泛吸收、借鉴了一些国家行之有效的方法。从幼儿园至音乐学院，从欧洲、美洲到亚洲，他的教育理念对世界各地的音乐教育产生深远影响，尤其是音乐教育中弘扬和关注民族音乐文化极具启示意义。为纪念、学习、研究柯达伊音乐教育体系，世界各地先后建立柯达伊学会（如东京、波士顿、渥太华、悉尼、北京等），成功地造就了大批具有较高艺术修养的音乐爱好者。

三、柯达伊音乐教学法的主要内容与教学手段

柯达伊音乐教育体系的最大特点是对前人和国外优秀教学经验的借鉴及其与本国实际情况的有效结合。这些内容相互融合，形成了一个有机的整体。

（一）创建系统丰富的教材体系

柯达伊一生中除了编写大量的儿童合唱作品外，还专门编写了不同程度的教材。其数量之大、艺术规格之高，在各国作曲家中都是罕见的。他的教育体系中以系统丰富的教材培养学生的听觉、读写、视唱等全面的音乐能力，对节奏感、准确歌唱、音乐读写等各项学习内容，都突出强调多声部能力的培养。

针对儿童音乐教育，他认为，学校教学材料选择的标准是"只有最好的才适合于给儿童"。给儿童所用的教材只能来自于三个方面：真正的儿童游戏和儿歌；真正的民间音乐；优秀的创作音乐（由名作曲家创作的音乐）。简练、纯朴、富有生活情趣的民间歌曲是引导儿童进入音乐世界的最好材料，是培养儿童热爱民间音乐、

继承民族传统的必由之路。为此，他收集整理了大量优秀的儿童歌曲和匈牙利民间歌曲，并创作了许多五声音阶的儿童合唱曲，让儿童从小就感受并热爱音乐母语。这些丰富的、具有特色的教材是柯达伊教育思想得以实施的重要保证之一，也是柯达伊教育思想区别于其他教育体系的突出特点和重要内容。

案例分析

《风儿吹，风车转》
（选自柯达伊《50首幼儿歌曲》）

$1=\flat E$ $\frac{2}{4}$ 杨立梅 译配

1 1	2 0	2 2 1 2	1 0
风 儿	吹，(哗!)	风 车 转 起	来!(哗!)

1 1 2 1	2 2 2	2 2 2 1 2	1 0 ‖
风 车 快 快	来 浇 灌，	玫 瑰 和 小 麦!	(哗!)

这是一首只有两个音级的歌曲，目的是帮助儿童练习准确歌唱和休止拍节奏。歌唱时，在休止拍的地方发出"哗"的声音，既是模仿刮风，又能使儿童意识到休止拍的区别。同时，还可以让儿童转动手臂动作进行模仿练习，练习稳定的律动。

《你听》
（选自柯达伊《50首幼儿歌曲》）

$1=G$ $\frac{2}{4}$ 杨立梅 译配

6 6 2 2	1 1 2	3 1 1	3 3 2 2	1 1 2	1 6 6
老鼠 藏在	布袋里，	吱吱 叫，	害怕 花猫	听见 了，	吱吱 叫。

2 2 2 2	2 1 2	3 1 1	3 3 2 2	1 1 2	1 6 6 ‖
毛驴 不怕	老花猫，	啊呜 啊，	扯着 嗓门	高声 叫，	啊呜 啊!

这是一首用了四个音级的五声调式歌曲，歌曲的内容幽默，容易引起儿童的兴趣。歌曲的特点是，三小节一个句子，每句的结尾停在一个切分节奏上，这是儿童很少接触到的节奏型。通过这首歌曲可以启发儿童了解不同动物的特点，体验声音的强弱对比。

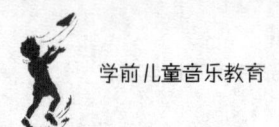

（二）以歌唱作为音乐教育的基础

柯达伊认为通过歌唱最容易接近音乐，唱歌也是最容易表达思想情感的音乐形式。有了歌唱的基础，更高层次的音乐教育才能够得以发展。他认为合唱中的忘我投入，所创造的和谐之美，可以造就集体感和友谊，能够给人声带来精神的升华。由此可见，柯达伊非常重视歌唱的教育作用，同时肯定了合唱的教育价值。

歌唱教学在初学阶段大致有以下做法：第一，以匈牙利民族调式为歌唱材料，教学中基本上不使用钢琴教唱歌曲和伴奏。第二，在歌唱训练中不过分强调所谓正规的发声练习，儿童对良好的发声掌握主要来源于教师的范唱。第三，多声部音乐能力的发展可以促进听觉的准确、丰富，发展音乐运动能力的协调性，丰富音乐表现力，使学生体验在音乐活动中的集体协作、默契配合。因此，自然、优美、和谐的多声部音乐是其训练的诉求。第四，由于不用钢琴伴奏，教师可运用手势调整学生的音高、声部间的关系和调动学生的情绪。

流畅读谱是器乐学习非常重要的前提条件，而在歌唱中逐渐掌握读谱技巧相对容易，柯达伊提出歌唱应当作为器乐学习的基础。因此匈牙利音乐教育界约定俗成的法则之一便是学习演奏器乐的儿童必须有一年以上的歌唱预备训练。

（三）使用首调唱名法

首调唱名法最初是由英国人桂多·达赖佐在11世纪首创的流动do唱名法，即在视唱时，无论用的是什么调，一首歌的重音或中心音都是大调的do和小调的la，各级音阶的唱名都不变化，此唱法有利于建立音级的倾向，确立调式功能感。

在歌唱中采用首调唱名法可使调性关系变得明确，音级之间的固定音程较容易把握。比如无论在哪个大调式中，Ⅰ级到Ⅱ级一定是大二度，因此do到re的关系即为固定的大二度。

首调唱名法使调式音级相对"固定"下来，使人们对音调形成一种典型的、稳定的心理反应，能够长久地记忆下来，促进音乐感知、音乐思维的形成。同时，首调唱名法调式感强，相对音高易唱准，即兴伴奏便利，移调方便，可以帮助儿童很快地学会读谱。

值得注意的是，固定唱名法和首调唱名法是目前广泛采用的两种唱名法。在首调唱名法中，do是可以移动改变的，但调式音级的唱名却是固定的，主音一定被唱作 do。而固定唱名法中，唱名则是与音名一一对应的。柯达伊认为，首调唱名法与固定唱名法各有利弊，因此宜将二者结合使用。在柯达伊教学体系中，固定唱名法是在学生基本掌握了首调唱名法之后再行引入的。具体方法是，在歌唱训练中运用首调唱名法，而在器乐学习中运用固定唱名法。与此相关的是，柯达伊认为，如果坚持训练，所有正常儿童都可发展固定音高感，因此在匈牙利幼儿园的音乐课上，通常必备一支音叉，以培养儿童对标准音的音高感觉。

（四）采用节奏时值读法进行节奏训练

节奏是富有生命意义的要素，节奏是音乐美感的重要来源，感知节奏是人的本能。为了增强儿童对节奏这一抽象概念的直观感受，柯达伊引入了法国人艾米里·约瑟夫·契夫的节奏名称体系。这种方法使节奏时值"符号化"，具有可读性，改变了通常教学中节奏只有在联系了音高时才能听到时值的情况。

初学阶段使用节奏音节标记和读法，对节奏中的不同时值给予一个相应的音节发音，经过反复练习，会逐渐使音节符号、发音与相应时值之间建立稳定的认知联系，形成记忆，有助于学生建立节奏感觉、掌握节奏准确。

表 2-1 节奏时值读法对照表

音值	柯达伊教学中采用的符号	节奏读音
全音符	o o	ta-a-a-a
二分音符	♩ ♩	ta-a
四分音符	♩ ∣	ta
八分音符	♫ ♫	ti-ti
十六分音符	♬♬ ♬♬	ti-ri-ti-ri
切分音	♪♩♪ ♪∣♪	ti-ta-ti
附点音符	♩. ♪ ∣. ♪	ta-m-ti

柯达伊节奏范例

柯达伊提出,节奏是幼儿园音乐教育的主要方面。节奏感培养不但是感受音乐、理解音乐、表现音乐的基础,节奏活动还培养了儿童敏锐的感知能力、反应能力、记忆能力和自我控制能力。对儿童的基础节奏训练包括以下几部分:

1. 体验稳定的节拍

稳定的律动、节拍是构成节奏的基础,对节奏起着内在的组织作用。学前儿童歌唱时常会出现赶拍子、拖拍子、节奏不稳定等问题,都和缺乏稳定拍感有关系。音乐中强拍和弱拍有规律地反复称为"节拍",建立稳定拍感是培养节奏感知觉的重要准备和基础。

从幼儿园阶段就可以通过身体律动、和乐的动作参与,使儿童体验并逐渐建立稳定的拍感。如教师可在读唱童谣时根据节拍引导儿童有规律地摇晃身体,以感受节拍稳定的律动。

2. 区分节拍与节奏

节拍和节奏是易发生混淆的两个概念。节奏指音符不同长短时值的组合。以下列片段为例:

当儿童能独立辨别出音乐中稳定的节拍后,可加入对节奏概念

的理解。如节奏教学的进度安排是从全音符到二分音符到四分音符再到八分音符……但柯达伊认为，对于一个还没有学会如何去感知基本节奏的初学儿童而言，这是有难度的。因此，对于儿童来说，移动的节奏比起持续的节奏更易接受。如利用节奏卡片来认识节奏符号。其中，四分音符是儿童步行、自然走路的速度；八分音符是自然跑步的速度，它们都是儿童日常生活中的节奏，易于儿童掌握。再如，利用小猫表示八分音符，利用大猫表示四分音符，猫咪的大小帮助儿童感受和理解节奏、时值的对比，逐步建立节奏感。

视频：
《认识节奏符号》
《休止符的练习》

在固定时值的单位拍内，还会出现一些不同的、稍有难度的节奏，如均分节奏、切分节奏、附点节奏、休止节奏等。而其中相对固定的、反复出现的节奏即为节奏型，节奏型的归纳能帮助儿童更快掌握节奏，以 2/4 拍为例，儿童歌曲中常见的节奏型有 ti-ti ta；ta ti-ti；ti-ti ti-ti 等。

3. 节奏的模仿和分离

当儿童熟悉了基本的节奏型后，便可着手教授其从音乐中将节奏分离出来的方法。以童谣《数蛤蟆》为例，利用象声词或动作帮助儿童感觉节奏的区别，这在早期练习中非常有用。做法是选择已经会唱、会读的歌曲或歌谣，以有趣的、游戏化的象声词替代原来的歌词和唱名，将已经熟练掌握的音乐片段弃除音高，以规定的象声词读出，就自然地完成了节奏分离的过程。经过节奏分离练习，儿童可很容易地从较长的音乐片段中将节奏辨识出来。

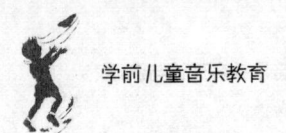

《数蛤蟆》

四川童谣

[简谱：1=E 2/4]

一只蛤蟆一张嘴，两只眼睛四条腿，
两只蛤蟆两张嘴，四只眼睛八条腿，
乒乓乒乓跳下水呀，蛤蟆跳下水叫爸爸，
蛤蟆跳下水叫妈妈，呱呱咕儿呱。
乒乓乒乓乒乓咚 乒乓乒乓乒乓咚

再如，做接收电报、卫星发信号、地面站接收、回声等游戏，教师拍击四拍长度的节奏短句，学生用击拍做回声式模仿，或者是用节奏音节背诵出节奏短句，这样既培养了听觉能力，也发展了记忆能力，同时还可以配合书写练习。

4. 多声部节奏配合

多声部听觉和多声部的协调配合是音乐教育中非常重要的学习内容。幼儿园阶段常用的多声部节奏练习从二声部练习开始。最简单的形式是将儿童分为两组，先后或同时在唱歌曲时，一组用拍手或敲击打击乐器，拍击稳定节拍伴随；另一组拍击节奏伴随，表现出稳定节拍与节奏的关系。

"卡农"就是轮唱，是复调音乐的一种形式。卡农形式的歌唱使相同的旋律在不同时间出现、在不同声部上重复。以《两只老虎》为例，可以直观看到，如何让相同旋律在不同声部上进行重复。柯达伊认为，歌唱卡农是发展多声部歌唱的最好准备。其中，较难的形式是学生与教师凭听觉做即兴的卡农式模仿。无论哪种练习，都要求练习者高度集中精神，既要聆听和辨别另外一个声部的节奏，又要保证自己演唱或敲击的节奏准确无误。

5. 借助语言培养儿童的节奏能力

语言是人们情感表达、交流沟通的主要形式，是一个民族文化的重要内容。"音乐母语"就包括有语言、方言、歌谣、儿歌、诗词等多个方面。

视频：
《两只老虎》

歌谣在儿童音乐教育中具有重要作用。歌谣和歌曲一样，也有节拍、重音和节奏，有声调的轻重、快慢、高低的变化，也可以根据内容设计动作、组织游戏，对于培养儿童的基本音乐能力、感知音乐要素具有重要意义。它们之间的不同在于，歌谣使用文字，而歌曲使用乐谱；歌谣发出的是声调、语调，而歌曲是结合着语言的旋律音调。年幼儿童的歌唱能力有一定的局限，而朗读则可以在难度、长度上大大地超出歌唱的局限，可以在培养节奏感、节奏记忆、对音乐要素和结构的理解、多声部配合等方面，促进儿童音乐能力的发展。以《小老鼠上灯台》为例，感受如何利用语言来培养儿童的节奏能力。

视频：
《小老鼠上灯台》

（五）使用字母谱与柯尔文手势

1. 字母谱

字母谱是一种速记音高的标记法，主要用于辅助五线谱的学习，也适用于音程听写、多声部旋律听记和和声分析等教学内容。字母谱类似数字简谱，它使用唱名的辅音字头（d、r、m、f、s、l、t），表示高八度时，在字母右上角加一短撇，如d′、r′、m′，表示低八度时，在字母右下角加一短撇，如 s,、l,、t, 等。字母只能标记出音高唱名，不能表示出节奏。

在学生尚未完全熟练掌握五线谱时，字母标记法减轻了他们在听记和辨识上的负担。字母谱对培养学生的听觉、掌握音级之间的关系、建立调式音阶概念等有辅助作用。利用字母谱的书写，可以帮助学生理解音级的高低及顺序关系，有助于掌握音准。

2. 柯尔文手势

音乐教育家约翰·柯尔文于1870年创立了一套手势，柯达伊略

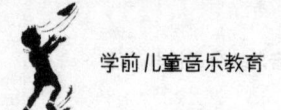

做变动后引入了这套手势教学法。它借助七种不同的手势高低位置来代表七个不同音阶唱名，在视觉空间上把音的高低关系具体表现出来，目的是帮助学生理解调式音级的倾向性、音级的高低关系和音程的空间感，使抽象的音高关系变得直观、形象。它是教师和学生之间进行音高、音准的调整、交流的一个身体语言形式。

视频：
《认识柯尔文手势》

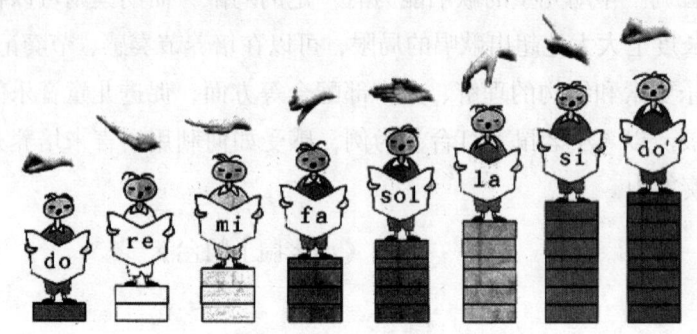

图2-3　柯尔文手势

手势作为一种视觉辅助手段，主要用于初学和片段的练习，除了一些节奏简单、使用音级很少的歌曲，在初学时可能伴随着歌唱慢速地使用手势外，不需要在平时歌唱全部用手势伴随。教学中，教师只需要把练习的重点、难点选择出来，借助于手势给予调整即可。在进行多声部训练时，教师用两只手提示不同声部的音高区别，也能帮助学生调整音准，建立较为准确的心理音高概念。

第三节　奥尔夫音乐教育体系

情境导入

如果你看到教室里的孩子在以拍手、跺脚的方式表现音乐，如果一群孩子正协调一致地演奏着各种各样的打击乐器，如果孩子们在聆听音乐和即兴创作时表现得无拘无束，那么你一定是走进了一个奥尔夫音乐教室，一个追求创造性和综合性、充分尊重儿童学习愿望的教室。

奥尔夫音乐教学法是近年来我国学前儿童音乐教育中推广最见成效的国外教学法之一。其中的"声势活动"、"奥尔夫打击乐器演奏活动"等应用广泛且尤为受欢迎。这种活泼的、寓教于乐的教学模式在启蒙儿童的音乐天性、发挥其创造性和想象力方面有着得天独厚的优势。

一、奥尔夫的生平

卡尔·奥尔夫（Carl Orff，1895—1982），当代世界著名的德国作曲家、音乐戏剧家和音乐教育家。

1895年7月10日，奥尔夫出生在慕尼黑一个有艺术素养的军人世家，受家庭环境的影响，他从小对音乐和戏剧产生浓厚的兴趣，这为他成为一个伟大的音乐教育家和音乐剧大师奠定了基础。在慕尼黑音乐学院学习期间，他写了50多首歌曲以及管风琴小品、阅读抒情诗、剧作和小说，并于1914年毕业。1915—1919年期间曾担任歌剧院作曲家。

图2-4 奥尔夫

受到欧洲兴起的"回顾自然"的"青年运动"尤其是当时"舞蹈新浪潮"派的舞蹈家玛丽·维格曼的影响，1924年，奥尔夫与达尔克罗兹的学生多罗西·京特合办了一所"体操—音乐—舞蹈学校"，名为"军特学校"。在那里他开始了变革音乐教育的一系列尝试，探索将音乐、舞蹈、语言、动作等多种因素融为一体，开发具有原始风格，富于表现力和主动精神的新型音乐风格与教学，称为"原本性音乐"的培养。1926—1935年，奥尔夫着手编制教材，研制乐器。1930年，他与终生的合作伙伴凯特曼编写的教材初版第一卷发表了，这本教材作为基本的音乐教材，引导人们走向音乐的原本力量和原本形式；设计并制造出了一套可以合奏用的以打击方式为主的小乐队编制乐器，这套被称为奥尔夫乐器的教具现已闻名全世界，成为奥尔夫音乐教育体系的特色之一。1932年，一部意味音乐教育革命的作品《为儿童的音乐，由儿童自己动手的音乐——民歌》已准备出版，但是由于政治和历史的原因，这个出版计划搁浅了。奥尔夫决定离开音乐教育去从事专门作曲，在此期间创作了一系列奠定其在世界乐坛位置的成名之作，如《乐队前奏曲》《钢琴和古钢琴的小型协奏曲》等。从1935年至1942年，奥尔夫共创作了三部成熟并有影响力的舞台作品：《卡尔米娜·布拉纳》（1934—1937）、《月亮》（1937—1939）、《聪明的女人》(1941—1943)。1948—1949年完成的《安提戈涅》,在奥地利萨尔斯堡音乐节首演。该作品尝试音乐剧最原始的形态,在配器上以4架钢琴、59种打击乐器与人声结合。这部作品与另外两部作品《暴君俄狄浦斯王》及《普罗米修斯》,曾被指挥家萨瓦利施称为奥尔夫的中心作品。

1948年,他为巴伐利亚电台制作了一套儿童奥尔夫乐器演奏节目,在电台连续播了5年,并广受欢迎;继而在1950—1954年,他编写出版了五卷本《学校音乐教材》,被欧美各国相继翻译出版,奠定了他新颖、独创的儿童音乐教育体系。1961年,他在奥地利萨尔斯堡莫扎特音乐学院成立了"奥尔夫学院",开设和规划奥尔夫儿童音乐训练课程,由凯特曼执教,开始了一个儿童班的试验,实现《学校音乐教材》的全面教学。这一个奥尔夫教学法的研究和培训中心,不仅成为从事奥尔夫儿童音乐教育理论探讨和交流的中心,更成为世界公认的培训奥尔夫教学法师资的基地。由此,奥尔夫音乐教育体系从西方流传到东方,遍及世界各国。奥尔夫一生耕耘不息,创作了大量音乐作品和音乐戏剧,直到1973年78岁高龄时,还创作了他最后一部大作《世界末日之剧》。1982年,奥尔夫在慕尼黑他的家中与世长辞,享年87岁。

二、奥尔夫音乐教育在中国

1980年,上海音乐学院音乐研究所前所长廖乃雄副教授前往奥尔夫学院考察访问,与奥尔夫本人见面,回国后首次向我国音乐教育工作者们推出了奥尔夫音乐教学体系。廖教授除写文章外,亲自到各地讲学、举办培训班、翻译及创编教材,还联系了德国、奥地利的专家来中国教"Orff-Schulwerk",在中国大地上掀起了"奥尔夫热"。中国音乐家协会"Orff-Schulwerk"专业委员会也在这热潮中应运而生。1990年筹备委员会成立,1993年正式成立。二十多年以来在一批执着的热心者的不断努力下,奥尔夫音乐教学已走过最初的朦胧,目标更清晰、步伐更扎实。

如今我国对奥尔夫音乐教育体系的研究已经相当成熟,在各层次的音乐教育领域中,结合国情运用奥尔夫教学法的实践逐渐增多,尤其在幼儿音乐教育和中小学音乐教学中,奥尔夫教学法有着更为广泛的应用。

三、奥尔夫音乐教育的基本理念

奥尔夫音乐教育体系是以"原本性音乐"为前提的，可以说"原本性音乐"就是奥尔夫音乐教育的核心，奥尔夫本人称它为"das elementare Musik"。"Elementare"这个词的含义，译成中文可以是"原始的"、"原本的"、"元素性的"等。

奥尔夫在《学校音乐教材》中是这样解释的："原本的音乐绝不只是单纯的音乐，它是和动作、舞蹈、语言紧密结合在一起的；它是一种人们必须自己参与的音乐，即：人们不是作为听众，而是作为演奏者参与其间。它是先于智力的，它不用什么大型的形式，不用结构；它带来的是小型的序列形式、固定音型和小型的回旋曲形式。"

在围绕这个核心开展具体的奥尔夫教育活动时往往又呈现出一些共性的特点。

（一）元素性

奥尔夫音乐教育是从音乐元素入手进行教育的。奥尔夫将元素性解释为接近土壤的、自然的、肌体的、能为每个人学会和体验的、适合儿童本性的基本要素。如元素性的音乐是指以节奏为基础的音乐；元素性的节奏是指简单重复的节奏型；元素性的动作是走和跑；元素性的乐器是没有技术负担的人的肢体和打击乐器等。奥尔夫认为，元素性音乐是"属于基本元素的、原始素材的、原始起点的、适合开端的"音乐。因此，在他的作品中常运用最简易的不断重复的固定节奏型；旋律中用最易唱的五声音阶，较少使用半音音阶和变化音；调式中常用大、小调；和声中用最基本的Ⅰ、Ⅳ、Ⅴ级等。

奥尔夫音乐教育体系的课程设置、教学组织形式、教学方法、教材和教学工具等诸多方面都始终贯穿"元素性"这一重要特征。具体表现在，教学中每一个课例中都有其明确的音乐元素的教学目标，如感受声音强弱、速度快慢、旋律高低，及音色、调性的变化等；而且在教学法上所采用的发展模式，也是在一个元素的基础上，不断加入新的音乐元素与表现手段。

（二）综合性

传统的音乐教育过度重视智能和技巧的发展而忽略了音乐的感受和陶冶的重要价值。音乐的原始形态，是多种形式的综合体，是一种综合的艺术。将音乐与其他艺术形式和手段融合，从而全面提升儿童艺术修养是奥尔夫音乐教育思想的特点之一。奥尔夫音乐教学法遵循儿童身心发展规律，联系儿童的生活体验，依据儿童的实际接受能力，借助各种音乐媒介对儿童进行综合性的音乐训练，体现出明显的综合性。在奥尔夫音乐教育体系中，把朗诵、游戏、律动、奏乐、歌唱、表演舞蹈等都融合在一起，形成十分鲜明的特色。

奥尔夫认为，对于儿童来说，获得完整的、全面的、多样的综合审美体验是十分有必要的。因此，奥尔夫的教学采用综合的形式，即整个教学过程是通过两条主线来变化进行的：一条是不断增加和变换的音乐元素，如节拍、节奏、调式、和声等；另一条是通过朗诵、歌唱、律动、舞蹈、奏乐、游戏、即兴表演等不同形式的艺术实践活动来丰富音乐的表现形式。如小鸟的呢喃、和风的呼吸、汽车的抱怨，请儿童试着用自己的嗓音去模拟，用自己的肢体去表现，用生活中一切可以发声的物体去表达，并用戏剧的形式来综合出来。

图 2-5　奥尔夫音乐教育树

（三）主体性

奥尔夫指出："原本的音乐是每个人都可以学会的"，"完全没有音乐感的儿童是罕见的，几乎每一个儿童从某一点上都可以去打动的，可以去促进的。"因此，奥尔夫音乐教育体系中强调以教育对象为主体的教学理念。一方面，奥尔夫认为任何水平层次的儿童都应当在教育中受到充分的重视，无论是具有特殊音乐才能的孩子、中等水平的孩子，还是才能较差的孩子，都应成为教师充分关注和研究的对象。另一方面，在教学过程中，奥尔夫主张发挥儿童的主观能动性，要求学生在教师的引导下自己去做，无论结果是否符合教师的预期，教师与学生是合作者的关系。这样的指导思想使得奥尔夫教学法充满生机和活力。

（四）即兴性

即兴性是奥尔夫音乐教育体系的核心内容，也是最吸引人的部分。他认为，即兴创作是人类与生俱来的能力，是发自内心的本能反应；"所有的音乐教学应当从'游戏'入手，通过即兴动作达到它的目的和成功。"在音乐教学中，奥尔夫要求教师抛开传统式的"传授式"、"讲授式"的教学，杜绝强制性，让学生在游戏中结合动作、语言、演奏来体验和学习，每个人都要动手、动脑、动脚，去演唱、奏乐、跳动等，通过在游戏中的探索来掌握知识和技能，把创作力的培养作为其音乐教育的目标。奥尔夫音乐教育的每个课例中都渗入了这一思想，小到即兴动作的表演，大到音乐作品的写作、音乐剧本的编创，无不体现着对学生创作本能的保护和激发。如在奥尔夫的课堂里，每个孩子都不是静坐着的，儿童的思维和肢体在运转着。老师会经常问："想一想，还有没有跟别人不一样的办法？""你可以拍手来表现节奏，可以跺脚，还可以拍肩膀，甚至可以拍小肚子拍屁股。"儿童即兴创作的根本目的就是让孩子们全身心地去感受音乐、表现音乐、表现自己、愉悦自己。

（五）多元性

奥尔夫教学法不是一种固定的、封闭的、一成不变的教学理念，是一种开放性的、充满活力的教育理念。这种理念之所以被人们广泛认同，重要的原因就是强调从本土文化出发，尊重各种文化形态。

原本性音乐教育主张从儿童出发，从儿童所熟悉的语言、文化、环境出发，来进行音乐教育。也就是说，在教学中要使用符合本民族、本地区民族传统和民族习惯的音乐素材，以利于本民族文化的传承和发展，以及人文知识的传播。另外，奥尔夫看来，音乐没有国界，任何国家、民族的音乐作品都可以用来开展奥尔夫音乐教育。在注重本国本民族文化传播的同时，还需借鉴外来文化，课堂上的歌谣、音乐、舞蹈和游戏可以来自不同的国家和地区，有着不同的文化内涵和故事背景，向学生传播一种丰富的、包容的、多元的音乐文化。

四、奥尔夫音乐教育的教学内容

奥尔夫音乐教育不仅是一种"和动作、舞蹈、语言紧密结合在一起的"教育，同时还是包括歌唱、表演、即兴创作等内容的综合教学。在教学中，采用集体教学，遵循探索—模仿—迁移—即兴创作的原则，强调的是"过程"，引导、启发学生积极参与、体验、探索和创作。该体系的教育内容主要包括嗓音造型、动作造型、器乐造型三大方面。

(一)嗓音造型

嗓音造型可分为节奏朗诵活动和歌唱活动。其中节奏朗诵的素材丰富多样,有字、词、句做节奏朗诵的活动,还有歌谣、民谣、小品、歌曲等做节奏朗诵活动,甚至还有一些无意义的音节做节奏朗诵的练习。

(二)动作造型

动作造型包括身体律动、舞蹈、戏剧表演、指挥,以及极具特色的声势活动。其中,声势活动是一种运用简单而原始的身体动作,使之发出各种有节奏的声音,节奏训练是极简单又有趣的活动。这种最为原始的、古典的声势动作就是捻指、拍手、拍腿和跺脚。

(三)器乐造型

器乐造型指乐器演奏活动。这里所指的器乐是广义的乐器,不仅包含专门的奥尔夫打击乐器,也包含其他乐器,甚至还包含自制乐器等。

这三类活动既可独立开展,也可相互结合,其意义不仅在于要求学生体会这种集诗、舞、乐、戏剧为一体的综合性艺术形式。奥尔夫指出,这种综合性音乐活动符合人类生活的原始性、原本性,同时也符合儿童身心特点和他们学习音乐的自然天性。

五、奥尔夫音乐教育的基本方法

(一)节奏训练

节奏是音乐的生命,是音乐的动力与源泉,培养节奏感是奥尔夫音乐教学的中心环节。以节奏作为连接各种艺术表演形式的纽带,将音乐、舞蹈、话剧、美术等联系起来,结合语言、动作(声势)、舞蹈、器乐进行音乐教学,形成一种综合的艺术教学手段,相互联系,层层递进。

节奏教学的目的不仅仅是促进音乐能力的发展,如培养敏锐的音乐感知能力、增强音乐记忆力、提高视唱(奏)读谱能力、发展更加精致与丰富的感觉力与表现能力、发展音乐表演技能,更是对人的素养培养起到提升作用。促进儿童身心平衡发展,培养敏锐的反应能力,培养自控把握能力以及创造能力。节奏训练的主要形式如下:

1. 以朗诵活动入手的节奏训练

每个人都会语言，用朗诵活动来进行节奏训练不仅是非常有效的手段，将语言引入音乐教育还是奥尔夫在音乐教学中的一项伟大贡献。奥尔夫认为，人类的语言本身已含有生动、丰富而微妙的节奏，富有节奏性的语言朗诵对于培养儿童的音乐感很有帮助，多种形式的朗诵训练能使儿童在自然的状态下获得原始性节奏的体验，既容易又富有生命力。朗诵的素材从语言中最短小的字、词开始，慢慢发展到简单的谚语、成语及小短句，再逐步发展到中等篇幅的小诗歌、民谣、歌曲，最后到稍有难度的作品——含有语气、语调、声响变化的小品、故事等，这也体现了奥尔夫音乐教育内容的循序渐进的原则。

以下介绍几种适用于学前儿童音乐教育的节奏训练方式。

（1）从字、词、句开始的节奏朗诵训练

奥尔夫音乐教育体系中有"节奏基石"这个词，它是指由语言中最小的、具有一定意义的字、词拼成的最小单元，从这个最小单元开始着手进行的音乐教育教学，也就是从"节奏基石"开始的。

适合儿童的语言节奏训练中的"字"是指含有字音的各种文字，如汉字、字母和数字等，"词和句"常见的有姓名、土特产、交通工具、成语、谚语等做成的节奏短句。

如引导儿童思考生活中的节奏：自然界中的风声、雨声；动物世界的猫叫、狗叫；日常生活中的钟表声、走路声、切菜声等。

```
小鸭叫：   2/4  X      X   | X      X   ‖
(四分音符)     嘎     嘎     嘎     嘎

大钟响：   2/4  X   —   | X   —   ‖
(二分音符)     铛           铛

闹钟声：   2/4  X X X X | X X X X ‖
(八分音符)     嘀 嗒 嘀 嗒  嘀 嗒 嘀 嗒

机枪扫射声：2/4 XXXX  XXXX ‖
(十六分音符)    哒哒哒哒  哒哒哒哒

汽车鸣喇叭：2/4  X  X. | X  X. ‖
(附点四分音符)   嘀 嘀    嘀 嘀
```

知了唱歌声: $\frac{2}{4}$ X. X X. X | X. X X. X ‖
(附点八分音符)　　知　了 知　了　知　了 知　了

母鸡下蛋后: $\frac{2}{4}$ X X X X | X X X X ‖
(三连音)　　咯 咯 咯 嗒　咯 咯 咯 嗒

再如，还可以利用点名游戏，教师有节奏地呼唤"王小明，王小明，你在哪？（X XX | X XX | X X | X - |）"，儿童按相同的节奏型进行呼应回答，这种自然的、有趣的练习方式，能够有效地帮助儿童掌握常见的节奏型，还能使同伴间相互认识。

案例分析

《好玩的动物名字》

一、活动目的

通过二拍子的节奏朗诵和多声部节奏训练，培养儿童的即兴创编能力和反应能力。

二、活动准备

师生围成一圈，坐在地上。

三、活动建议

1. 每个人想一个动物的名字，如熊猫、长颈鹿等。

2. 每个人按两拍子的节奏型说出自己想到的动物，如熊猫、长颈鹿。（按座位轮流进行，中途不要中断，内容不能重复别人说过的，也不能抢说）

提示：活动越来越难，因为熟悉的动物已经被说过，此时教师可以提示学生在动物名称前面加上形容词或改变节奏型，如长颈鹿等。对于排律不对、节奏不准、拖拍子或抢拍子的儿童，教师要及时纠正，从一开始就注意培养儿童正确的节奏感。

3. 从儿童创编的各种名称中，挑选两个或三个稍有难度的，但上口、发音比较响亮、清晰的节奏型，再由教师指挥，全体儿童一起念。

4. 将儿童分为两组，选择其中两种节奏型，一组先念，另一组按一定规律进入，成为二声部，反复念数遍，基本整齐后，交换声部，并适当变化强弱、快慢、连音与断音等进行练习。

四、活动分析

本活动从儿童感兴趣的生活内容入手，请每人即兴说出一个动物名字，到变换节奏型，再到声部合说练习。形式不断变化，难度不断增加，不仅让儿童感受到活动的丰富多彩，还让儿童面对音乐元素逐渐进入而引起的活动难度逐步增大的挑战，同时更让儿童在兴趣盎然的活动中训练了两拍子的稳定拍律和节奏感。练习的内容还可以是水果名称、家用电器、交通工具等。另外，这个练习在各个年龄阶段都可以使用，这要根据学生的年龄、兴趣、能力等因素进行灵活设计。

（2）由儿歌、童谣、歌曲做节奏朗诵训练

儿歌、民谣的歌词幽默诙谐，读起来朗朗上口，表演起来富于童趣，是适合儿童学习和训练的佳作。在实际教学中常把所学歌词以说白的形式教给学生，并配以音韵、节奏、速度、力度和情绪等。

《切歌》

台 湾 儿 歌
陈秀华　改编
潘美蓉　作曲

切切切 切切切 我家的公鸡 我家切 我家切 我家的母鸡 我家切 我家切

《一角两角三角形》

陈秀华　改编
潘美蓉　作曲

一角两角 三角形　四角五角 六角半　七角八角 九插腰
十角十一角 打电话 喂喂喂 你是谁 我是一个 好孩子

富有福建闽南文化特色的民谣《天乌乌》，是一首家喻户晓的闽南歌谣，深厚东南亚国家的闽人所传诵，将这首民谣引进奥尔夫音乐课堂，也不失为一个好举措。

除此以外，为了增加活动的难度和趣味性，在训练时还会采用轮说节奏练习、变奏节奏练习、多声部及和声节奏练习等方法。

视频：
《天乌乌》

案例分析

《小白兔》

一、活动目的

通过学习用多声部节奏朗诵（2~3声部）轮说，并加律动（声势）为其伴奏，体验其乐趣。

$\dfrac{2}{4}$ ♩♩ ♩♩ ♩♩ ♩♩ ♩♩ ♩♩ ♩♩ ♩♩
小白兔 白又白 两只耳朵 竖起来 爱吃萝卜 爱吃菜 蹦蹦跳跳 真可爱

二、活动建议

1. 用听说法教说《小白兔》歌谣，先念两小节，再增至四小节。

2. 边教边用手拍节拍，基本会连起来说儿歌。

3. 边念边围成圆圈走节拍，手也跟着拍节拍。

4. 围成两个圆圈轮说（需要两个老师各带一组，如只有一个老师可分两组轮说）。

5. 分三组轮说（分三组边念边走圆圈）。

6. 将拍手改为念儿歌节奏，不必顾及脚，孩子们会自然地按拍走。

7. 分三组：一组拍手，一组跺脚，一组说儿歌。

2. 以声势动作入手的节奏训练

声势训练集动作、节奏、演奏于一体，是奥尔夫音乐教学法中的一项基础工程。人体的许多部分，乃至整个身体的自由活动，都可以做出各种不同的姿势，发出多种不同的声音。人们在日常生活中广泛运用着各种姿势，如招手、摇手、搓手、握手、拍手等姿势，都能表现一定的意义，传达某种情感，表示某种态度。姿势是一种无声的语言，这里所称的"声势"都是指一种运动状态。因此"声势"可以理解为身体（整体或局部）运动的方式。它的含义是以人体为天然乐器，通过拍、打、跺、捻、捶、搓等发出不同力度的声响所具有的姿势。声势通常是和节奏连在一起的，它通过拍手、拍腿、跺脚、捻指等学生易学易做的方法做一些节奏训练。

（1）拍手

动作要领：拍手时，两肩与两臂放松，双手在胸前拍手。

经典方法：

平掌拍：双手自然打开，一手平放，另一手由上往下拍打，音色清脆。

空掌拍：张开拇指，其余四指并拢，微微弓起掌背，两手对拍，音色浑厚。

特点：声音一般明亮、清脆，在声势合奏中，易拍鲜明的、节奏性较强、较复杂的节奏声部。

（2）跺脚

动作要领：通常是整个脚掌跺地，左右脚均可；特殊做法是脚跟着地前脚掌拍地，或是反过来前脚掌着地脚跟拍地。

姿势：站姿是从腿根部起动作，左右脚轮流做类似原地踏步的动作；坐姿是坐凳子，大腿一半在凳子外悬空，同时提起脚掌跺地。

特点：声音比较低沉，在合奏中适宜担任节拍重音的声部，跺脚的节奏不宜过密和复杂。

（3）拍腿

动作要领：双手自然放置于大腿靠近膝部，双臂放松，双手拍打（可以是同时拍、轮流拍、交替拍）或单手拍。

特点：拍腿声音不够鲜明，合奏中不可单独在重拍使用，会使节奏重音不突出。

（4）捻指

动作要领：中指、拇指相捻发出声响。

动作变化：因有难度，可用音响相近的"弹舌发声"代替。对儿童来说，也可以从拍打两腮、胸脯、肚皮到拍打髋骨两侧所发出的不同音色代替。

特点：音量最小，但声音较高，一般不适宜用在重拍及复杂而快速的节奏中。

声势是人类宣泄、表现、交流情感最原始、最直接的方式，产生于语言、音乐之前，且至今仍被人们运用着。如活动开始和结束时，人们会有节奏地用拍手表示欢迎和感谢之情。声势具有明显的教学优势：无须运用抽象概念、复杂的逻辑思维、高难度的技能技巧，无须借助任何教具、乐器，每个人都能自然地学会，没有任何负担，便会轻松、自如地运用。同时，对训练节奏感以及听辨、反应、记忆、创造等能力都是一种很好的方法，也是音乐基础训练的重要方法之一。

声势的记谱方法：通常情况下，右手、右脚——符干朝上，左手、左脚——符干朝下。拍手只记在一行谱上，符干都是朝上；跺脚、捻指也只记在一行谱上，符干朝上朝下分别表示右手右脚和左手左脚；而拍腿是记在双行谱上，分别表示左腿和右腿，符干朝上、朝下分别表示右手和左手，如下谱：

声势活动准备练习时，也有相应的指挥动作帮助儿童掌握。如手掌向上表示开始，向下或双手背到后面表示停止。

儿童在声势活动中受益匪浅。对于儿童来说，利用自身所熟悉的肢体，在已有经验的基础上加入有规律的节奏，可促进儿童动作的协调发展；在进行有节奏的身体动作时，通过学习各种动作，使大脑神经控制动作的能力和保持平衡的能力有所发展。声势活动将复杂、抽象的知识转化为简单、有趣的身体语言，让儿童在轻松愉快、充满乐趣的环境中学习。

那么，声势动作训练有哪些具体的方式呢？这些方法运用时的注意要点是什么？

（1）节奏回声

节奏回声也叫节奏模仿，指教师或学生拍一节奏型，其他学生模仿。节拍通常是从四拍子开始逐步过渡到三拍子；节奏一般是四分音符开始逐渐到八节再到附点、十六分音符，为避免单调，逐步加入四分或八分休止符等；长度一般从一小节（以4/4拍为准）到两小节。

（2）节奏造句

第一种：教师出示若干组声势节奏型（每组均为三拍或四拍），教师（或某一学生）指哪一个，学生就做哪一个，换来换去，训练反应能力。然后教师（或某一学生）即兴加入一首三拍子或四拍子的曲子，随音乐变化更换各种节奏型，训练其节奏感及敏捷的反应能力。

第二种：教师出示若干组声势节奏型（每组均为三拍或四拍），由学生（个别、小组、集体）从中选择2~4个组别，编排成一首新的"曲子"并一起练习。熟练以后，也可以即兴加入一首三拍子或四拍子的歌曲，进行表演、演唱。然后再由老师组织互相展示、观察、评价各自的作品。

（3）节奏接龙

利用声势进行节奏接龙教学也是一项非常有趣又有益的活动。但这种活动对师生的节奏感、灵敏性要求较高，对于初接触者（尤其是新教师及小年龄的学生）挑战性较高，难度较大。要使"节奏接龙"活动顺利开展，必须在师生积累了丰富的"节奏乐汇"，具备了丰富的节奏活动经验的基础上，方能有效进行。

常见的接龙有以下三种：

第一种：完整接龙——教师先拍四拍，学生接着模仿头四拍。教师连续拍下去，学生边模仿教师的前四拍边听记后面的节奏。这种形式适合于一对一、一对小组、一对全体进行。

第二种：接尾接龙——教师拍四拍，一学生重复后两拍，再即兴拍两拍，教师继续拍下去，再换一个学生接拍。

第三种：接头接龙——教师拍四拍，一学生接着模仿头两拍，再即兴拍后两拍，教师一直四拍一组拍下去，不断更换学生。

（4）固定音型

固定音型指一个音乐动机或小乐句（4~8节），不断重复贯穿于一段音乐、甚至全曲。固定音型的应用是奥尔夫音乐作品及音乐教学中最具特色的一个手法。

3. 以律动舞蹈入手的节奏训练

律动学习主要来自于达尔克罗兹教学体系。律动表现音乐元素，即用身体的动作表现音乐的风格、曲式、调性、旋律、节奏等元素。我们把律动活动的初级阶段称之为"动作经验积累"阶段，主要包括大肌肉活动练习和小肌肉活动练习，以及探索身体各种运动的可能性。在活动中通过尝试同一个要求的动作可以用不同的肢体姿态去完成的做法，帮助学生发掘自身肌体的运动能力，促进肌体动作的协调发展，从而积累丰富的动作经验。如奥尔夫音乐游戏《握手

视频：
《勤劳人懒惰人》
《玩具兵进行曲》
《墨西哥草帽舞》

视频：
《握手舞》

音频：
《圆圈舞》
《欢迎舞》
《螃蟹舞》

舞》。通过动作创编进行的即兴律动活动，让孩子们学习怎样与同伴合作，学习领导与被领导，同时培养对于群体的适应性。

奥尔夫教学法所设计的舞蹈对于任何没有学过舞蹈的人也能学会。它所要求的是按音乐的节奏跳、按音乐的形象去想象，最重要的是即兴，学生们可以自由设计，自由编排自己理想的动作。适合的音乐有《圆圈舞》《欢迎舞》《螃蟹舞》等。

案例分析

《杨基·杜德尔》

$1=C\ \frac{2}{4}$
小行板

美国歌曲

（乐谱）

动作说明：

1. 两列幼儿与舞伴面对面站立，各自向前平伸手臂，以便保留双手臂的空间。

2. A段

第一句：面对面向前四步，退回四步。

第二句：向前右肩对右肩，右转身到舞伴位置。

B段

第一句：同A段第一句。

第二句：向前右肩对右肩，右转身回到自己位置。

4. 以乐器打击入手的节奏训练

奥尔夫乐器的产生来源于一个教育真理，那就是"人们只有在音乐实践中才能学到音乐"。乐器教学是奥尔夫为世界音乐教育做的又一个巨大贡献。奥尔夫所创造的"不是高度发展了的艺术性乐器，而是一种以节奏性为主，容易学会的原始乐器"。艺术性乐器不仅价格昂贵，演奏起来还需要很高的技术要求；而价格低廉的乐器，又受到音色、音域的限制，不适合孩子们的器乐学习。而奥尔夫乐器

的出现，解决了这些难题，使更多的儿童投入到乐器演奏中去，亲自体验、亲自创作，在演奏、合奏过程中无形地培养了儿童的集体荣誉感、自我把握、人际关系等诸多能力，在人格培养方面也起到很大的作用。

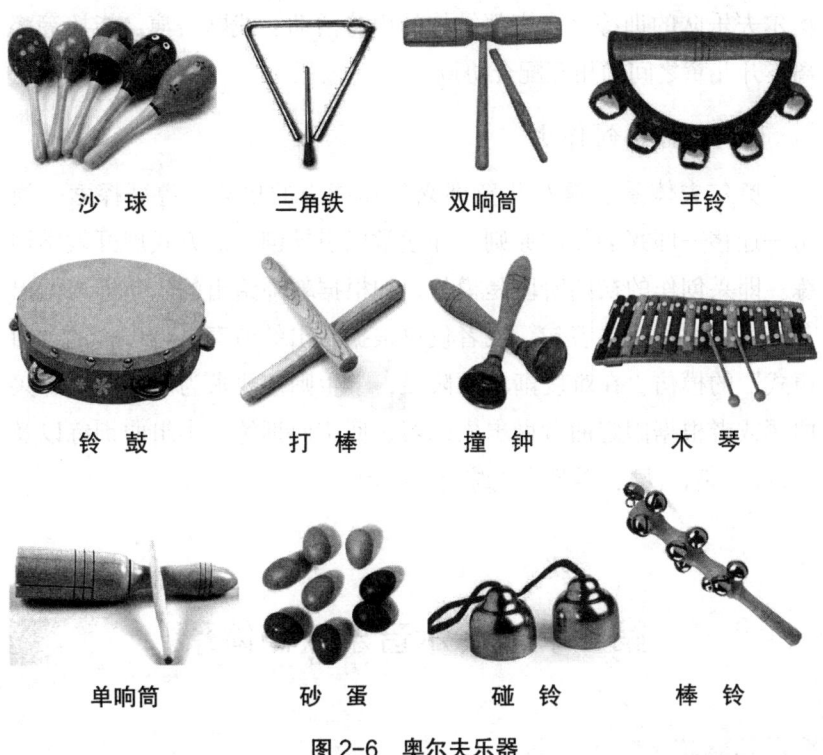

图 2-6 奥尔夫乐器

奥尔夫乐器主要分为两大类：第一类是无固定音高系列的敲击乐器，也就是我们通常称的打击乐器。如沙球、三角铁、双响筒、手鼓；第二类是有音高的音条乐器，如钟琴、金属琴、木琴、定音鼓等。

根据材质和发声特点，将无固定音高的乐器分为以下四大类。

皮革类：各种鼓类乐器，一般有共鸣声、声音低沉、音量较大。
木质类：单双响筒、响板、木鱼等，声音清脆，无绵延音。
金属类：三角铁、碰铃、锣等，声音高亢、明亮，有绵延音。
散响类：沙锤、串铃等，音量小、音散，可持续奏长音。

这四种打击乐器构成了奥尔夫打击乐器合奏的基本编制，这些乐器起到节奏的作用。以《春天在哪里》这首歌为例，感受下以乐器打击入手的节奏训练。

视频：
《春天在哪里》

（二）集体教学

集体教学是奥尔夫教学中的主要组织形式。奥尔夫认为，集体教学的形式有助于提高儿童参与的热情，为他们提供交流、分享、合作、竞争的机会，有助于培养儿童的集体观念和提升教学效果。奥尔夫乐队的训练、多声部结构的声势活动、戏剧表演、指挥等都离不开儿童之间的相互配合协调。

（三）引导创作法

奥尔夫体系注重对儿童即兴创作能力的培养，遵循探索—模仿—迁移—即兴创作的原则，并通常以引导创作的方式展开教学训练。即兴创作的初始阶段是模仿，如根据教师给出的乐句即兴做出节奏、旋律相仿的答句，或者仅仅根据给出的节奏进行多样的"回声式"的模仿。在难度渐增的阶段，学生则被要求为歌词配上即兴曲调或者根据固定曲调做卡农练习、回旋曲训练、小组曲训练以及进行说、唱、舞、奏等形式综合的练习。

第四节　铃木音乐教育体系

情境导入

1961年4月16日，在东京文京公会堂的舞台上，400名5～12岁的孩子手持小提琴，整齐地列队演奏，他们的美妙演奏打动了在场的听众。孩子们演奏的曲目从《小星星变奏曲》《落第协奏曲》到《G·莫尔协奏曲》，技术纯熟自如，令人惊叹。人数众多的年幼儿童的合奏表演非常完美，如同一人独奏般地那样和谐。

铃木教学法以善于培养"音乐神童"著称，年纪较小、学习音乐时间不长的儿童却能够掌握较高难度的音乐演奏技能，并具备相应的音乐素养。这一切成果源于铃木的教育理念——"每个孩子的能力成长，都有一种培养方法"，只要寻找到正确的教学方法，每一个孩子都能成为"天才儿童"。在他的教育下，成千上万的儿童走进音乐的世界、享受音乐带给他们的精彩人生。

一、铃木的生平

铃木镇一（1898—1998）是日本著名的小提琴演奏家、音乐教育学家。铃木出生在日本名古屋市的一个小提琴制造商家庭。受其家庭影响，铃木从小就开始学习小提琴。他在1915年毕业于名古屋高等学校后继续音乐学习，并于1920年留学德国柏林，师从卡尔·克林

图2-7　铃木镇一

格尔教授专修小提琴演奏八年。1928年携妻子回国，与三个兄弟组建铃木四重奏乐队，开始演出活动，并在国立音乐学院任教。

二、铃木教学法的形成与影响

1944年，通过教儿童演奏小提琴，他发现了年龄幼小的儿童都具有学习潜力，只要给予适当的环境和培养，都能通过后天学习获得音乐才能。随后他开始了音乐教学法的探索，创立了世界上著名的"才能教育研究会"。20世纪60年代，在日本接受其"才能教育"的儿童超过20万人，3~4岁的幼儿就能出色地演奏莫扎特、巴赫的名作。1975年，"铃木教育法国际研究大会"在美国召开。由于这种体系使许多儿童在较小年龄或较短时间内取得小提琴演奏技巧方面令人惊叹的进步，因此很快获得了各国音乐教育界的广泛关注，成为儿童音乐教育领域中的又一重要体系。

铃木教学法又称"祖国语言教学法"，注重早期教育和创设良好的学习环境，这是他的教学法的核心。他说，人的文化方面的一切能力并非因遗传从内部产生，而是由于适应外在环境的条件从内部成长的。遗传只对生理机能条件的优劣产生作用，环境中不存在的事物就无法育成。

他的灵感来源于对儿童学习母语过程的思考。他发现，刚出生的婴儿，其才能只是一张白纸，没有任何差别。但到了五六岁时，就已经能够讲得一口流利的母语，甚至会讲地方方言。由此他认为，才能是人们在后天通过教育环境所刺激、培养而成的，不是与生俱来的。参照学习母语的模式，铃木创造出一套训练方法：孩子们通过直觉与听觉的每天反复练习，形成习惯进而掌握音乐技能，以良好的教育环境诱导儿童学习。铃木主张通过儿童早年良好的音乐教

育，能够培养个性优雅、才能卓越、全面发展的新一代青年，他的教育理念引发了世界范围的教育革命。

三、才能教育体系的基本理念

铃木认为，教育包含两个意思，一是"诱发"，就是引导潜藏的状态，并使其显示出来、发展起来；二是教学，即按照儿童生理和心理特点有效地传授知识技能。铃木指出，教学是促进才能发展的途径，教学的目的就是要探索和发展人的潜力，也就是进行才能教育。

因此，铃木的才能教育思想包含以下主要观点：

（一）早期的培养

音乐好比一种语言，要掌握一种语言，最好是从小开始学，开始得越早越能把语言掌握得像母语一样。铃木主张，教育是出生即适龄。在他的《才能教育自零岁起》一书中，他极力主张学习愈早愈好，因为幼儿阶段影响一生。他认为学习应该自出生那天起，而不是自上学第一天，及早学习可提供丰富的经验，内在的音乐熏陶可为日后的音乐教育奠定坚实的基础。只要儿童稍有掌握某种乐器的能力，就可以让他学，但在开始学之前，应当先聆听经典的音乐，参观别人的演奏，来引发学习动机。

（二）更好的环境

"人类是环境之子"，环境对于儿童的成长有着至关重要的作用。铃木反对"才能是天生的"，他认为，如果说有遗传的话，那也许是说人在适应环境的灵活性或适应快慢上有优劣之分。他确信，环境要置于遗传之前，环境比遗传更影响人的能力的发展。因此，才能不是天生就有的，任何儿童都可以培养成为有高度才能的人。每个儿童都有音乐潜能，只要有适当成长条件，每个儿童都能学音乐。除此以外，父母应当尽可能给儿童提供一个良好优美的视觉、触觉和听觉的生活环境。家庭环境是否理想决定了儿童的音乐才能是否得以发挥。如果在父母及家庭成功地创造出学习音乐的环境，如同他们在最初创造语言环境一样，儿童对音乐和乐器的兴趣也就能自然而然地形成。

（三）教育的目的

"培养孩子成为优秀的人"是铃木教育思想的出发点和归宿。音乐教育不是以培养音乐家为主，而是培养所有的儿童都能具有良好的心灵和感觉。这是铃木始终强调的才能教育的根本目的就是培养人。他说，教育不是我的主要目的，我想造就出良好的公民，如果让一个儿童降生之日起就听美好的音乐并自己学习演奏，就可以培养他的敏感、遵守纪律和忍耐性格，使他获得一颗美好的心。

（四）尽量多的训练

1958年，铃木提出"母语学习"的概念，认为人类掌握语言这一天赋能力，是一种典型的学习模式，重复再重复正是其核心。研究发现，幼儿对多次重复的事物不会感到厌烦，他们接受外界同一对象的反复刺激的时候，会把它固定在大脑中，形成一种能力。因此，在教学过程中，无论是聆听音乐的环节还是技巧训练的环节，反复成为铃木教学法的重要特点之一。从简单的旋律开始，之后的学习中不间断地回到最初的乐曲上。通过数百数千数万次的反复，儿童获得更熟练、更出色、更完美的技巧。除此，应把学习当成是一种娱乐，在轻松快乐的气氛中完成，学习和练习方式不可一成不变，应力求多样性。由此，这样的教学方法不仅可以培养儿童卓越的演奏才能，而且还训练出儿童良好的心理素质。

（五）正确的指导方法

"喜欢"和"会做"是培养孩子才能的前提，教育要掌握适当的时机和科学的方法，自然地引导儿童学习。努力将教育内容融于游戏中，配合教师和家长耐心教导，儿童便在不知不觉中进入了音乐的环境，跟着旋律歌唱、节奏律动，儿童自然生发出学习的愿望，这种愿望在随后的学习中能帮助儿童克服困难、增强信心。铃木先生非常注重激发儿童的学习动机。每当有了新学员，他总是先指导孩子的父母学会拉一支简单的曲子，以便为儿童营造良好的家庭学习氛围。开始时，新学员在教室里不被安排学习，而是在一边玩，看着别的孩子练琴，这种情景能促使儿童产生想得到小提琴的愿望。接下来儿童被发给一把不出声的琴，用其练习拉琴的姿势、指法等。三四个月后，儿童拉琴的愿望越来越强烈。这时，铃木才满足他们的愿望。有了这样循序渐进的准备阶段，儿童在投入学习后便能够很快地进入角色。

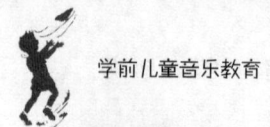

拓展链接

儿童音乐能力的开发

铃木用极其简练的方法，从记忆力、注意力、运动能力、表现力四个方面展开了能力的开发。

1. 记忆的发展——通过背诵俳句（日本的诗句）来训练。铃木认为，为了培养记忆的所有能力，这是很有必要的手段。

2. 注意力的养成——用铅笔训练。铃木说："注意力集中了，一件事就得以彻底完成。只要彻底完成了一件事就自然会产生自信。这种自信在幼儿时期培植与否，对一个孩子的一生都会产生完全不同的成长形态。"注意力也是一种习惯，类似一种技术。"坚持每天短时间的练习，并不断反复进行的话，注意力也会成为渗透到体内的一种自然习惯。"

3. 运动能力的培养。运动能力一般分为：肌肉力量、运动神经（反射神经）以及持久力。可以说对所有的能力而言，儿童时代最重要的应属运动神经。要练就运动能力，儿童时代是最适合的。

4. 表现力的发展——用"说"与"听"的方式训练。所谓"说"就是孩子们的语言能力，"听"就是听指导者（教师或父母）的语言。儿童语言发展最直接的老师不是别人，正是母亲本身。

四、铃木教学法的教学要求与原则

（一）注重培养儿童聆听习惯和技能

聆听音乐是音乐学习活动中最重要的环节之一。铃木认为，敏锐的听力和直觉反应能力是以大量的倾听经验的获得为基础的。铃木认为，在儿童学习音乐的过程中，首先要学习完整地欣赏优秀的音乐，感受音色的优美；其次要听出音乐中细微的变化并做出相应的直觉反应，这就是倾听技能。铃木强调让儿童先听音乐，每学一乐曲之前，不论多简单的旋律，都必须先重复听其录音。通过反复倾听，在充分熟悉音乐作品的完整音响形象之后再进行模仿练习和表达，以提高儿童认知音乐要素、技能学习及创造才能的水平。

（二）实施按部就班、循序渐进的学习

铃木教学法对教学进度的推进有着严格的要求，每次教学目标

的制定都只向前进行一步，待儿童完全掌握后再进行下一步，宁可减缓教学推进速度，也要保证儿童基础稳牢、防止不良习惯的产生。在学习新乐曲时，经常要求儿童复习旧有的乐曲，获得有效的音乐积累，这种新旧交替、温故知新的学习方式与婴幼儿学习母语的模式同出一辙。

（三）践行坚持不懈、专心认真的练习

坚持不懈的大量、反复练习是铃木教学法的重要特征。技精于熟，越是熟练越是能开发出艺术上的造诣。铃木认为，当儿童掌握了某一个、两个曲子以后，要不断地重复、巩固，这样不但能使儿童的音乐表现力更趋丰富，而且也能促使儿童形成对音乐的快速直觉反应能力，有利于儿童持之以恒的品质的培养。

除此以外，专心练习也是必不可少的。在专心的练习下，最开始即使每次只拉10分钟，每天拉两三次都会有好的效果。但如果练习不够认真，即使每天达到1个小时的训练要求，也会因有效练琴时间不够而达不到较好的练习效果。

（四）提倡背谱演奏早于视谱训练

在教小孩子的时候，铃木教学法不教他们看乐谱或任何音乐理论知识，因为那等同于在一个正常的孩子还不会说话之前，便教他语法表达和写字，这样做是违反人的自然认知规律的。因此在教学初始阶段，采用背谱演奏的方式，以训练儿童全神贯注于音响的聆听、乐感的培养和动作的模仿。当儿童在音乐感觉、演奏技巧和音乐记忆上都已得到充分训练后，再对其进行视谱训练。铃木强调，"认谱是儿童学习的一种联想过程，过程中儿童必须对照他弹出的音和谱上的音符一致"，开始认谱后，儿童仍需背谱演奏。

（五）激发儿童的学习热情

铃木教学法重视对儿童学习兴趣的培养和学习热情的激励。首先是趣味性教学手段的引入。为了引发儿童对音乐学习的热情，铃木设计了很多充满游戏性的技能练习，如边行走边拉琴、配合韵律活动拉琴、站在椅子上表演、在户外练习等。这些游戏远比在室内呆板单一的学习形式受欢迎。因而在教学中，要求教师重视上课气氛、学习过程和学习方法的趣味化。

铃木教学法采用个别上课和团体上课方式交互并用的方式，每周一次或每月两次安排不同程度的孩子们一起上课。在集体学习的环境中，能够有效地减轻儿童的心理负担，通过相互比较和竞争，儿童能够获得学习榜样，分享合作乐趣，学会协调群我关系。当儿童在个别课上初步掌握了基本演奏方法和一些简单的乐曲时，在集体课上练习合奏有助于技能的提高和在团体中表现自我。

除此，铃木还定期举行音乐会，使每个孩子都有独奏和合奏的机会，使每个孩子都有自由表现音乐的机会，以激发儿童学习的热情。

（六）鼓励家长的合作参与

儿童的父母在铃木教学活动中担任着特殊的引导作用。鼓励儿童的母亲参与学习，协助儿童学习，运用母语学习的自然方法，欣赏音乐，反复听唱熟悉旋律后，才进入乐器练习。个别课时家长要陪同上课，记录笔记，并帮助儿童了解刚开始学习的各种难处，如姿势手型等，家长在家就是辅导老师，要陪同练琴，规定家长每天为孩子播放指定乐曲的录音。儿童具有善于模仿的天性，当父母以认真学习的态度为儿童树立起榜样时，能够收到事半功倍的效果。

拓展链接

家长的参与方式

1. 学会小提琴演奏的基本技巧。为家长演奏某些精心选择的材料以便向他们介绍基本原则。

2. 出席每堂课，并旁听其他孩子的课。

3. 参加每天在家的练习，并以极大的爱心、耐心和鼓励提示课程中提出的要点。

4. 每天放听正在学习的音乐录音。

5. 阅读铃木教学法文件。

6. 不要急于求成以阻碍孩子的进程。

五、铃木教学法的教学过程与步骤

铃木教学法是一种强化教育法,其教学过程主要分为以下六个步骤:

(一)接触

让美好的音乐进入心中,首先要创设良好的环境,从听觉训练入手。他认为,"音乐的耳朵"不是天赋或固有的,可以通过多加训练而获得。因此,可以每天在儿童轻松自然的状态下放一些优美的乐曲,逐步发展儿童的音乐感受力与记忆力,让儿童反复聆听、接触经典的演奏作品,可以逐渐提高儿童的鉴赏和演奏水平。

(二)模仿

最优秀的教师、最好的教材、最优质的音响都是十分有必要的。铃木十分重视教师的素质,教师的认识水平和能力对学生的才能培养具有关键作用。主张教师要对儿童有爱心、耐心,具备渊博的学识、精湛的技能、敏锐的感觉以及严格的精神。铃木还十分重视儿童练习教材的选择,让儿童听世界大师演奏的名曲,以培养他们的感觉水平、思维水平及想象能力。除此,不论是教师的示范,还是优质的音响作品,都是儿童模仿学习表演的基础。

(三)鼓励

正面的鼓励、适时的赞扬是不可或缺的兴趣催化剂。当儿童面临困难时,来自家长和教师的鼓励能帮助他们树立信心。铃木认为,每个孩子身上都存在着不可估量的潜能,应遵循其自然发展的进度,根据孩子的个性特点,寻求孩子的优点,给予肯定、赞美和夸奖,要学会用一些话语鼓励孩子,如"真好"。再如在孩子有能力拉好一首小曲子时,提供机会让其当众表演,鼓励孩子的努力和进步。

(四)重复

通过强化式的训练,鼓励儿童在重复的练习中,发现新的乐趣与挑战,以达到艺术上、技术上的精益求精。

(五)增加

选材应从简单易学的曲子开始逐步增加难度。在学习新曲目的同时,要不间断地回到练习的出发点,因为上千万次的重复旧曲练习，不仅使儿童的演奏更趋熟练、完美，提高其音乐表现力，还能培养儿童学习的耐力和韧性。

（六）完善

良好的习惯养成来自于强化训练。铃木认为："经过五千次养成的坏习惯，要用六千次矫正。"因此，要停止那种每错一次、矫正一次的方法，应该是以重新开始的训练方法，让儿童形成新的行为方式，养成新的行为习惯。

本章小结

音乐教育是基础教育，同时也是素质教育的重要组成部分。伴随全球经济一体化的进程，世界各国之间的文化交流日益密切。世界上较有影响力的一些音乐教育体系相继引入我国，如达尔克罗兹体态律动学、柯达伊音乐教育、奥尔夫音乐教学法、铃木才能教育体系等，开拓了我国音乐教育改革的视野和思路。学习、研究和借鉴这些体系的精华，结合我国的学前儿童音乐教育特点和实际情况进行"本土化"的改革，探索和建立一套创新型的儿童音乐教育体系，促进儿童的主动性、创造性能力的提高，最终使我国的音乐教育走向世界的大舞台。

技能训练

1. 自选钢琴曲，小组合作，利用达尔克罗兹的"体态律动"进行即兴创编。

2. 学习柯尔文手势，练习边做边唱自然大小调音阶。

3. 自主选择交通工具的名称，创编一个字、两个字、三个字和四个字的节奏短句，并进行二拍子、三拍子、四拍子的字词朗诵练习。

4. 请根据稳定的节拍，选择适合的节奏型来进行语言节奏训练。

2/4　摇呀摇，摇到外婆桥，外婆请我吃果果，糖一包，果一包，还有大奶糕。

3/4　攻城不怕艰，攻书莫畏难，科学有险阻，苦战能过关。

5. 请以《我喜欢××》为主题,为中班儿童设计一个奥尔夫语言节奏训练的活动。

6. 编写一组多声部节奏练习,并试用"声势"练习法进行演奏。

7. 尝试运用奥尔夫"人体乐器"为《幸福拍手歌》设计伴奏。

8. 学生自由创编节奏朗诵《静夜思》,分组进行两个声部或三个声部的合诵练习,并逐步加入声势动作,最后可尝试加入节奏棒进行伴奏的综合性练习。

9. 任选《加伏特舞曲》《丹麦七步舞》《墨西哥草帽舞》之一,以小组合作的形式,即兴创编动作,与同伴共同完成律动舞蹈。

10. 自主练习,熟悉常用的打击乐器的名称、音色特点、打击方法和适用节奏。

音频:
《加伏特舞曲》
《丹麦七步舞》
《墨西哥草帽舞》

第三章
学前教育师范生音乐感受力训练

在学前教育中，音乐教育是实施美育的主要途径，音乐教育在幼儿身心发展、人格培养和潜能开发等方面具有十分重要的价值，因此，幼儿教师的音乐素养直接制约着学前儿童音乐教育的水平和质量。音乐的基本素养集中体现在音乐核心能力方面，包括音乐感受力、节奏感和表现力。本章从学前教育师范生音乐感受力展开分析讲解，提供切实有效的理论参考和实践训练。

音高；音色；音值；音强；曲式；调式

音乐是通过人的听觉感受，经过音乐认知和音乐表象活动，不断生成音乐情绪和音乐情感的。是否拥有一对灵敏的"音乐耳朵"，直接决定能否比较准确地感知音乐、理解音乐和把握音乐形象。拥有良好的音乐听觉是学前教育专业师范生叩开音乐之门必不可少的敲门砖，是在幼儿园音乐实践活动中不可或缺的基本能力。

在师范生的实践教学中我们发现，由于学前专业师范生未经过音乐素质加试（比如视唱练耳音准水平测试），因而存在部分新入学的学生音准不佳的情况，也就是俗称的"五音不全"。这种情况就是未经过开发训练的"非音乐耳朵"，对音乐的各种表现要素（如音高、音色、音值、音强、曲式和调式）的捕捉和反应不够敏锐，这就需要在教学中通过大量的、系统的、有针对性的训练，将"非音乐耳朵"逐渐变成"音乐耳朵"。提高音乐听觉能力，从而不断提升音乐审美能力，真正感受到音乐传递的愉悦感。

第一节　音高辨析

> 问题导入

明明同学是新入学的学前师范生,他在第一次声乐考试中成绩不及格。明明产生了疑惑:考试前我准备得非常认真,有的同学还没有我唱的声音大,为什么我的分数不及格?老师耐心地解释道:"明明,你的学习态度很好。不过,你演唱时走调了,音准不好,歌曲的完整性欠佳,所以老师必须对你严格要求。""可是,我没有感觉走调啊?"明明更加委屈了。

一、音高的定义

音高指声音的高低。在音乐体系中,音的高低是由发音时发音体振动频率的快慢决定的,频率越快音越"高",频率越慢音越"低"。因此,音高训练就是建立音高概念,训练音准。

幼儿阶段是各方面感官飞速发展的阶段,听觉感官亦如此。幼儿阶段的听觉非常灵敏,虽然3~6岁是孩子最初级的音乐教育阶段,但是否重视这一阶段的培养会直接影响幼儿未来整体的发展。我们经常会听到中小学音乐老师说:"这个班有的孩子唱不准。"其实,"唱不准"正是由于"听不准","听不准"的孩子错过了听觉发展的重要时期——幼儿时期。因此,我们需努力提升音高听辨能力,确保能在实践教学中做标准的歌唱示范。

二、音高听辨训练

音高听辨训练主要有听辨音的高低、琴音模唱、唱名答唱等形式。

(一)听辨音的高低

教师弹奏音组,请学生说出每个音组的最高音和最低音。可以三个音一组或四个音一组,这是听音训练中最简单的音高练习,旨在引导学生初步构建基本音高概念,为后面的唱名答唱训练打好基础。

（二）琴音模唱

教师弹奏音组，学生用"啦"模唱。包括单音模唱、双音（音程）模唱和三音（和弦）模唱。三音模唱以大三和弦、小三和弦为主；多音模唱以和谐音组为主。模唱练习不需要唱音名，只要唱准音高。模唱训练有利于后面唱名答唱。

（三）唱名答唱

反复训练 C 大调、a 小调的音阶练习，培养稳定的调式感觉，有利于唱名答唱的听辨。

教师先弹奏国际标准音 a_1，再弹奏需要学生唱答的音，学生听辨后用唱名答唱出音高。

听辨练习

每次给出的国际标准音 a_1，相当于一个支点，每次从支点开始构唱相应音高，不断强化，有利于学生唱准音名。

第二节 音色辨析

问题导入

每个人都有其独特的音色，音色的划分对初学声乐的人来说是很重要的，一般高亢的高音和深沉的低音是很容易分辨的，而偏高的中音和雄厚的高音则较难分辨。给你一首歌，你能很快判断其中声音的特色吗？

音色，指音的色彩，即声音的感觉特性，它是由发音体振动的频率、振幅、形状、成分及发音体的品质等因素决定的。音色作为音乐的基本构成要素之一，在音乐作品中的运用是普遍的，表现是丰富的。

在音乐的表现上，音色是指不同人声、不同乐器及其不同组合的表现所呈现出丰富的色彩和巨大的表现力。此外，音色的表现作用还在于其所体现出的特殊的民族色彩，各民族的歌者和民族乐器特有的音色对比和变化，是音乐的基本表现力之一，也使得其音乐的民族风格更为鲜明，艺术感染力更加强烈。通过听觉引导训练，有针对性地提升学生对于音色的运用、表现及感受能力，有利于促进对音高、音强、语言、角色、情感、作品风格等要素的理解能力和把握能力。

一、人声的不同音色辨析

人声按照性别和年龄差异特点，可分为女声、男声和童声三类。按照音色的差异、音域的高低和音乐不同的表现特点，女声可以分为女高音、女中音、女低音；男声可以分为男高音、男中音、男低音。

（一）女高音

女高音是女声歌唱中最高的一个声部，根据音色、音区、演唱技巧和表现特征等不同特点，女高音又可细分为花腔女高音、抒情女高音和戏剧女高音。

1. 花腔女高音

"花腔"通常指声乐旋律中精巧灵活的装饰，包括各种装饰音，如颤音、波音、回音、滑音、倚音等，并通过一些华彩乐段的表现，使旋律的演唱富有装饰性和华彩性。花腔女高音的声音轻巧灵活，色彩丰富，音域比较宽广，像百灵鸟儿通透高亢的声音一样，在高音和超高音区表现尤为突出，音域跨度较大，旋律曲折华丽。花腔女高音擅长于演唱快速的音阶和华丽的曲调，以高音的极端区域做轻盈自如的跳跃而见长，是具有高难度的声乐演唱技巧。

音频：
《军营飞来一只百灵》

案例分析

中国作品《军营飞来一只百灵》

这是一首典型的花腔女高音独唱歌曲。该首歌曲是 g 小调的二段体结构，节奏欢快、朗朗上口，音域宽广，旋律起伏。歌曲将文艺工作者比喻成百灵鸟，美妙的歌声飞过营房哨卡，飞进千家万户，赞颂了文艺工作者对祖国、对军营、对艺术事业的无限热爱之情。歌曲的结尾部分明显地运用了花腔技巧：

$$
\begin{array}{l}
3\,6\ 1\,3\ 6\,\dot{1}\ \dot{1}\,\dot{1}\ |\ \dot{1}\ -\ -\ |\ 3\,4\,3\ 2\,\dot{1}\ 7\,7\ 7\,7\ |\ 7\ -\ -\ |\\
\text{啊……}\qquad\qquad\qquad\qquad\qquad\qquad\qquad\qquad\text{啊……}\\[4pt]
3\,6\ 1\,3\ 6\,\dot{1}\ {}^\#5\,5\ |\ {}^\#5\,5\ 5\ -\ 0\ |\ 3\,6\ 1\,3\ 6\,\dot{1}\ 7\ {}^\#5\ |\ 6\ -\ -\ \|\\
\text{啊……}\qquad\qquad\qquad\qquad\qquad\qquad\qquad\qquad\text{啊……}
\end{array}
$$

这部分巧妙地将连音与跳音相结合对比，仿佛百灵鸟在一问一答的对话，充分凸显出花腔女高音的技术特点。

拓展链接

外国作品《华丽变奏曲》中的主题旋律耳熟能详，是取自流传于法国的一首古老民谣，很多作曲家据此创作演绎过多个版本，《华丽变奏曲》在上、下行音阶的快速跑动、各种装饰音及跳音的花腔技巧运用上可谓是淋漓尽致。再如我们非常熟悉的中国儿歌《小星星》，"一闪一闪亮晶晶，满天都是小星星"；再如莫扎特改编的钢琴曲《小星星变奏曲》等。19世纪，法国作曲家阿道夫·查尔斯·亚当将此曲改编成了一首华丽的声乐变奏曲，成为中外许多著名花腔女高音的保留曲目。

技能训练

欣赏中外著名花腔女高音歌唱家名作:《玛依拉变奏曲》《魔笛》选段、《夜莺》,能够了解并听辨出花腔女高音的音色特点。

音频:
《玛依拉变奏曲》
《魔笛》
《夜莺》

2. 抒情女高音

抒情女高音是女高音中最多的一种,多数歌剧女声角色都由这一声部的歌唱家担当。抒情女高音的音色温润秀丽,明亮舒展,柔美而富有感情;气息委婉,行腔流畅,声音宽广而优雅。与花腔女高音相比音色更为柔和,擅长音乐流动的线条感的表现,以演唱抒情优美、流畅起伏的歌唱性旋律,表现深切、细腻而不张扬的情感见长。

案例分析

中国作品《梧桐树》

《梧桐树》是一首充满感情、充满回忆的抒情女高音独唱歌曲。歌曲借在秋风中树叶飘落的梧桐树,表达了对美好童年的回忆和对收获的青春年华的渴望。歌曲充满着诗意,乐句完整、音乐流动、细腻婉转。演唱这样一首情感表现丰富而又比较内在的歌曲,音色不宜过亮,音量不宜过大,即使唱到高音区,也不能冲击喊叫。连续的"噢"字直抒胸臆,使情绪表现得到不断地渲染,很好地发挥了抒情女高音的表现特征。

音频:
《梧桐树》

拓展链接

欣赏中外著名抒情女高音歌唱家名作:《我爱你中国》《大森林是早晨》《党啊,亲爱的妈妈》《帕米尔,我的家乡多么美》《月亮颂》《为艺术,为爱情》。

3. 戏剧女高音

戏剧女高音的音色较浓,声音宽厚有力,高音区激情而饱满,低音区温暖而深沉。吐音结实,气息支撑坚实有力,往往通过爆发性的大跳音程和夸张的节奏轮廓,表现激昂的、紧张不安的、痛苦复杂的戏剧性情绪，能处理极端强烈的戏剧变化。因此，在所有类型的女高音声部中，戏剧女高音的声音是最丰满的，能够展示出深邃灿烂的音色和令人振奋的生命力量。

案例分析

音频：
《黄河怨》

中国作品《黄河怨》

《黄河怨》出自诗人光未然作词、音乐家冼星海谱曲的《黄河大合唱》中的第六乐章，歌曲描写了沦陷区一个受侮辱、夫离子散的妇女绝望的内心独白，音乐凄惨、激愤，以她的哭诉和呐喊来激发人民群众的斗志。《黄河怨》作为《黄河大合唱》的重要组成部分，孕育着强烈的悲剧性，在悲愤中酝酿着奋起反抗的精神，从而具有震撼人心的艺术感染力。《黄河怨》是一首戏剧性极强的女高音独唱歌曲。

（二）女中音

女中音，又称次女高音，音量较大，音色醇厚、质朴、温暖、深沉。女中音的高音区较女低音更明亮些，女中音的低音区较女高音更宽厚些，兼有女高音和女低音的音色特点，介于两者之间，女中音更注重的是宽和厚的声音质地，音色特别丰满圆润。

案例分析

音频：
《吐鲁番的葡萄熟了》

中国作品《吐鲁番的葡萄熟了》

《吐鲁番的葡萄熟了》是一首构思精巧、情感真挚清新的女中音独唱歌曲。作曲家采用典型的新疆维吾尔族手鼓节奏贯穿全曲，级进进行的旋律和风格浓郁的曲调加以衬托，仿佛一位和着手鼓节奏、迈着轻盈舞步的维吾尔族少女款款走来，把对爱人、对祖国、对生活的情感融会在一起，赋予爱新的时代意义。女中音醇厚柔美的独特音色将歌曲演绎得像一坛美酒，愈久弥香。

拓展链接

欣赏中外著名女中音歌唱家名作：罗天婵《孤独的牧羊人》、德德玛《美丽的草原我的家》、关牧村《打起手鼓唱起歌》、蔡琴《恰似你的温柔》、艾尔达圣桑歌剧《桑松与达丽拉》。

（三）女低音

女低音是女声中最低的声部，音色宽厚而坚实，浓重而深沉。女低音比较少见，在歌剧中也不为多见，通常不扮演主要角色。

（四）男高音

男高音是男声歌唱中最高的一个声部，根据音色、音区、演唱技巧和表现特征等不同特点，男高音又可细分为抒情男高音和戏剧男高音。

1. 抒情男高音

音色明朗、优美，声音柔和而富有诗意，与抒情女高音的特征相仿，以抒情的歌唱性见长。

案例分析

中国作品《我像雪花天上来》

《我像雪花天上来》是我国著名作曲家徐沛东创作的一首优秀的艺术歌曲。歌曲通过对大自然中雪花和秋叶的描绘，抒发了人们对纯真爱情的追求和向往之情。歌曲第一乐段在中强力度的中声区进行，"我像一朵雪花天上来，总想飘进你的情怀"，仿佛自己就是一片飘飘洒洒的雪花，落入凡间，充满着诗意。歌曲的第二乐段，在强力度的中音区起音，然后音调突然上扬，情绪充沛饱满，在男高音最明亮优美的声区徘徊，将抒情男高音的音色特点展现得淋漓尽致。歌曲的第三乐段，在高音区 f^2 上起音，通过三段自上而下再自下而上的旋律变化，反复诉说着情怀。这样充分的抒情，将音乐逐渐推向高潮。

音频：
《我像雪花天上来》

拓展链接

欣赏中外著名抒情男高音歌唱家名作：《我爱你中华》《乡音乡情》《归来的星光》《多情的土地》《偷洒一滴泪》。

2. 戏剧男高音

音色洪亮，坚实有力，声音结实而饱满，富有男性英雄气概，多表现慷慨激昂的强烈感情和戏剧性色彩。在感情宣泄上往往带有宣叙性的特点。

案例分析

外国作品《今夜无人入睡》

音频：
《今夜无人入睡》

《今夜无人入睡》是著名的意大利作曲家普契尼根据中国题材改编的歌剧《图兰朵》中最家喻户晓的一段咏叹调。歌剧中，卡拉夫王子猜中图兰朵公主出的谜语后，要求图兰朵猜其真实身份，咏叹调《今夜无人入睡》就是表现卡拉夫王子期待并坚信爱情能够融化公主冷酷的心。这首咏叹调前半部分相对较为抒情，后面旋律持续在高音区跑动，尤其是最后一个最高的延长音，在辉煌中结束全曲，震撼人心，具有很强的戏剧性和英雄性。

拓展链接

欣赏中外著名戏剧男高音歌唱家名作：威尔第的歌剧《游吟诗人》中的咏叹调《啊，永远再见了，神圣的回忆》。

（五）男中音

男中音是介于男高音和男低音之间的声部，其音色和音域都介于男高音和男低音之间，音色刚毅，雄壮有力。

案例分析

中国作品《黄河颂》

音频：
《黄河颂》

《黄河颂》出自冼星海的《黄河大合唱》中的第二乐章。黄河是中华民族的母亲河，养育着世世代代的炎黄子孙，孕育着五千年的灿烂文化。《黄河颂》是一首男中音的独唱歌曲，男中音雄壮刚毅的音色把黄河奔流不息、一泻千里的雄伟景象很好地展现出来。歌曲充满激情和深厚情感，通过歌颂黄河英雄的体魄和黄河的伟大坚强，激励着中华儿女发扬不屈不挠、勇往直前的民族精神。

拓展链接

欣赏中外著名男中音歌唱家名作：《望乡词》《黑龙江岸边洁白的玫瑰花》《教我如何不想他》《喀秋莎》《斗牛士之歌》。

（六）男低音

男低音的音色低沉、宽厚、雄浑，擅长表现苍劲沉着、庄重雄壮的感情。

案例分析

中国作品《杨白劳》

音频：
《杨白劳》

《杨白劳》是一首较典型的男中、低音歌曲。杨白劳长期受封建地主阶级的压迫，忍气吞声，不敢与地主恶势力反抗斗争。男低音苍劲低沉的音色将他老实本分、善良懦弱的性格栩栩如生地表现出来。

拓展链接

欣赏中外著名男低音歌唱家名作：《杨白劳》《三套车》《伏尔加船夫曲》《跳蚤之歌》。

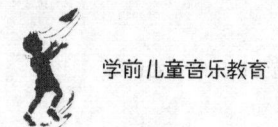

（七）童声

童声是指少年儿童未变声以前的声音。童声的音域较窄，音色纯净透亮，较为纤细。男女童声的音色几乎无差异，较为接近女声。

案例分析

音频：
《采蘑菇的小姑娘》

中国作品《采蘑菇的小姑娘》

这首歌曲情绪欢快、活泼，生动地刻画出了一个采蘑菇的小姑娘天真可爱的形象。尤其到副歌部分"赛啰啰啰啰啰哩赛啰哩赛"，表现了小姑娘一蹦一跳走路时兴奋愉快的心情，充满了童趣。

拓展链接

中外儿童歌曲欣赏

活泼、进行曲类	圆舞曲类	抒情类
《小海军》《小格桑》《数鸭子》《卖报歌》《小松树》《我爱北京天安门》《快乐小舞曲》《我是一粒米》《小毛驴》《国旗多美丽》《拉拉勾》《丢手绢》《洗手歌》《卖报歌》《一分钱》《数蛤蟆》《上学歌》《嘀哩嘀》《娃哈哈》《火车开啦》《蜗牛与黄鹂鸟》《小雨沙沙》《小娃娃跌倒了》《小兔乖乖》《粗心的小画家》《对不起，没关系》《好孩子，要诚实》《郊游》《祖国，祖国我们爱你》《种太阳》《健康歌》《劳动最光荣》《小小葫芦娃》《歌声与微笑》《采蘑菇的小姑娘》《赶海的小姑娘》《海鸥》《红星歌》《只怕不抵抗》《男儿当自强》《快乐的节日》《小螺号》《七色光之歌》《采蘑菇的小姑娘》	《小鸟，小鸟》《我们美丽的祖国》《大海啊故乡》《柳树姑娘》《阳光》《请你唱个歌吧》《娃娃》《小篱笆》《小白船》《雪花》《童心是小鸟》《金孔雀轻轻跳》《我们多么幸福》	《小树叶》《大树妈妈》《爷爷为我打月饼》《小燕子》《兰花草》《春晓》《牛背上的孩子》《好妈妈》《世上只有妈妈好》《秋天多么美》《小红花》《摇篮曲》《睡吧，小鸭子》《小草》《我们的田野》《让我们荡起双桨》《青蛙妈妈》《读唐诗》《卓玛》《太阳雨》《小雪橇》《小小少年》

二、器乐的不同音色辨析

古今中外，不同风格、不同种类、不同音色的乐器如满天繁星展示着不同种族人民的风土人情和喜怒哀乐。对不同乐器的听辨，既是对学生听力的训练,又可以使学生对不同民族、不同时期的文化加深了解,从而开阔视野,提高对音乐学习的兴趣。让学生在欣赏的过程中进行听力训练,是增强听觉器官感知能力的有效途径。以二胡、长笛、古筝为例:

(一)二胡

二胡,中国特有的民族拉弦乐器,又名胡琴、奚琴、嵇琴,是一种靠左手按弦,右手拉推弓,摩擦震动琴筒发出声音的乐器。二胡的音色指的是声音的属性,由其和谐音的力度、强度所决定。圆润柔和、动听悦耳,近似人声的乐音则使得其更富有歌唱性和表现力。

案例分析

二胡独奏曲《二泉映月》

这首乐曲自始至终表现了一位饱经人间沧桑和痛苦的盲眼艺人的人生诉求,作品展示了独特的民间演奏风格和特点,体现了中国二胡艺术的独特魅力。

音频:
《二泉映月》

全曲共有五次变奏。引子部分以四拍短小的下行音阶,这声饱含辛酸的叹息需要在弓子握得特别紧特别扎实的情况下才能表现得很完整很突出。二胡以轻微、略带音头的声音,低沉含蓄的音色,把听众引入阿炳通过琴声所描绘的意境中。

乐曲进入第一段,主题旋律在中低音区进行,此时运弓应该把音色控制得圆润有弹性,连弓分弓应该配合情景来控制音色,以平稳地级进,深沉的有弹性的声音表现了作者心潮起伏的郁闷之情,第二主题与第一主题对比鲜明,利用不断级进向上的旋律冲击和多变的节奏,在旋律走向高潮的部分,弓子应该抓得更紧更有力度,使音色更有弹性更有力量,这又何尝不是表现出阿炳对旧社会的控诉,也体现了他不甘命运、不屈服的个性特点。

(二)长笛、竹笛

长笛是木管家族里一件历史悠久的乐器。它有广阔的音域、丰富的表现力和较强的穿透力。长笛低音区声音浑厚,略带沙哑。

案例分析

音频：
《匈牙利田园幻想曲》

《匈牙利田园幻想曲》

行板部分充分展示长笛低音区浑厚的音色特点，营造出一种神秘的色彩，使得乐曲画面感极强。开始由一段长笛喃喃而歌，似乎在诉说着一个宁静的故事。逐渐加入一些装饰音，使得故事更为精彩。行板中段是一段悠扬的旋律，充分发挥长笛中音区明亮、柔和、优美的音色特点。最后通过改变气息，用强劲有力的旋律结束行板。行板充分利用长笛各音区的音色特点，表现出时而古老时而韵味十足的吉卜赛风格。整个行板片段，节奏跌宕起伏，通过改变音符组合方式，使得平稳的乐段有了变化，呈现出优美、风格性极强的前奏。

竹笛属于木管乐器家族中的吹孔膜鸣乐器类，属于传统的中国乐器。竹笛音色婉转清脆与笛膜密不可分，"三分吹，七分膜"足以见得笛膜对竹笛音色的影响之大。竹笛的表现力十分丰富，俗话说，"丝不如竹"，竹笛可演奏出连音、断音、颤音和滑音等丰富的色彩性音符，表达出不同的情绪。竹笛的演奏离不开"气"、"指"、"唇"、"舌"。

音频：
《姑苏行》

《姑苏行》

竹笛的代表曲目《姑苏行》用大C调笛子呈现。引子用了大量的颤音，营造出由远及近的氛围，让人身临其境，宛如走在江南水乡。行板中运用大量的叠音、打音及颤音，描绘出游人信步于姑苏，感受水乡文化。中段是一段小快板，大量的十六分音符连贯流畅，有江南水乡的温婉，演奏时因唇指放松，充分展现竹笛清脆明亮的音色，不失大气。再现主题中巧妙结合叠音、打音、颤音，使乐曲更加动人。

（三）古筝

古筝为一弦一柱、多弦多柱的乐器，分为亲身和琴弦系统两大部分。它是中国传统的民族乐器之一，分布甚广，属于弦乐器族内的弹拨弦鸣乐器类，历史久远，历经演变，发音清脆悦耳，如山泉般流畅。由于按五声音阶定弦，故极具中国民族特色。但是古筝的音色并不是一成不变的，不同的乐曲风格也会发出不一样的音色。

> **案例分析**

古筝独奏曲《幻想曲》

这首乐曲名叫《幻想曲》，顾名思义这首乐曲是以"幻想"为标题，为演奏者提供了更加自由的想象空间。比如在如歌的慢板段，使人不禁发出想象：在静谧的清晨，飘来了少女的歌声，而伴随着歌声的仿佛是铜锣声，此处的音色低沉而富有律动；而右手的摇指部分发出较柔和的音色，非常具有朦胧感。接下来的几个部分采用了递进式，由远及近，由柔和转为明朗，力度也是由弱渐强，演奏这几个部分时音色是比较明亮的，与前面柔和的音色形成对比。

除了古筝独奏曲，我们也经常能听到以古筝为主要乐器的协奏曲。例如古筝协奏曲《枫桥夜泊》，这首乐曲所描绘的是在一个秋天的夜晚，诗人泊船至苏州城外的枫桥处，被江南水乡的秋叶美景所吸引，进而领悟到诗意之美。这首乐曲是以古筝为主要乐器，与钢琴一同演奏。乐曲的引子部分作者对其进行了处理，主要特点是安静、自由。

不管是独奏曲还是协奏曲，乐器的音色都会随着速度、情绪的变化而变化，古筝的音色不仅清脆流畅，也会变得浑厚低沉，而这些都需要演奏者的技术控制，将音色处理得恰到好处，来丰富乐曲本身。在对乐器的音色进行听辨时，我们也可根据速度、力度、情绪的变化来做出判断，以便更深入地了解不同乐器。

音频：
《幻想曲》
《枫桥夜泊》

第三节 音值辨析

> **问题导入**

音值是乐音的四种基本物理属性之一，音值又有什么特点呢？

音值或称作音长、时值，是由发音体振动时间的长短决定的，所以音值是指音延续时间的长短。音值是音乐表现的重要因素。

在乐谱上，音的时值是用音符表示的，常用音符及其时值见下表：

表 3-1　常用音符及其时值

名称	全音符	二分音符	四分音符	八分音符	十六分音符	三十二分音符	六十四分音符
五线谱中写法	o	♩或♩	♩或♩	♪或♪	♪或♪	♪或♪	♪或♪
简谱中写法	6 - - -	6 -	6	$\underline{6}$	$\underline{\underline{6}}$	$\underline{\underline{\underline{6}}}$	$\underline{\underline{\underline{\underline{6}}}}$
时值（以四分音符为一拍时）	四拍	二拍	一拍	$\frac{1}{2}$拍	$\frac{1}{4}$拍	$\frac{1}{8}$拍	$\frac{1}{16}$拍

表中每个音符都比它左边的音符时值缩小了一倍，即相邻两个音符之间的时值比为 2∶1。

表示音值停顿的符号叫作休止符，常用休止符及其时值见下表：

表 3-2　常用休止符及其时值

名称	全休止符	二分休止符	四分休止符	八分休止符	十六分休止符	三十二分休止符	六十四分休止符
五线谱中写法	▬	▬	𝄽	𝄾	𝄾	𝄾	𝄾
简谱中写法	0 0 0 0	0 0	0	$\underline{0}$	$\underline{\underline{0}}$	$\underline{\underline{\underline{0}}}$	$\underline{\underline{\underline{\underline{0}}}}$
时值（以四分音符为一拍时）	四拍	二拍	一拍	$\frac{1}{2}$拍	$\frac{1}{4}$拍	$\frac{1}{8}$拍	$\frac{1}{16}$拍
时值相同的音符	o	♩	♩	♪	♪	♪	♪

除了单纯的音符和休止符之外，还有一些记号能够延长音符和休止符的时值，如附点、延音线、延音记号等。

（一）附点

1. 单附点

单附点是标记在音符（休止符）后面的小圆点，表示延长所标记的音符（休止符）时值的二分之一。例如：

o· = o + ♩　　♩· = ♩ + ♩　　♩· = ♩ + ♪

2. 复附点

复附点是标记在音符（休止符）后面的两个小圆点，表示延长所标记的音符（休止符）时值的四分之三。即第一个附点延长原有时值的一半，第二个附点又延长第一个附点时值的一半，例如：

3. 延音线

连接两个或两个以上音高相同的音的小弧线，表示只演唱或演奏第一个音，其时值等于这几个相连的音的总和。例如：

4. 延音记号

俗称"猫眼"。当记在某个音上方时，表示该音作自由延长（一般延长其一倍时值）。例如：

认识了各种音符、休止符和音值特殊记号，只是音值学习的开始。想要准确念、唱和听辨音的时值，必须要掌握正确的划拍方法，还要具备匀速划拍的能力。这两点看似简单，初学者却需要通过反复、大量、坚持不懈的练习才能做到。

在实践教学中发现，有的学生对音值的把握不细致，常常是唱得似是而非，究其原因如下：第一，基本功不扎实，音符、休止符的时值训练不够熟练。第二，不认真读谱，喜欢跟着原唱录音等直接听着学，没有谱面的研读过程，结果造成演唱与原谱记谱差异较大。第三，节拍不稳，忽快忽慢，随性而唱，熟练的地方就唱的很快，不熟练的地方就放慢速度。第四，缺少对教材深入的研究。由于音值长短的设计往往与歌曲的歌词内容、情绪变化、声腔声调紧密结合，这些都会直接导致演唱时音值不准确。

教师要帮助学生建立对每一拍之间时值均等的概念。教师引导学生聆听钟表上秒表走动的声音，充分感受节拍速度恒定进行的感觉。

技能训练

1. 带领学生和着秒表口读"嗒",秒针每走一格就读一个"嗒",就是一拍,每一拍之间的时长是完全均衡的,必须严丝合缝地跟着秒针走动的声音读。

2. 加上手击拍(划拍)的动作,进行半拍的练习。击拍较规范的动作是大臂带动小臂,小臂带动手腕,然后延伸至食指,食指类似指挥棒,靠近身体上下划拍,划拍的幅度大致在 90 度左右。手指向下划是半拍,抬起是半拍,一上一下加起来是一拍。

需特别注意的是,击拍动作不得随意上下划。击拍最常见的问题是:没有夹紧大臂,手臂太松;手肘撑在桌子上,单用手腕晃,这样都容易造成"小和尚念经有口无心",长此以往,不利于恒速的训练。因此,看似机械枯燥的训练再简单不过,但此练习必须反复巩固,才能扎实基本功。然后可以逐渐过渡到内心的划拍,即内心对恒定速度的把握。

3. 教师引导学生运用歌谣进行恒定速度训练。例如:《小星星》《小白兔》。

4. 准确读出下列音值组合(用手击拍配合)。

5. 听辨练习

(1)听音比较。选出你听到的两个音中音值较长的一个,将其序号写在横线上。

① _____ ② _____ ③ _____
④ _____ ⑤ _____ ⑥ _____

听辨练习音频及答案

(2)音值听写。将你听到的每道小题中的音值加起来,用一个音符表示,写在横线上。(给预备拍)。

① _____ ② _____ ③ _____
④ _____ ⑤ _____ ⑥ _____

(3)选择你听到的音符或音值组合。(给预备拍)

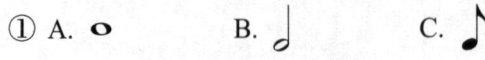

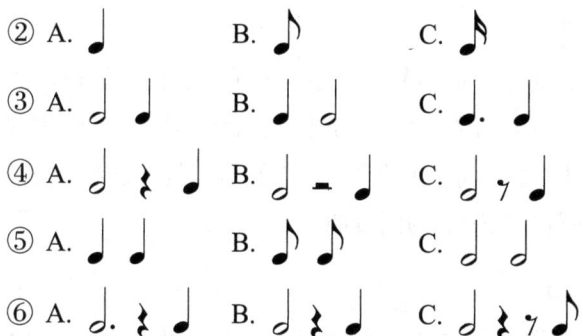

第四节　音强辨析

问题导入

音强在音乐表现中是不可或缺的重要部分，只有把握好音强的变化规律，才能够很好地表现音乐，准确地塑造音乐形象。音高越高，音强一定强吗？

音高越高，不一定音强就越强。音高决定于物体振动的频率，音强决定物体振动的幅度。振动幅度越大则音越"强"，振动幅度越小则音越"弱"。音乐作品中的强弱变化叫作"力度"，用文字或符号来标明，如：*f*（强）、*mf*（中强）、*sf*（突强）、*p*（弱）、*mp*（中弱）、*pp*（很弱）等都是常用的力度记号。

一、节拍中的强弱规律

节拍是衡量节奏的单位。在音乐中，有一定强弱分别的固定单位时间片段，按一定次序循环重复出现，叫作节拍。音乐节拍是指强拍和弱拍的组合规律，常见的节拍有 2/4、3/4、4/4、3/8、6/8、9/8 拍等。

（一）2/4 拍

2/4 拍的强弱规律：每小节中强拍和弱拍的循环，如《小星星》《踏雪寻梅》，歌曲中 2/4 拍的强弱规律很明显，非常规整，表现出欢快活泼的音乐风格。

（二）3/4 拍

3/4 拍的强弱规律：每小节中强拍、弱拍、弱拍的循环，如《雪绒花》《小白船》。3/4 拍歌曲的强弱规律有轻轻摇摆、动荡的感觉。听辨时需要特别注意，将 3/4 拍和 6/8 拍的节拍规律和特点区分开，不能把它唱成一首热情奔放的圆舞曲。

（三）4/4 拍

4/4 拍的强弱规律：每小节中强拍、弱拍、次强拍、弱拍的循环，如《同一首歌》。需注意的是，4/4 拍不能忽视第三拍的次强拍。

（四）6/8 拍

6/8 拍的强弱规律：每小节中强拍、弱拍、弱拍、次强拍、弱拍、弱拍的循环，如《我和我的祖国》。把握好 6/8 拍的强弱规律，才能表现出类似圆舞曲那样悠扬、轻快、流畅的音乐风格。

二、节奏中的强弱规律

如同节拍有强弱关系一样，节奏也有自身的强弱规律。节奏中的强弱规律与节拍中的强弱规律是一脉相承的。例如：以四分音符为一拍，当一拍中有两个音符（两个八分音符）时，它的强弱关系就如同二拍子中的强弱规律，即为前半拍强、后半拍弱；当一拍中有三个音符（一个八分音符接两个十六分音符）时，它的强弱关系如同三拍子中的强弱规律，即强、弱、弱；当一拍中有四个音符时，它的强弱关系如同四拍子中的强弱规律，即强、弱、次强、弱。

由此，我们可以发现：大部分节奏的节奏重音和节拍重音是一致的。然而，也不是所有节奏的节奏重音和节拍重音都是一致的。比如：

（一）切分节奏

切分音指打破了正常的强弱规律（强拍在强位，弱拍在弱位），使弱拍或强拍弱部分的音，因时值延长而成为重音，颠倒了原来的强弱关系，强化切分重音、弱化节拍重音。切分节奏是改变重音的节奏，常用于强调某几个音，给人一种独特而摇摆的感觉。例如《祖国啊，我永远热爱你》、新疆民歌《曲蔓地》。

音频：
《曲蔓地》

（二）三连音节奏

三连音，即为三等分 1 拍、2 拍或 4 拍，三个音中的每个音占 1/3 拍、2/3 拍或 3/4 拍。这是一种典型的节奏变化，三连音中的三个音平均分配时值，没有明显的强拍和弱拍，这样的音响效果给人节奏"错位"、不稳定的感觉，这种不稳定感有源源不断向前流动的表现。例如《义勇军进行曲》，前奏就出现两个连续的三连音，结束前也有三连音，首尾呼应。这里三连音的不稳定性给人一种压迫感，富有强烈的号召性和战斗性，鼓舞斗志，引领全国人民奋勇向前。

音频：
《义勇军进行曲》

三、歌词中隐含的强弱规律

歌词是表达歌曲内容情绪的重要部分，就如同人们说话一样，讲究轻、重、缓、急，歌词中有需要突出强调的重点词，一般为实词，如动词、名词、形容词等；相应的，歌词中也有要有意弱化的虚词，如助词、语气词等。如《祖国，慈祥的母亲》，歌曲的高潮部分"亲爱的祖国，慈祥的母亲"，既是点题，也出现了歌曲的最高音，最高音正是在形容词"亲爱的"上面，演唱的力度应该是 ff，强烈地抒发感情。因此，这首歌曲的歌词中突出强调的是形容词。

再如《长江之歌》，这首歌曲旋律澎湃激昂，歌词气势磅礴，热情地赞颂了我国的第一长河——长江。歌曲一开始就直抒胸臆，旋律一直在高音上徘徊，"雪山"、"春潮"、"东海"、"惊涛"，一幅幅壮美画卷仿佛映入眼帘；到了歌曲的结束句，更是反复对"长江"的呼唤，再次点题。因此，这首歌曲的歌词中突出强调的是名词。

音频：
《长江之歌》
《红豆词》

《红豆词》这首歌曲是由曹雪芹作词、刘雪庵作曲，歌词取自《红楼梦》第二十八回，是贾宝玉所唱小曲的歌词。全曲抒情、委婉、平和、伤感，表达的是绵绵无期的愁苦和相思。歌曲结构较为规整，几乎每一句歌词的第一个字都是动词，"滴"、"开"、"睡"、"忘"、"咽"、"瞧"、"展"、"挨"等，这些动词都处于乐句的高音位置，强化了愁苦和相思的情感表达。因此，这首歌曲的歌词中突出强调的是动词。

四、旋律中隐含的强弱规律

一般来说，旋律上行的走向会产生高涨、激昂的情绪，随之带来强、突强或渐强的力度变化，音色逐渐明亮；旋律下行的走向会产生低沉、消极的情绪，随之带来弱、突弱或渐弱的力度变化，音色逐渐暗淡。此外，乐句里常用的还有先弱起、然后渐强、再渐弱的橄榄型力度变化。例如《共和国之恋》，歌曲的高潮部分，作曲家设计了八度大跳音程的旋律走向，明显地表现出高涨、激动的情绪，力度变化就肯定是强或突强。再例如，《杨白劳》用不断下行旋律的走向，表现了杨白劳悲苦的生活、消极的情绪，力度变化就是渐弱。还有《梧桐树》，这是一首艺术歌曲，歌词充满了诗意，是借着秋风落叶与心灵真诚的对话。为了表达歌词的意味深长，旋律几乎都使用了长乐句，乐句线条较长，演唱处理时就一定是先弱起、然后渐强、再渐弱的橄榄型力度变化。

五、音乐体裁中隐含的强弱规律

音乐中力度强弱的处理和音乐体裁、音乐形象有着密切的关系。例如《摇篮曲》，《摇篮曲》是哄小宝宝睡觉的，就应该用较轻的声音来演唱或演奏。如《摇篮曲——勃拉姆斯曲》《摇篮曲——舒伯特曲》，再如《摇篮曲——东北民歌》。无论是国外的摇篮曲还是中国的摇篮曲，曲调都是平静、舒缓、优美的，营造出一种安宁、温暖、祥和的气氛。歌曲表现的是母亲对孩子的无限疼爱和热切期望的音乐形象。因此，类似摇篮曲之类的体裁所展现的音乐形象就决定音乐里不可能用很强的力度去演唱或演奏。

进行曲原是军队里用来统一行进步伐的音乐，用以凝聚人心、激发斗志，表达集体的力量和共同的决心。进行曲曲调鲜明，节奏整齐，强弱突出，情绪饱满，就应该用较强的声音来演唱或演奏。如《拉德斯基进行曲》老约翰·施特劳斯曲。

音频：
《拉德斯基进行曲》

第五节　曲式和调式辨析

> 知识导入

就严格意义而言，每一首具体的音乐作品的曲式调式结构都是不尽相同的。但是在长期的实践过程中，积淀形成了某些共同的规律。这些共同的规律不仅体现为某些具有普遍意义的曲式结构原则，而且也形成某些具有相当稳定性的、为人们普遍接受的类型。我们要学习曲式调式的基本知识，也就是要掌握那些具有普遍意义的结构原则以及具有规范意义的各种类型。

一、曲式

曲式，简单来说，就是音乐作品的结构形式，这种结构形式是具有内在的逻辑性和规律性的。一部音乐作品的曲式，实际上包含了这部作品多方面的内容，如主题，乐句，乐段，调式调性，和声，复调、织体甚至风格等。为了更好地理解和听辨曲式，我们要先了解一些曲式中的常用术语，以及曲式发展的常用手法。

（一）曲式中的常用术语

1. 动机

动机是具有鲜明的性格，能塑造一定的音乐形象或表达某种情绪的可发展性的短小音乐片段。如贝多芬《第五交响曲》中的"命运动机"：

这个动机以短促有力的音调准确塑造了"命运在敲门"的形象，性格鲜明，令人印象深刻。这个动机在乐曲中不断发展变化，贯穿全曲，成为整首交响曲的核心音调。

2. 主题

主题是相对完整的一段乐思，长度可以是一个乐句也可以是一个乐段，在乐曲中担任描绘音乐性格，塑造音乐形象的重任。主题可以由动机发展而来，如上文中贝多芬《第五交响曲》的"命运动机"发展而成的主题：[①]

贝多芬《第五交响曲（命运）》第一乐章

---

① 该谱例引自李虻主编.《音乐作品曲式分析》[M].重庆：西南师范大学出版社，2007.

小型乐曲一般有1~2个主题，大型乐曲可能有多个主题。主题在乐曲中可能会不断重复或变化重复，每次出现都清晰可辨，起着统一全曲的作用。

3. 乐汇、乐节、乐句、乐段

乐汇、乐节、乐句、乐段都是乐曲曲式结构的基本单位，规模大小从乐汇到乐段依次排列。如下图歌曲《小老鼠》所示：

音频：
《小老鼠》

这首歌曲整体是一个乐段，其中最小的单位是乐汇，乐汇组成乐节，乐节组成乐句，乐句又组成乐段。

（二）曲式发展常用手法

1. 重复

将一个音乐片段，音高不变，节奏不变，在乐曲的其他位置完整呈现叫作重复，如下例：

2. 模进

一般不改变一个音乐片段的节奏，但将其音高有规律地移高或移低，在乐曲的其他位置完整呈现叫作模进，如下例：

3. 模仿

又叫变化重复，指的是将一个音乐片段的一部分保留，而其余的部分进行变化，在乐曲其他位置呈现。可以保留开头，改变结尾；也可以保留结尾，改变开头。这样的手法在我国民间音乐中叫作"同头变尾"、"换头合尾"。如下例：

4. 对比

前后所用音乐材料不同，造成音乐内部的冲突或变化，为后续发展提供动力。对比的发展手法可以体现在两个乐句之间，两个乐段之间以至规模更大的两个曲式结构之间。如下例：

（三）曲式结构的基本组成部分

1. 呈示

乐曲或乐段的开始部分，主要功能是呈现主题，表明调性，展示乐曲的基本风格等。

2. 展开

乐曲或乐段的中间部分，一般有展衍型和并置型两种。展衍型就是用呈示部分出现过的主题音调进行变化展开的写作手法；并置型则是采用新的音乐材料进行创作的手法。

3. 结束

乐曲或乐段的结束部分，一般有展衍型和再现型两种。展衍型就是采用新的音乐材料结束全曲，不与前面出现过的主题重复；再现型就是用呈示部分的主题旋律或整个段落再次出现的方式结束全曲，可以采用完全再现，也可以变化再现。再现部分与呈示部分遥相呼应，以取得全曲的统一。

4. 其他部分

（1）引子：在呈示部分之前出现，起着预示情绪，渲染氛围的作用。在歌曲伴奏中以前奏的形式出现。

（2）连接：乐句或乐段之间的衔接和过渡部分。在歌曲伴奏中以间奏的形式出现。

（3）结尾（尾声）：乐曲或乐段完全终止之后的后续部分，起到平复情绪，表达未尽之意等作用。在歌曲伴奏中以尾奏（尾声）的形式出现。

我们在做曲式听辨时，可以结合以上几个要点进行分析。找到乐曲的主题，分析主题的发展手法以及这样做的目的，分析乐句分句，再划分乐段。仔细体会乐曲的呈示、展开和结束过程，这样能帮助我们更好地理解作者的创作意图，也能更准确地演绎音乐作品。

（四）一部曲式

一部曲式是由一个乐段构成的曲式，也叫一段式，是相对完整的曲式中规模最小的结构。它由若干乐句构成，以二乐句和四乐句最为常见。既可以作为一个独立的曲式存在，表达完整的乐思，常见于短小的歌曲或器乐曲；也可以作为更大型的曲式中的一个部分，成为该乐曲的某一个发展阶段。

一部曲式的听辨要注意把握以下几点：（1）性格鲜明的主题；（2）一般应具有 8～16 小节的规模（复拍子有可能只有 4～8 小节），内部能划分若干乐句；（3）明确的调性与收拢性的和声终止。

下面一起来听辨和分析两首一部曲式的例子：

《我的朋友在哪里》

这是一首非常短小的儿歌，四四拍，4个小节，调式为自然大调。分为上下两个乐句，第一个乐句中的两个乐节是模进关系，第二个乐句与第一个乐句形成对比呼应。结合歌词能够看出，是一个小朋友问（上句），一个小朋友答（下句），一问一答，相映成趣。

音频：
《我的朋友在哪里》《新年好》

《新年好》

英国儿童歌曲

该曲是一个两乐句乐段，4小节为一个乐句，自然大调。以第一小节为单位形成的节奏型贯穿全曲，配合四三拍强弱弱的独特韵律，使整首歌曲朗朗上口。两个乐句结尾节奏处理相同，对仗工整，高度统一。

音频：
《小草》

（五）单二部曲式

单二部曲式是由两个既对比又统一的乐段组成的曲式，也叫二段式。单二部曲式一般分为带再现和不带再现的两种形式，在歌曲中是十分常用的曲式结构。

《小草》

1=C 2/4

中速 纯朴地

向 彤 何兆华 词
王祖皆 张卓娅 曲

（曲谱略）

这首歌曲是不带再现的单二部曲式，自然小调，共8个乐句，每4小节一句。前四句构成A乐段，1、3两句是重复的关系，2、4两句是变化模仿的关系，结尾略有不同，可分别标记为abab$_1$。后四句构成B乐段，5、6两句是重复的关系，7、8两句是变化模仿的关系，结尾不同，可标记为ccdd$_1$。B乐段并没有沿用A乐段的主题，而是引入新的切分音节奏，将乐曲推向高潮，并以这种节奏型延伸出的旋律结束全曲。

《粉刷匠》

波兰儿歌

1=D
我是一个 粉刷匠，粉刷本领强， 要把那

这首歌曲是带再现的单二部曲式，自然大调，共4个乐句，每4小节一句。A乐段包括1、2两句，两句是模仿关系，结束音不同。一句结束在属音，半终止；一句结束在主音，完全终止，所以划为一个乐段。B乐段第一句引入新的音调，但是节奏型还是与前面的主题相统一的，第二句完全再现了 a_1 乐句。全曲乐句标记为 $aa_1 ba_1$。

音频：
《粉刷匠》

（六）单三部曲式

单三部曲式是由三个相对独立又相互联系的乐段组成的曲式，也叫三段式。单三部曲式一般有ABA、AA_1A_2和ABC三种结构，以第一种最为常用。ABA结构完整地表现了乐曲呈示、发展、再现的整个逻辑过程，即曲式中常说的"三部性原则"，不论是在声乐体裁还是器乐体裁中都广泛采用。

《长江之歌》

1=♭B 4/4

王世光 曲
胡宏伟 填词

中速　亲切、热情地

3 4	: 5 3 1̇ 5	6 - - 2 3	4 5.5 4.3	3 - - 3 4
1.你从	雪山走　来，	春潮是你的丰	彩；	你向
2.(你从)	远古走　来，	巨浪荡涤着尘	埃；	你向

5 3 1̇ 5	6 - - 2 3	4 5.5 3.2	1̇ - - 0	7 1̇ 2 5.5
东海奔	去，	惊涛是你的气	概。	你用甘甜的
未来奔	去，	涛声回荡在天	外。	你用纯洁的

5 7 1̇ 2 -	1̇.2 3 5 1 2	3 - - -	2.3 4 6.6	3. 2 2 -
乳汁，	哺育各族儿女；	你用健美的臂	膀	
清流，	灌溉花的国土；	你用磅礴的力	量，	

（乐谱略）

该曲是典型的ABA结构，4小节一乐句，共6个乐句加尾声，自然大调。1、2两句组成A乐段，呈示主题。两句是模仿关系，结尾不同。3、4两句是B乐段，使用新的音乐材料，将歌曲推向高潮。5、6两句是再现段，几乎完全再现了呈示段的旋律。最后的尾声将赞颂之意推向极致，没有在主音结束的特殊处理使意境更为悠远绵长。

（七）其他曲式

上述几种曲式规模中等或偏小，结构简单明了，调性布局一般都是单一调性，在幼儿音乐中较为常见。除此之外，还有很多规模更大更复杂的曲式类型，如复三部曲式、回旋曲式、奏鸣曲式等，幼儿音乐教学中较少用，在此就不详述了。

技能训练

音频：
听辨音频及答案

1. 听录音，辨别歌曲中主题发展的手法，并将序号填在横线上。

   A. 重复　　　　B. 模进　　　　C. 模仿　　　　D. 对比

   ①_____　②_____　③_____　④_____

2. 听歌曲，回答以下问题：

   这首歌曲的曲式结构是？

   《排排坐》_____

   《摇篮曲》（舒伯特）_____

   《我爱北京天安门》_____

   《外婆的澎湖湾》_____

   《找朋友》_____

《春天在哪里》_____

《在银色的月光下》_____

二、调式

按照一定的关系，将几个音（一般不超过7个）联成一个体系，并以其中一个音为主音，这样的体系就叫作调式。由西方古典音乐发展而来的西洋大小调调式体系，是现在世界范围内应用非常广泛的调式体系。各个国家各个民族不同的音乐文化发展历史，也造就了各具特色的民族调式，如中国民族五声性调式、日本都吉调式等。下面将重点介绍西洋大小调和中国民族五声性调式及其听辨。

（一）西洋大小调

大调和小调都是由七个音组成的，由十二平均律全音与半音的关系组织起来。大调和小调都有自然、和声、旋律三种形式。

1. 自然大小调

自然大调七个音之间的结构为"全全半全全全半"，自然小调七个音之间的结构为"全半全全半全全"，以任意一个音级开始都可以构成一个自然大调或自然小调。以 C 音为例：

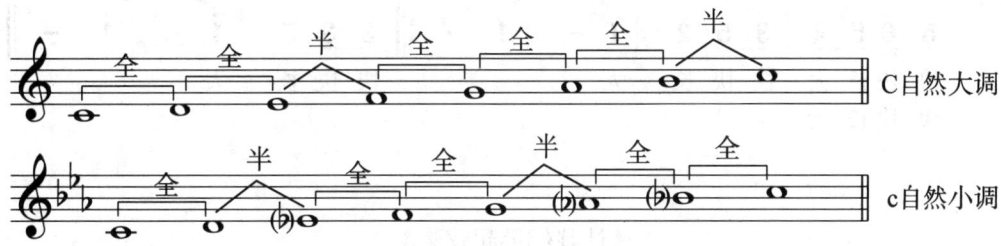

又如，在 D 音上建立自然大小调音阶：

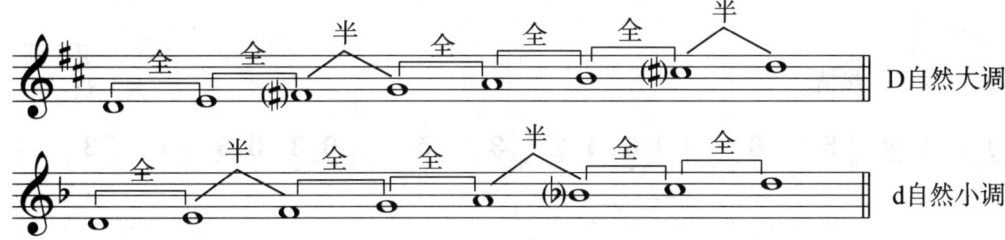

在钢琴上弹奏并演唱以上两对音阶，我们发现自然大调与自然小调的色彩是不同的。自然大调明亮刚健，积极向上；自然小调则暗淡柔美，恬静深情。把握住这个特征，是大小调听辨的关键所在。

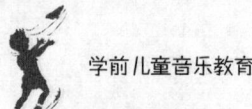

学前儿童音乐教育

音频:
《小松树》

请对比欣赏下面两首歌曲:

《小松树》是一首自然大调的歌曲，明亮活泼；《让我们荡起双桨》是一首自然小调的歌曲，恬静优美。大调式和小调式奠定了歌曲或乐曲的基调，但值得注意的是，并不能笼统地认为所有大调式都必须是铿锵有力而小调式就代表柔美抒情，这还要结合乐曲的速度、力度、节奏型甚至和声织体等各方面综合分析。如下例《娃哈哈》：

《娃哈哈》

音频：
《娃哈哈》

《娃哈哈》是一首自然小调的歌曲，但也十分欢快活泼。不过与《小松树》相比，又多了几分柔和。所以我们在听辨乐曲的大小调式时，不能过多依赖乐曲的情绪和速度，要抓住乐曲主音、主和弦，再结合调式的色彩来进行分析。

2. 和声大小调

和声大调是在自然大调的基础上降低调式第Ⅵ级音而成；和声小调是在自然小调的基础上升高调式第Ⅶ级音而成，如下例：

从上例可以看出,和声大小调的特点在于Ⅵ、Ⅶ级音之间产生了一个特殊的音程:增二度。这也是我们听辨和声大小调的关键特征。如下例 a 和声小调:

e 和声小调:

和声小调在声乐曲和器乐曲中应用都十分广泛,和声大调的应用相对来说较少,在此就不赘述了。

3. 旋律大小调

旋律大小调的音阶上下行都是不一样的,旋律大调上行与自然大调相同,下行在自然大调基础上降低第Ⅵ级和第Ⅶ级,如下例:

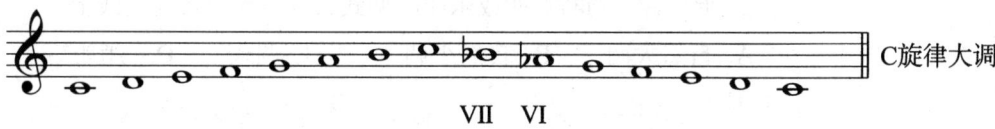

旋律小调上行升高自然小调第Ⅵ级和第Ⅶ级，下行还原为自然小调的形式，如下例：

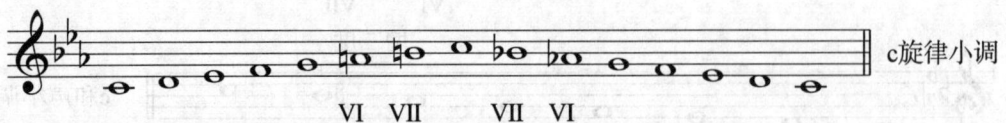

c旋律小调

旋律调式的听辨主要把握Ⅴ级至Ⅶ级两个连续全音的音响效果，以及上下行音阶不同这两个特点来进行判断。如下例 a 旋律小调：

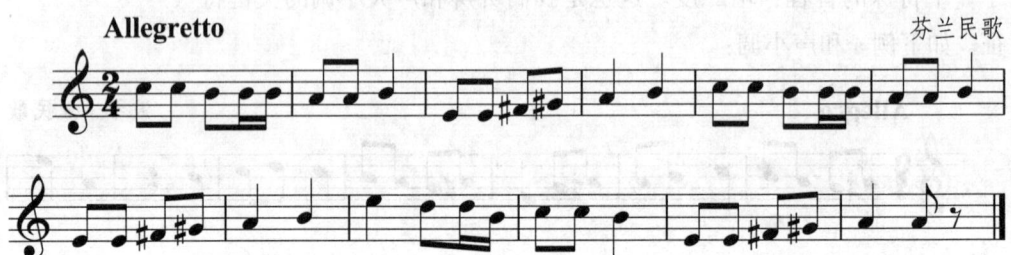

芬兰民歌

旋律小调在声乐曲和器乐曲中应用较少，旋律大调的应用就更少一些，在此就不赘述了。

我们能够看出，不论大小调的形式如何变化，主音与上方三度音的性质，是大小调唯一的、也是最重要的区别，即：大调的主音与上方三度音构成大三度，小调的主音与上方三度音构成小三度。大三度明亮的色彩与小三度暗淡的色彩差别，也正是大小调明暗对比的基调。

技能训练

调式听辨音频及答案

1. 听录音，按顺序选出你听到的调式音阶，并将序号填在横线上。

A. 自然大调　　B. 自然小调　　C. 和声大调

D. 和声小调　　E. 旋律大调　　F. 旋律小调

（1）①_____　②_____　③_____

（2）①_____　②_____　③_____

（3）①_____　②_____　③_____

2. 听录音，判断歌曲或乐曲的调式，并将序号填在横线上。

A. 自然大调　　B. 自然小调　　C. 宫调式　　D. 羽调式

①_____　②_____　③_____

①_____ ②_____ ③_____

（二）中国民族五声性调式

按照纯五度排列起来的五个音组成的调式叫作五声调式。五个音在中国传统音乐中的名称分别是宫、商、角、徵、羽。这五个音是五声性调式的骨干音，又叫作"正音"。在五个正音的基础上加入"清角"、"变宫"等"偏音"，可构成六声调式和七声调式，统称为中国民族五声性调式。下例是以 C 为宫音的五声调式。

谱中标明的五个正音之间的关系是不变的，宫音与角音构成了五声调式中唯一的大三度，这是我们在五声调式听辨时的一个重要线索。

五声调式中的五个音，都可以作为主音，构成宫调式、商调式、角调式、徵调式、羽调式。他们主音虽不同，但使用的音都是相同的，统称为同宫系统调式。下例就是以 C 为宫的五种五声调式，即 C 宫系统各调：

在进行同宫系统的五声调式听辨时，要把握住两个要点：（1）确定宫角位置，找准两个连续大二度（即大三度）在第几个音与第几个音之间。（2）由宫音位置推出主音名称，如大三度在第一音与第三音之间，即是宫调式；在第二音与第四音之间，则是商调式，以此类推。

在钢琴上弹奏并演唱 C 宫系统各调音阶，我们会发现，与西洋大小调相比，五声音阶没有小二度、增四度、减五度等尖锐刺耳的音响，所以五声调式的乐曲具有协和悦耳的特点。

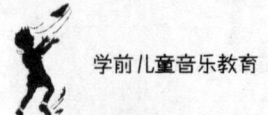

> **拓展链接**
>
> ### 五声调式代表曲目
>
>
>
> 音频：
> 五声调式代表曲目
>
> 宫调式：《牧歌》《小燕子》《一分钱》
>
> 徵调式：《世上只有妈妈好》《爷爷为我打月饼》
>
> 商调式：《军民大生产》
>
> 羽调式：《藏猫猫》
>
> 自然小调：《泥娃娃》
>
> 自然大调：《虫儿飞》

音乐的感受力训练是音乐技能训练的重要环节，只有通过长期坚持不懈的练习，才能磨炼出一对越来越"灵敏"的耳朵。幼儿教师弹唱基本功的第一步是把握好歌曲的音准和节奏，因此除了感受力训练外，音乐的节奏感训练也格外重要。

技能训练

调式听辨训练及答案

1．听录音，按顺序选出你听到的调式音阶，并将序号填在横线上。

A．宫调式　B．商调式　C．角调式　D．徵调式　E．羽调式

（1）①_____　②_____　③_____
　　　④_____　⑤_____

（2）①_____　②_____　③_____
　　　④_____　⑤_____

2．听录音，判断歌曲或乐曲的调式，并将序号填在横线上。

A．宫调式　B．商调式　C．角调式　D．徵调式　E．羽调式

①_____　②_____　③_____
④_____　⑤_____　⑥_____

3．听录音，判断歌曲或乐曲的调式，并将序号填在横线上。

A．自然大调　B．自然小调　C．宫调式　D．羽调式

①_____　②_____　③_____
④_____　⑤_____　⑥_____

第四章
学前教育师范生音乐节奏感训练

本章从训练学前教育师范生的音乐节奏感展开分析讲解，提供切实有效的理论参考和实践训练。本章内容主要涉及嗓音节奏训练、动作节奏训练、乐器节奏训练以及节奏、节拍的综合训练。旨在通过不同形式、环节的节奏训练，让学生更好地掌握节奏感这一具有艺术表现力的形式，更好地服务于唱歌、跳舞、乐器、朗诵等多种音乐形式，让音乐表演更具有感染力和表现力。

嗓音节奏；动作节奏；乐器节奏

第一节 嗓音节奏训练

知识导入

音乐学的节奏是将声音的长、短、休止有规律地组合在一起，是音乐在时间上的时值，配合旋律组成一个相对完整的音乐。音乐学中的节奏包含：节拍、速度及重音等要素。音乐的节奏感是完美表现音乐的核心要素之一，是音乐的脉搏和精髓，它拥有一定的节奏组织类型，通过不同节奏型将音乐时间进行拼块搭配，展现出不同的强弱与长短。拥有良好的节奏感，就等于拥有了音乐生命力的源泉，说唱跳以及乐器演奏都离不开良好的节奏感。节奏感训练是所有音乐活动的基础，是培养学生乐感的重要环节，在音乐训练中起着举足轻重的作用。它是音乐发展的力量和源泉，具有强烈的情感效应和独特的表现功能。

人对节奏的感觉称为节奏感，每个人都有着各不相同的节奏感，正是因为这些不相同，才有了对同样的音乐不同的理解和感受。使音乐有了无限拓展的想象和思考的空间。

嗓音节奏训练是在有规律的节奏中进行朗诵和歌唱的训练，通过训练可以树立学生良好的声音形象，使得演唱或朗诵声音清晰饱满、圆润、有磁性。还可以培养学生良好的倾听意识和听辨能力，使学生能够听清自己的嗓音，也能够听出教师和伙伴的声音，对于宽厚的、细腻的、温柔的、有力的、低沉的、婉转的等声音有自己的辨别和理解能力，并能够进行一定的模仿与表演。

嗓音节奏训练可以分为节奏朗诵训练和歌唱训练两部分，本部分将二者结合，通过字、词、句做嗓音节奏的训练；歌谣、民谣、歌曲做嗓音节奏的训练以及语气、声响、小品做嗓音节奏的训练，进行教学范例讲解。

一、由词、声响做嗓音节奏的训练

词、声响是最小的节奏单元。词、声响要选择上口、易念、发音比较明亮、清晰的。基本念齐后，可适当变换音量，甚至变换速度（快与慢）。

训练范例

《声音的世界》

$\frac{4}{4}$

X	X	X	X	X	X	X	X	X	X	X	X	(X	X	X	X)
小	雨	弹	琴	小	雨	弹	琴	淅	沥	淅	沥，				

X	X	X	X	X	X	X	X	X	X	X	X	(X	X	X	X)
小	鸟	唱	歌	小	鸟	唱	歌	叽	叽	叽	叽，				

X	X	X	X	X	X	X	X	X	X	X	X	(X	X	X	X)
春	雷	打	鼓	春	雷	打	鼓	轰	隆	轰	隆，				

X	X	X	X	X	X	X	X	X	X	X	X	(X	X	X	X)
喇	叭	喝	彩	喇	叭	喝	彩	嘀	嘀	嘀	嘀。				

一、教学目标

感受词语及声响变化的嗓音节奏训练。

二、教学用具

钢琴、儿童用小喇叭、儿童小鼓。

音频：
《声音的世界》

三、教学过程

1. 教学引入：声音是由振动而产生的，大自然的声音优美而奇妙，生活中的声音也是丰富多彩，今天教师要给大家模仿生活中的一些声音，大家来听听像是什么声音。

2. 教师通过声音模仿、敲鼓、吹喇叭、敲击钢琴键盘等模仿下雨、打雷、敲门、汽车喇叭的声音，让学生感受听到的各种声音，说出每种声音的特点和长短，并发挥想象力去猜教师模仿的到底是生活中的哪种声音。

3. 教师将每种声音根据 X X 的节奏引出 X X   X X 的节奏，并进行演奏或演唱，让学生在有规律的节奏中感受声音，如小雨弹琴，淅沥淅沥；小鸟唱歌，叽叽叽叽；春雷打鼓，轰隆轰隆；喇叭喝彩，嘀嘀嘀嘀。

4. 通过词语与声响的规律更好地体会八平节奏的强弱规律，请个别、分组或全班同学根据谱例大声朗诵并做动作。

四、教学小结

音乐应当回归自然，本课教师通过模仿各种不同的声音吸引学生的注意力，引导学生发挥想象力感知声音，后在节奏中让学生分组练习，感受八平节奏特点，让学生在想象、表演中得到了知识与审美的体验。

二、由字、词做嗓音节奏的训练

选择学生比较熟悉的事物，教师规定拍子，学生自己想节奏型。按座位轮流说，中途不要中断，也不能抢说。在过程中，教师可以用手拍拍子，出现错误时停下，说对了再往下说。越到后面，对每个想出新词的学生，应给予鼓励。

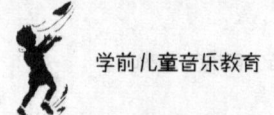

训练范例

《木瓜恰恰恰》

1=♭E 4/4

中速稍快 热情地

[印尼]阿里戛尔索 词曲
谢彩月 译配

(X X X)

| 5 5 | 5· 5 1 1 3 3 | 2 — 0 5 5 | 5· 5 2 2 4 4 |

1.木 瓜　芒　果香蕉番石 榴　恰恰恰，菠萝　榴　莲苹果和桔
2.(木 瓜)皮儿　薄个大味儿 鲜　恰恰恰，劳动后　吃一个就足

(X X X)　　　　　　　　(X X X)

| 3 — 0 1 1 | 1· 1 4 4 6 6 | 5 — 0 2 2 | 2· 4 3 3 2 2 |

子　恰恰恰，赶集　时都挑到 城里　卖　恰恰恰，城里人　都争着来选
够　恰恰恰，卖得　又是多么 便宜　呀　恰恰恰，两个木　瓜只要两毛

‖1.

(X X X)

| 1 — 0 1 | 6 4 5 6 7 6 | 5 3 4 5 6 5 | 4 2 3 4 3 4 |

购　恰恰恰。有　番石榴，有菠萝，有芒果，有香蕉，有榴 莲，还有苹

| 5 — 0 1 | 6 4 5 6 7 6 | 5 3 4 5 6 5 |

果。　　嗨　快来吧，快来吧，快来吧，快来吧，

‖2.

| 4 2 3 4 3 2 | 1 — 0 5 5 ‖ 1 — 0 ‖

再不　买就卖　完 了。　2.木 瓜　六。

一、教学目标

感受由字、词做嗓音节奏的训练，能够准确地、快速地说出字音和节奏。

二、教学用具

钢琴、多媒体、铃鼓。

三、教学过程

1. 导入新课，教师提问：同学们平时喜欢吃水果吗？最喜欢吃的是什么呢？请学生每人想一个自己喜欢的水果，学生按照两拍子的节奏说出自己喜欢的水果，如：柚子、西瓜、葡萄、梨、哈密瓜等。按照顺序依次进行，中间不得停顿，水果名字不得重复。

音频：
《木瓜恰恰恰》

在游戏过程中会出现1~3字的水果名称，当出现节奏不准时，教师应到及时纠正，培养学生正确的节奏感。

2. 教师今天带来了几种水果，看看大家都认识吗？（教师出示水果图片）请同学们大声读出它们的名称。

3. 教师今天带来了这么多水果的图片，大家知道为什么吗？因为我们今天要学习一首和水果有关系的歌曲，名字叫作《木瓜恰恰恰》。

4. 将班级学生分组，根据不同水果名称的节奏型，选择两种水果名称，一组先念，另一组按照教师要求进入节奏念读，可变换速度及强弱，构成二声部念读。水果名称节奏型举例如下：

苹 果；哈 密 瓜；柚．子

5. 歌曲中包含一个念词叫作"恰恰恰"，请同学在节奏里念读5遍。同学分为三组，第一组同学在"恰恰恰"时选择拍拍手，第二组同学在"恰恰恰"时选择跺跺脚，第三组同学在"恰恰恰"时选择击打铃鼓，通过字、词的念读更好地体会不同节奏型的强弱规律。

6. 播放多媒体，同学们学唱、哼唱歌曲，之后教师弹唱带领同学进一步熟悉歌曲。

7. 分发铃鼓，大家根据分组，创编律动，加入乐器表演，教师钢琴伴奏。

四、教学小结

本活动从即兴说喜欢的水果到分组二声部说出不同水果的名字，再到加入歌曲节奏带入律动和乐器，形式不断变化，难度不断增加，让学生在活动中掌握由字、词形成的嗓音节奏，稳定学生基本节奏型的节奏感，让学生对音乐多样性元素有了更深的理解和感悟。

三、由歌谣做嗓音节奏的训练

无论哪个国家、哪个民族，歌谣都会世世代代传下去，运用节奏朗诵进行入门教学，是受学生喜欢的一种方式，运用本土方言的歌谣进行教学将更加受欢迎。把其中的歌词先于节奏朗诵教给学生，开拓了音乐教学的思路。

训练范例

《猜调》

1=A 2/4

轻快、活泼地

云南民歌

| 5 ⁀ i | i 6 5 | 5 5 6 5 | 5 5 7̇ 7̇ 7̇ 1 2 | 2 5 7̇ 7̇ 1 2 |

1. 小 乖 乖 (来) 小 乖 乖， 我们说给 你们 猜； 什么长 长上天？
2. 小 乖 乖 (来) 小 乖 乖， 你们说给 我们 猜； 银河长 长上天，
3. 小 乖 乖 (来) 小 乖 乖， 我们说给 你们 猜； 什么团 团上天？
4. 小 乖 乖 (来) 小 乖 乖， 你们说给 我们 猜； 月亮团 团上天，

| 4 2 7̇ 7̇ 1 2 2 | 2 5 7̇ 7̇ 5 7̇ 1 2 | 4 2 7̇ 7̇ 1 2 | ²1 6̣ | ⁶5̣ ‖

哪样长长 海中间？ 什么长长 街前卖嘛？ 哪样长长 妹跟 前喽 来。
莲藕长长 海中间， 米线长长 街前卖嘛， 丝线长长 妹跟 前喽 来。
哪样团团 海中间； 什么团团 街前卖嘛？ 哪样团团 妹跟 前喽 来。
荷叶团团 海中间， 粑粑团团 街前卖嘛， 镜子团团 妹跟 前喽 来。

音频：
《猜调》

一、教学目标

感受由歌谣做噪音节奏的训练，并掌握十六平节奏型。

二、教学用具

钢琴、多媒体。

三、教学过程

1. 教师以谜语导入童谣，播放多媒体视频让学生聆听感受对答形式的歌谣。提问：大家有没有听出歌曲中问的是什么？答的是什么？

2. 教师弹唱，让同学们按照旋律节奏跟着念读歌词，而后边打节奏边朗诵。朗诵完毕后哼唱歌曲。感受完歌曲后引导学生创编歌词，对照原曲创作一段歌词加入。

3. 编配歌曲表演动作，同学分三组感受诵读、歌词和表演的乐趣，可加入一定的创编色彩，掌握四字十六平节奏特点，感受不同歌曲需要的拍律性和噪音节奏训练的节奏型。

四、教学小结

歌曲《猜调》是一首云南儿童游戏时的歌谣，以问答形式展开，内容较为生动，使得童谣对答如流，妙趣横生，属于对歌形式。由于闽南语不够标准，于是采用中国汉语演唱。

四、由小品做嗓音节奏的训练

小品可将独说、重说、合说融合进去,还可以加上动作、乐器演奏等,表演时,声响可以被运用。这些小品一般都选自生活场景,学生说起来亲切、生动、兴致勃勃。培养了他们仔细观察生活的能力、学习的兴趣、创造性思维和在音乐方面的素质,如节奏感、多声部合作等。

训练范例

《大鹿》

1=F 2/4 法国童谣

5· 1 1 2 | 1· 7 2 | 5· 2 2 2 | 2 1 3 | 5· 1 1 2 |
大鹿 站在 房子 里, 透过 窗子 往外 瞧, 林中 跑来

1· 7 2 2 | 5· 5 6· 7 | 1 — ‖: 5 5 5 5 | 5 4 6 |
一只 小兔 咚咚 把门 敲。 鹿呀鹿呀 快开门,

4 4 4 4 | 4 3 5 | 3 3 3 3 | 3 2 4 4 4 | 5· 5 6· 7 | 1 — :‖
林中 猎人 追来了, 兔儿兔儿 快进来咱们 手把手挽 牢。

一、教学目标

感受由小品朗诵做嗓音节奏的训练,将歌词作为节奏朗诵小品,运用不同嗓音变化表现旁白、小鹿和小兔的对话和语气。

二、教学用具

钢琴、多媒体、相关图片和头饰。

三、教学过程

1. 学生围成圆圈坐好,听教师给大家讲故事:

同学们,今天老师要给大家讲一个关于大鹿和小兔的童话故事,名字叫作《大鹿》。

在一个美丽的大森林里,住着一群可爱的小动物,有调皮的小兔,有善良的大鹿,有笨重的大象,还有可爱的小猴、小松鼠等。他们互相帮助,团结友爱,过着幸福的日子。有一天,小兔妈妈叫小兔上山采蘑菇,调皮的小兔一会儿捉蜻蜓,一会儿捉蝴蝶。不知不觉,天快黑了,小兔这才拎着篮子采起蘑菇来。当它采完蘑菇正

音频:
《大鹿》

想回家时,一支猎枪瞄准了它。糟了,遇见猎人了。小兔拼命地逃啊逃啊。这时,大鹿正站在房子里,他听见动静后连忙透过窗子往外瞧,看见从森林中跑来了一只小兔正咚咚地敲着它的门,而且小兔还着急地喊道:"鹿大哥,鹿大哥,快开门,林中猎人追来了。"大鹿连忙打开门让小兔躲进屋里,然后它们一起用力推着大门,防止猎人冲进屋里。过了一会儿,猎人没捉住小兔,气得直跺脚,于是转身灰溜溜地走了,小兔看到猎人走了,便高兴地跳起舞来。

2. 提问故事内容,帮助学生记住故事的角色和情节。

(1)故事里有哪几个重要角色?(大鹿、小兔和猎人)

(2)故事里发生了什么事情?(小兔采完蘑菇回家时被猎人追赶,奔跑中发现了大鹿的家,便急忙敲门,寻求帮助)

(3)故事的结局是什么?(大鹿让小兔进门,保护了小兔,猎人灰溜溜地离开了)

3. 播放儿歌《大鹿》,引导学生聆听,并将语言故事转化为节奏朗诵。(如:大鹿 站在 | 房子 里— | 透过 窗子 | 往 外 瞧— |)

4. 尝试用不同的嗓音、语气、语调、音色等方面表现旁白、大鹿和小兔的特点,并分组进行有节奏的练习。每组要有一位旁白、一只大鹿和若干小兔,各自承担自己的台词及特点声音。

5. 结合音乐在节奏中边唱边表演,不同的角色戴上不同的头饰,在有人物、有情节的小品中体会不同嗓音特点,感受音乐魅力。

四、教学小结

通过童话故事的学习转换成嗓音节奏训练,最后加入不同声音的感受力、表现力,带入角色、情节、音乐和节奏,通过嗓音的高低、强弱表现音乐作品,更好地让学生通过一个多元化、多方位、具有综合性特色的方式展示自我、表现自我,帮助学生增强自信心,并主动积极地进行音乐学习。

技能训练

音频:
《可爱的蓝精灵》

要求:感受由歌曲《可爱的蓝精灵》做嗓音节奏的训练,将歌词作为节奏朗诵小品,感受故事情节与音乐的完美结合。前两句用轻快、活泼的语调朗诵并演唱,蓝精灵的精是高音,要略微强调,表现蓝精灵活泼可爱的特性;后面两句情绪要饱满,尤其是可爱的蓝精灵，音量可以加大，每一个字音都要唱满时值，略带抒情色彩，使听众感受到歌曲的音韵美和节奏感。能够对音乐中的强弱、快慢、高低、长短有恰当的把握和表现。

《可爱的蓝精灵》

1=C 2/4

瞿 琮 词
郑秋枫 曲

活泼跳跃

（以下为简谱乐谱，歌词为：）

在那山的那边 海的那边 有一群蓝精灵，他们活泼又聪明，他们调皮又灵敏，他们自由自在 生活在那绿色的大森林，他们善良勇敢 相互都关心。哦，可爱的蓝精灵！哦，可爱的蓝精灵！他们齐心合力 开动脑筋 斗败了格格巫，他们唱歌跳舞 快乐多欢欣！欣！

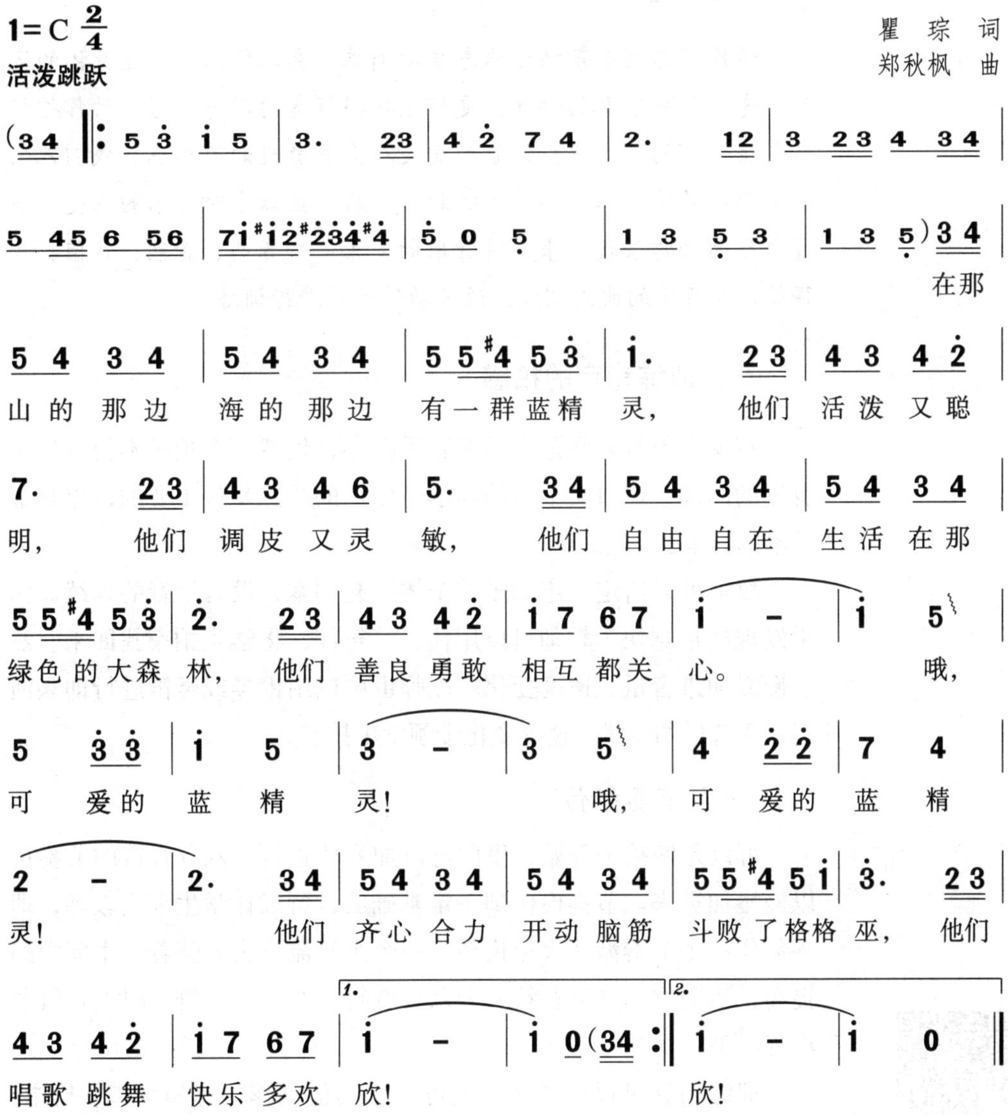

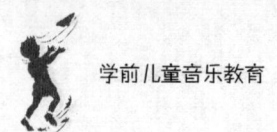

第二节 动作节奏训练

知识导入

动作节奏训练是结合体态律动训练节奏的方法，通过身体的运动，感受各种节奏的韵律，更好地把握节奏的动感。通过动作挖掘人与生俱有的节奏感，体验和发展人更加敏锐的节奏感。找回他们原本潜藏的节奏本能。学生听到音乐后，把心中对音乐的感受，通过自己的动作表现出来，将音乐的要素——音高、音色、音值、音强等以及音乐的曲式调式，通过动作反应进行训练。

一、训练稳定的拍感

不少学前教育师范生学习音乐多年，仍然存在拍子不稳、忽快忽慢的问题，但事实上，培养学生稳定的拍感是最重要的，也是最基本的要求。

教师可以给定一定拍子，全体一起拍掌，没有重音的延续。如果发现越拍越快，教师可以用休止符暂停，将学生拍率找回来。然后慢慢加进音量、速度变化。教师也可以用钢琴或竖笛进行即兴演奏，用音乐的音量、速度变化带领学生拍掌。

（一）节奏模仿

可以是四拍子开始，里面可以加入休止符。八分音符的节奏可以慢慢加进来。节奏模仿到一定基础后，可以让学生来当教师，即兴创作一个节奏型让大家模仿，一个个轮流下去。随着学生能力的提高，逐渐增加二分音符、十六分音符、八分休止符、附点音符节奏练习等。

训练拍感可以用拍手，也可以用其他动作，比如跺脚、捻指、拍腿等，或者从头到脸到全身各个部位拍打以获得丰富的节奏和音色变化。

活动案例：
《打掌掌》

> **技能训练**

《蒲公英》是一首通俗短小而又充满儿童幻想的歌曲，一段体，四三拍。描绘了一丛可爱的蒲公英在草地中随风摇摆的场景。这首歌曲为弱起节奏，三拍子的韵律感较为明显。

要求：感受音乐情绪，学会运用身体左右摇摆和走步的律动感受三拍子的韵律。随音乐自由地在教室里走动，用不同动作表现出三拍子的强弱规律。

音频：
《蒲公英》

《蒲公英》

1=F 3/4
中速

佚 名 词
金月苓 曲

5 6 | 1· 3 2 3 | 1 — 5 6 | 1· 3 2 6 |
草地 上 风儿 吹， 蒲公 英 打瞌

5 — 6 1 | 2· 3 1 1 | 6 — 5 6 | 5· 3 2 6 | 1 — ‖
睡， 梦见怀 里小宝 宝， 变成 伞 兵满天 飞。

（二）节奏接龙、卡龙

节奏"接尾"或"接头"，训练学生的反应能力、听辨能力、听觉记忆能力。"接尾"的方法是教师拍四拍，学生重复后面两拍，再即兴拍两拍。如教师 X X X X，学生重复 X X，再即兴拍后两拍；教师 X 0 X 0，学生重复 X 0，再即兴拍后两拍；教师 X 0 X X 0，学生重复 X X 0，再即兴拍后两拍等。"接头"的方法是教师拍四拍，学生重复头两拍，然后再继续即兴后两拍。刚开始的节奏练习通常容易赶拍子，所以括全身性的大动作都要反复进行。

二、组合动作节奏训练

将单一的动作结合在一起，进一步提升身体协调能力与音乐感受能力。

> 训练范例

音乐《请你和我跳个舞》

《请你和我跳个舞》(童声齐唱)是一首德国儿童歌曲,表现儿童在游戏中互教互学、携手共舞的友情和欢乐。乐曲轻快、活泼,并插入一段配乐念白,增加了歌曲的童趣与表演的空间。歌曲歌词就有对舞蹈动作有明确的解释,方便学生记忆和表现。

《请你和我跳个舞》

(领唱与齐唱)

德国儿童歌曲
张 寒 译词
陆凡兰 配歌

1 = D 2/4
高兴地

| 5. 6 5 4 | 3 2 1 | 2. 3 2 1 | 7 6 5 | 3 1 5 |
(齐)请 你和我 跳个 舞, 你用双手 拉着我, 伸右 脚,

| 4 2 6 | 7. 6 5 4 | 3 2 1 | (6. 3 3 6 | 5 4 3 |
伸左 脚, 转个圈儿 站站 好。(白)我想跳舞 谁来 教?

| 3. 7 7 3 | 1 7 6 | 3 #4 5 2 | 3 #4 5 | 5 6 7 5 |
怎 么拍手 和弯 腰? 做个样子 给我 瞧, 我就跟你

| 1 #4 5) ‖: 5 1 3 1 | 5 5 5 | 5 1 3 1 | 6 6 6 |
一起 跳。(领)你的脚要 踏踏 踏, 你的手要 拍拍 拍,
             (领)你的头要 点一 点, 你用手指 弹一 弹,

| 4 2 7 | 5 3 1 | 7. 6 5 4 | 3 2 1 :‖
(齐)伸右 脚, 伸左 脚, 转个圈儿 站站 好。
(齐)伸右 脚, 伸左 脚, 转个圈儿 站站 好。

一、教学目标:

积极参与欣赏、表演、创作等活动,结合作品,运用不同的体态律动感受作品的情趣,丰富情感体验。

二、教学设计:

活动设计一:根据歌词设计出舞蹈动作。首先围内外两层圈,内圈人数可以减半,"请你和我跳个舞"男生女生相互做邀请姿势;"你用双手拉着我"向前伸手,男生掌心向上女生掌心向下握住;

"伸右脚"手叉腰屈身出右脚，头向右点；"伸左脚"手叉腰屈身出左脚，头向左点；"转个圈儿站站好"手叉腰垫脚向右转一圈站定。

念白部分动作简单化，在重拍上做出一两个动作即可。

"你的脚要踏踏踏"——手叉腰踏步四下；

"你的手要拍拍拍"——站立拍手四下或男女互拍手两下；

"你的头要点一点"——手叉腰，点头两下；

"你用手指弹一弹"——手臂向前屈伸两次，同时弹手指两次。

动作完全熟练以后可以做一些队形的改变：

队形一：内外圈同学在歌曲中交换位置，内圈所有同学在歌曲最后一拍时顺时针移动，换至下一个舞伴继续舞蹈。

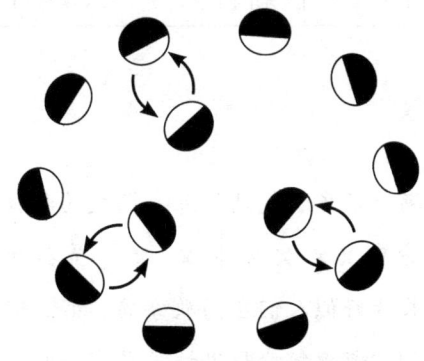

队形二：可以采用钻山洞的方式进行舞蹈。

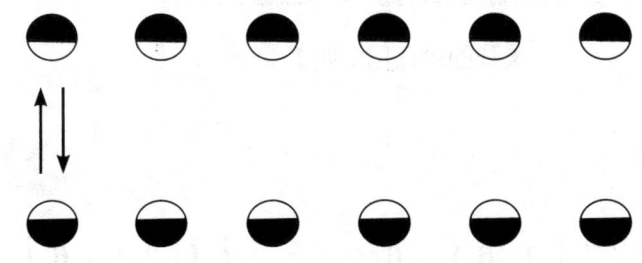

活动案例：
《快乐的嚓嚓嚓》

三、结合民族舞动作的节奏训练

动作训练中，结合下表中中国民族舞的基本动作，能够增强学习的乐趣。

表 4-1 民族舞的基本动作

民族舞	藏族	蒙古族	维吾尔族	朝鲜族	满族
舞蹈语汇	单靠、长靠、撩步、拖步踩步、三步连、抬踢步等	平步、弹簧步、踏点步、单手勒马、双提压草腕、耸肩、笑肩等	移颈、捻指、弹指、立腕、顺腕、击腕、双位托帽、托掌位等	平步、游步、波浪步、垫步、上下肩、圆肩等	
动作节奏	单靠退达蠱	单手马、双提压腕变形	托帽位托掌位	上下肩	
情绪	热情欢乐	豪放粗犷	优美挺拔	优美感人	
歌曲范例	《洗衣歌》	《欢乐的青年》	《果园里》	《妈妈笑了》	《莽式空齐》

训练范例

音频：
《我的家在日客则》

这是一首充满浓郁乡土气息的五声调式的藏族民歌。歌曲分三个部分：第一部分中 ××××｜×× 节奏音型很有特点。一个"听呀拉"的长音好似人们在高歌吟唱。第三部分完全再现了第一部分主题。衬词"啊嗦啊嗦马里拉"贯穿全曲，使歌曲的欢乐气氛更为热烈，抒发了藏族人民热爱家乡和庆贺丰收的喜悦心情。歌声展现藏族人民身着盛装跳踢踏舞的热烈场面。

《我的家在日喀则》

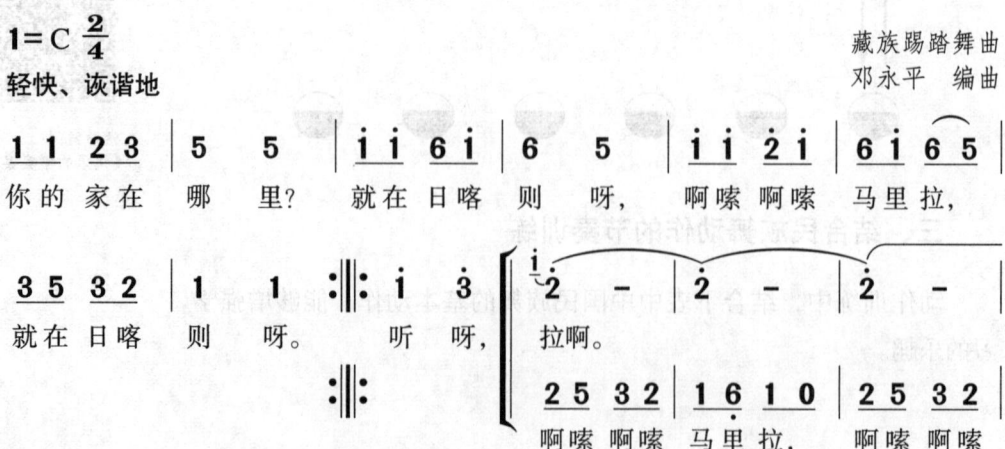

```
‖: 2    x  | 6̲ 1̲ 6̲ 5̲ | 1̲ 2̲ 6̲͡1̲ | 6̲ 1̲ 6̲ 5̲ | 3̲ 5̲ 3̲ 2̲ | 2̲ 5̲ 3̲ 2̲ |
 (喊) 啊!  { 日喀 则是   好地  方,   冰糖  葡萄   样样 有呀, } 啊嗦 啊嗦
           吃起 冰糖   甜葡  萄,   就要  想起   日喀 则呀,

  1̲6̲ 1 0 | 0    0   | 1̲6̲ 1 0 | 0    0   | 1̲6̲ 1 0 | 2̲ 5̲ 3̲ 2̲ |
  马里 拉, 嗨   嗨      马里 拉,  嗨   嗨      马里 拉。

‖: 1̲6̲ 1 0 | 2̲ 5̲ 3̲ 2̲ | 1̲6̲ 1 0 | 2̲ 5̲ 3̲ 2̲ | 1̲6̲ 1 0 :‖
  马里 拉,  啊嗦 啊嗦    马里 拉,   啊嗦 啊嗦    马里 拉。
  1̲6̲ 1 0 | 2̲ 5̲ 3̲ 2̲ | 1̲6̲ 1 0 | 2̲ 5̲ 3̲ 2̲ | 1̲6̲ 1 0 :‖

  1̲ 1̲ 2̲ 3̲ | 5  5  | 1̲ 1̲ 6̲ 1̲ | 6  5  | 1̲ 1̲ 2̲ 1̲ | 6̲ 1̲ 6̲͡5̲ | 3̲ 5̲ 3̲ 2̲ | 1  1̇  ‖
  你的 家在  哪   里?  就在 日喀   则   呀,  啊嗦 啊嗦  马里 拉,   就在 日喀   则   呀。
```

一、教学目标：

运用基本的藏族踢踏舞步进行动作节奏练习；在学会藏族舞基本舞步的基础上跟随音乐做出合适的舞蹈动作。

二、教学建议：

初听歌曲，感受藏族歌曲的韵律，可结合藏族服饰、风景的图片边听边欣赏。

活动设计一：欣赏歌曲中最具藏族歌曲特点的衬词"啊嗦啊嗦马里拉"，感受歌曲的节奏速度，模仿教师的舞步进行学习。

退踏步：一脚先向后撤一步，脚掌着地，再向前踏一步，另一脚原地轻踏。在退踏过程中，膝部连续颤动，身体随之摆动。

抬踏步：二拍完成。右腿屈膝抬起，抬的过程小腿往里勾一下，1- 左脚"冈哒"一次；2- 右脚踏两部，半拍停顿。换脚做相反动作，交替进行。

滴答步：左脚在前的丁字步，身体重心靠右脚，右脚掌刚达一次，左脚踏地一次，连续进行。

连三步：向左踏三步，第三步踏右脚的同时快速勾抬左脚。

活动设计二：歌曲长音处，"听呀拉"采用藏族舞中的"撩步"。

准备：面朝教室1点方向，小八字步站立，双手下垂。

第一个长音：双手扶胯，右脚开始做平撩步。第一拍踏左脚；第二拍撩右脚，上身随之向左晃动；3拍4拍做1拍2拍的相反动作；5-8拍重复1-4拍的动作。

视频：
《藏族舞步》

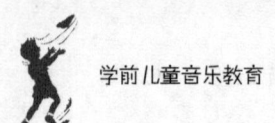

活动设计三：将学生分为两组，人数可以按照1∶2的比例分配，第一组完成歌曲长音部分的舞步，另外一组完成衬词"啊嗦啊嗦马里拉"的舞步。熟练以后完整表演歌曲，可以分组表演，一组表演其他组演唱。

四、根据音乐主题编创动作

学会根据音乐的主题旋律编创合适的动作进行节奏训练是教学环节中所必需的，编创时可以根据音乐的乐句、情绪、风格等元素进行思考，编创的动作不宜太过复杂，能够表现出音乐韵律便可。

训练范例

音频：
《彼得与狼》

《彼得与狼》是由苏联作曲家普罗科菲耶夫创作的一部交响童话。作曲家发挥各种管弦乐器的特性，以自然音响的模拟和性格化的音调，再配以生动的解说，向我们描绘了勇敢的彼得和动物伙伴们团结起来战胜大灰狼的故事。故事中主要有七个角色，他们形象各异，分别由固定的一种乐器表现。我们通过对七个角色的音乐主题设计合适的动作节奏。

一、教学目标

能够根据《彼得与狼》中不同音乐的主题自主设计或者选择教师设计好的动作律动。根据设计好的动作完成音乐剧的表演。

二、教学建议

活动设计一：聆听交响童话《彼得与狼》，了解故事结构，教师讲解各乐曲主题及其音乐形象。

1."彼得"音乐主题：采用弦乐组乐器演奏，旋律轻快明朗，表现了出小彼得自信勇敢的样子。

动作设计：跟随节拍，自信的大踏步，昂首挺胸。

2."鸭子"音乐主题：采用双簧管演奏，旋律幽默诙谐，表现了小鸭子憨态可掬的样子。

动作设计：跟随音乐，双手在嘴巴前摆出鸭子的模样，身体随音乐左右摆动。

3."小鸟"音乐主题：采用长笛演奏，旋律优美灵动，表现出小鸟的调皮可爱。

动作设计：跟随音乐，双手放在腰间快速的煽动，双脚并拢左右小跳。

4."猫"音乐主题：采用单簧管演奏，旋律轻松舒缓，表现出猫咪懒散而狡猾的样子。

动作设计：双手呈猫抓状放在胸前，身体微弓，交叉步向前走。

5."爷爷"音乐主题：采用低音管演奏，旋律低沉沧桑，表现出老爷爷苍老严肃的样子。

动作设计：双手背在腰后，身体弓起，步法缓慢。

6."狼"音乐主题：采用圆号演奏，旋律尖锐恐怖，表现出大灰狼凶恶残暴的样子。

动作设计：双手呈狼爪放在胸口，眼神凶恶的左顾右盼。

7."猎人枪声"主题：采用打击乐器组演奏，节奏紧张有力，表现出枪声大作的样子。

动作设计：枪声响起时，所有表演人员表现出惊慌失措的样子，"狼"可以应声倒地。

活动设计二：选择七位同学和教师一起表演交响童话《彼得与狼》，教师作为旁白并播放各个音乐主题，以故事叙事的形式表现。请同学们选择自己喜欢的角色一起表演。

第三节　乐器节奏训练

知识导入

节奏是运动轻重缓急形成的现象，是客观事物在自然界的发展中反复出现的有规律的现象。节奏不等同于速度，速度只是指快慢的程度，而节奏不仅仅是以快慢而论，它还包括高低起伏、抑扬顿挫、一张一弛的变化。

乐器节奏训练是结合乐曲或歌曲本身需要的音响效果来使用合适的乐器，能够增强音乐的趣味性进而增强学生的学习兴趣，同时也会提高学生的音乐理解能力和音乐形象的想象力。结合音乐中的音响效果，比如二胡独奏中《赛马》用二胡演奏出马儿嘶鸣的声音，《森林狂想曲》中各种虫鸣、鸟鸣、蛙鸣等，也可以用日常生活物品

代替演奏。用自制的乐器进行音乐的节奏训练,会让儿童觉得更加有趣,学习积极性更加高涨。用自创的打击乐器给歌曲伴奏,甚至自创伴奏节奏,这些创造性的音乐节奏也使音乐的形象更加丰满、立体。乐器演奏,通常需要和他人合奏进行,通过这样的活动能够培养集体观念、合作观念、正确处理人际关系的观念。

用节奏乐器进行节奏感训练的内容十分丰富,我国有丰富的节奏乐素材,节奏乐并不只是训练音乐要素中的节奏感受,对音量、音色以及曲式结构的学习,都可通过节奏乐器进行训练。

一、识别各类乐器

乐器主要包括两大类。一类是无固定音高系列的敲击乐器,即我们通常称的打击乐器。第二类就是有音高的乐器。如下表所示:

表 4-2 主要乐器及主要特点

	皮革类	木质类	金属类	散响类
乐器名称	手鼓、铃鼓、小军鼓、大小堂鼓、大军鼓、大鼓、架子鼓、排鼓、定音鼓等	单响筒、双响筒、响板、梆子、木鱼等	三角铁、碰铃、锣、钹	串铃、西斯特(以摇动许多小铁片发声的)、竹、木制作的各种沙锤
主要特点	音量较大、较低沉,浑厚,适于作低音声部,在强拍上给人稳定感	声音清脆、明亮、短促无延绵音、颗粒性强,可以在教学中用于节奏较复杂、速度较快一些的节奏型	延绵音长、声音明亮、穿透力强。锣、钹类音量较大,在合奏时要注意,一般作为特色乐器使用;三角铁、碰铃,他们的音量一般较小,不宜用在强拍	音量小,声音细碎,在打节奏时也比较难控制,所以一般不易作强拍和较快而复杂的节奏型

每一种类型的敲击乐器中,主要的乐器音色特点和演奏方法是什么样的,我们还需进一步掌握。如皮革类中的铃鼓和大鼓;木质乐器中的双响筒、木鱼、响板等;金属乐器中三角铁、碰铃、大镲等;散响乐器如铃鼓、沙球、串铃棒等。

（一）皮革类

适于作低音声部。

1. 铃鼓

这是用皮革（或塑料）蒙在带有可活动的金属小钹的木制围框上，通过手指（或手腕肘）的敲击或手腕的抖动、摇晃引起的振动而发音的一种乐器。铃鼓兼有鼓和铃两种音色的特点。

演奏方法：铃鼓有多种演奏方法。可以用手掌击鼓心，其音色柔和；可以用手掌击鼓边，其音色明朗干脆；可以用鼓面击身体部位（如肩、肘、膝等），则铃的声音较明显；可以用手腕连续地抖动，则会产生延续音的效果。

视频：
奥尔夫音乐律动
《调皮的铃鼓》

2. 大鼓

这是用皮革蒙在筒状的共鸣箱上，通过鼓槌敲击引起的振动而发音的一种乐器。大鼓音色低沉，音量较大。

演奏方法：大鼓用在强拍上，可用力击打，造成一种强烈渲染的气氛；用在弱拍上，可轻轻击打，会产生柔和而绵长的音响。击鼓时，手臂放松，手腕有力而富有弹性地敲击。击鼓心，会产生浓厚的音色且有较长的延续尾音；击鼓边，则音色脆、硬而单薄，延续音较短。

（二）木制乐器

属于中音乐器。

1. 响板（圆舞板）

这是由两片贝壳状木块，中间用松紧带相连而构成的一种乐器，通过两片木块的撞击引起的振动而发音。常见的响板有木制和塑料两种。响板的音色清脆而圆润。

演奏方法：演奏方法有两种。一种是右手或双手的中指套上松紧带，靠中指和拇指的捏合使两板相击而发出声音；另一种是将响板放在左手手心中，用整个右手的手掌相击而发出声音。后一种方法比较适合小年龄儿童的演奏。

2. 木鱼

这是用木头刻制的、形似鱼状、中间空而头部开口的一种乐器。通过另一根木制的敲棒击鱼头而发音。木鱼的音色接近于响板。

演奏方法：左手持"鱼的尾部"，右手持棒按节奏敲打"鱼头"的顶部。

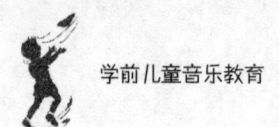

3. 双响筒

这是一段中间有节的木筒，下端装有握柄，通过另一木制敲击棒的敲击而发音的一种乐器。其音色与木鱼相似，干脆而清亮，没有延续音。通常用来模拟马蹄声。敲击双响筒由节分开的两端会发出不同高低的音响，一般两个音之间通常相差约五度。

演奏方法：左手持柄，右手持棒敲击，可以敲击筒的一端，也可同时交替敲击筒的两端，发出类似于"的笃"、"的笃"的马蹄声。双向筒分高低音，所以在进行打击乐演奏之前，教师首先帮助幼儿弄清楚高低音，最好做上标记，这样幼儿敲出来的声音才会一致。

（三）金属乐器

1. 碰铃（小铃）

两个碰铃为一副，有的用绳将两个碰铃连起来，有的有把柄。碰铃的音色清脆、柔和，且高而轻。它既可以表现音乐的强拍，也可以表现弱拍，是幼儿园用的最为普遍的一种乐器。

演奏方法：左右手的拇指、食指分别紧捏铃碗根部的绳子，不要触及铃，相互碰击发音。使用有把柄的碰铃，演奏时，左右手各握一个碰铃上的柄，互相碰击发音。

止音方法：敲击之后将碰铃触胸或捏住铃碗。

2. 三角铁

这是一根弯成等边三角形的圆柱形钢条，用绳子悬挂一端，通过另一根金属棒敲击而发音的一种乐器。三角铁的音色明亮，穿透力强，那悠长响亮的颤音，能给乐曲带来十分美妙的音响效果。

演奏方法：左手食指挂住顶角上的环，拇指、中指捏住环的根部，右手握大棒，敲击三角铁。向下敲击底边，不要敲击两侧边，否则会引起三角铁转动。

几种常用奏法：单击底边；快速连续滚击三个内边；滚击没有缺口的底角内边；滚击顶角内边。

止音方法：用左手握住顶角或将三角铁收入怀中。

3. 大镲

这是一对用铜合金制成的圆盘，中间微凸，靠敲击、摩擦而发音。大擦的音色响亮，有较长的延续音，在强拍上演奏能造成强烈、刺耳的音响效果。

演奏方法：演奏方法有两种。一种是左右各持一片，相互撞击、摩擦而发音；另一种是将单片悬挂在支架上，右手持鼓槌敲打其边，可以取得另一种音响效果。

止音方法：用手捏住镲的边缘或将镲的边缘触碰前胸即可。

（四）散响乐器

特点是发出的声音小而散，可以持续演奏长音。

1. 串铃棒

这是用金属串成的马蹄形（或半圆形、棒形等）的若干个小铃，通过敲击、抖动或摇晃引起的振动而发音。串铃棒可以分别在音乐的强拍或弱拍上使用。

演奏方法：右手握串铃棒把柄，撞击左手掌发音。也可以右手握串铃棒把柄，颤动手腕发音。

2. 沙球

这是一种用椰壳或塑料制成的空心球体，内装有细小的沙粒状物体，下端装有握柄，依靠臂的抖动、摇晃而振动发音。有椰壳、木制和塑料的三种。沙球的音色轻柔而干脆。

演奏方法：左右手各握一个沙球上的柄，双手交替上下晃动发响。另一种演奏方法是控制手腕晃动的力度和幅度，使沙粒在球壳内聚成一团，同时起落撞击球壳发音，用这种方法演奏，可收到音色清脆、节奏清晰"沙拉拉"的音响效果。

（五）自制乐器

自制乐器能够更多地调动起幼儿参与打击乐活动的积极性。儿童可以对身边的生活用品进行敲击，寻找能敲出好听声音的生活物品，筛选出自己最喜欢的声音。如将塑料饮料瓶中装入各种大小不一的豆子，充当打击乐的"沙球"；两个圆形木板钻出洞为"响板"，废旧自行车铃充当"碰铃"，废旧礼品盒中的圆筒配上小棍为"响筒"，饮料罐的铝盖穿上铁丝圈冒充"手铃"，还可以制成木鱼、串铃……各种打击乐器在这些生活用品中应运而生，从而使幼儿在开心、自豪中充分享受音乐的乐趣和成功的体验。

1. 沙锤

制作方法：把小米或沙子放入木糖醇或小巧的塑料瓶里，量不要太多，装入一半就好，然后把盖子拧紧。表演时，引导学生把瓶子竖起来用，声音会整齐而好听。

2. 三角铁

制作方法：寻找两个大号的钢钉，一根用线吊起来，一根作为敲击的铁棍使用。或者用以前关木头窗户用的那种关子，把它用绳子吊起来，再用一根铁棍敲击就可以。在表演时注意手的任何部位都不要接触钢钉，否则声音不脆不亮。不要担心铁棍的声音小，集体表演效果很不错。

3. 串铃

制作方法：用废弃的钥匙串起来（最好是质量较好的那种钥匙），或是小朋友用过的小铃铛串起来，就可以制成串铃。表演时均匀地甩动钥匙，停止时用手把钥匙握住就可以。

4. 双响筒

制作方法：硬塑料瓶（小型的洗发露瓶、药瓶、木糖醇瓶等），再加上一根小木棍或半截筷子。表演时，敲击瓶盖和瓶身，就会发出两种不同的音色。最简单的办法是两支不用的中性笔，敲击笔的不同部位也会发出不同音色。

拓展：
《奥尔夫乐器中的音条乐器》

二、乐器演奏训练

对于初学者来讲，打击乐器的教学，听懂乐器的音色是前提，之后就是有节奏地演奏。所以，首先要熟悉各类乐器的基本音色。

（一）利用乐器本身

每个人可以自己拿一件乐器，教师带领大家奏乐，开始可能是乱奏，到后面略有节奏地奏，可以有音量大小、速度快慢的变化。到后面可以有两类乐器甚至三类乐器组成的二声部、三声部演奏。

如果教室现场没有足够的乐器，也可以找一些代替品或者自制乐器来进行节奏训练。教室里的桌椅、铅笔盒、钥匙串都可以作为乐器。

（二）借助主题

教师可以规定一个情境，根据情境内容的变化，学生用乐器演奏出不同的节奏。如"母子间的吵架"，一开始说话的语速比较慢，音量比较平，到后面语速比较快，声音比较高，学生可以利用乐器表现出情境内容。再如绘本《菲菲生气了》里面情境是这样的，菲菲和姐姐因为玩具熊生气了，一开始很生气，从家里跑出来。看看风景吹吹风，感觉好多了，慢慢走回家去。菲菲经历了吵架、发火、

奔跑、平静的过程，可以用乐器来表达和交流。再如《大脚丫跳芭蕾》里面情境是这样的，贝琳达开心地上台表演，可因为她的大脚遭到了评委的拒绝，伤心地重新找了份饭店的工作，在新的工作中因为从未放弃喜爱的舞蹈，最终获得了所有人的认可。贝琳达的心情经历了开心、难过再到开心的过程，开心和难过的节奏是不一样的，完全可以用乐器演奏表现出来。

（三）借助图谱

利用点、线等图形或各种记号、符号（"●"、"⌒"）等将抽象音符、旋律具体化、形象化、直观化，以体现旋律线走向、节奏长短、音的强弱、节奏音型等音乐表现要素。点的疏密、大小，线的长短、高低、曲度等都可以用来表现不同的音乐要素。如 ABA 式乐曲，我们可以用简单的图画让学生知道乐曲的开头与结尾相同。在一些细节方面，我们还考虑给学生一个自主想象的空间，由学生讨论并设计图谱，如打击乐教学《土耳其进行曲》中的围观者的掌声、欢呼声、士兵行走的音乐等用什么符号表示，都由学生自己商量后决定，并自己画出来，这样的图谱充分体现了学生的自主性，对于整个打击乐教学过程起的作用是举足轻重的。如：打击乐《木瓜恰恰恰》中，可以设计"水果节奏图谱"，比如：大苹果表示强音，小苹果表示弱音，学生一看图谱，就能理解和掌握好乐曲的强弱变化。教师还可以就一些情境以图画的形式，让学生利用乐器进行即兴创作。如教师可以呈现一幅暴风雨的图画，让学生按谱创造一个有暴风雨过程的音乐。小雨、大于、风声、雷声、闪电等，可以用沙锤、铃鼓、三角铁表示小雨、大雨、暴雨。

值得注意的是，运用乐器进行表演时，不仅要充分理解作品，感受乐曲的节奏韵律。另外在合奏中，还需要兼顾与他人的合作，引导学生建立良好的责任感，在节奏训练中注意培养学生布置场地、摆放乐器、使用完及时将乐器收齐并放置稳妥的良好习惯。

训练范例

《森林狂想曲》为同名专辑的主打曲。该专辑是一个自由组合的创作团队特意为台湾森林量身打造的自然音乐作品。制作过程耗时 5 年，深入全台山林实地录音，共收集台湾鸟类、蛙类、蝉类、虫类、山羌、猕猴、飞鼠、溪流等 100 多种台湾自然的声音，新颖并

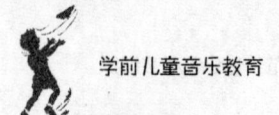

音频：
《森林狂想曲》

充满创意的制作概念，使乐曲中的自然音源与音乐的节奏、调性相合无间，"奏"出了一首优美的"森林狂想曲"，同时也表现了森林居民与大自然和谐相处、其乐融融的情景。

一、教学目标

1. 仔细聆听，说出音乐中出现哪些动物或者昆虫的声音；发挥想象，说说怎么利用日常生活中的物品发出这样的声音。让学生感受乐曲丰富的演奏效果，从而激发他们热爱大自然的美好情感。

2. 学会用自制乐器演奏八平、十六平节奏。

二、教学建议

1. 聆听乐曲，说说乐曲的情绪是怎样的，并且说说你听到了那些声音。

2. 出示昆虫和动物的图卡，让学生选择自己喜欢的动物并模仿动物的叫声。

出示节奏卡，请学生挑选喜欢的动物来有节奏地模仿叫声。

发挥想象，这样的叫声可以用日常中的什么物品来代替？

教师出示海鼓、鸟笛、装沙子的塑料瓶、高脚杯等。

3. 课外拓展：用所学的节奏型编写一条二四拍8小节的节奏，并用自制乐器进行练习。

技能训练

音频：
《铃儿响叮当》

《铃儿响叮当》是一首曲调流畅、情绪欢快的美国歌曲。生动的歌词描绘了一群孩子冒着大风雪，坐在马拉的雪橇上，他们的欢声笑语伴着清脆的马铃声回响在原野……表现了孩子们热情奔放的性格，抒发了热爱美好生活的真挚情感。歌曲为再现的二段体结构。

《铃儿响叮当》

（乐谱略）

第一乐段以"3"、"4"的同音反复为主，加上"3 3 3 | 3 3 3 | 3 5 1.2 | 3 — |"节奏的运用，塑造了马儿奔跑、铃儿叮当的欢快的音乐形象。

（乐谱略）

第二乐段从第一乐段的最后一小节后半拍开始，"5 5 5 6 7 | 1 — "的节奏从弱起进入，这一节奏的重复出现，加上曲调的逐步上移，给人以推动感，刻画了孩子们随着雪橇冲破风雪、飞奔向前的情景。歌曲的最后乐段的重复再现，并在结尾用一延长的、渐弱的高音"1"，结束了全曲，仿佛雪橇已渐渐远去，而那充满欢笑的歌声仍在风雪中回荡。

要求：

1. 感受歌曲的情绪，学习附点节奏。
2. 为两段音乐选择合适的打击乐器伴奏。
3. 能够用自制小乐器情绪欢快地表现出"× × × | × × × | × × ×. × | × — "这段节奏，能够用自制小乐器较为抒情地表现出"× | × × | × × | × — "这段节奏。
4. 自制双响筒、碰铃和手摇铃，进一步丰富伴奏效果。

第四节 综合训练

音乐的灵魂是节奏,音乐要素中,节奏起着非常重要的作用,就像一副骨架支撑着整个音乐。我们遇到过没有音高关系的乐句中包含着丰富多样的节奏型,而没有节奏只有音高的音乐,就像没有骨架,失去了音乐的意义。之前已经分节学习过嗓音节奏训练、动作节奏训练、乐器节奏训练,但一般学前教育师范生选定一段音乐,不会单单只通过嗓音、动作或打击乐交流音乐,一定是个综合的学习、表达过程。这一节将从节拍和节奏两个方面进一步展开,通过更多的案例进行实训练习。

一、节拍训练

节拍是根据一定的顺序循环重复出现的、具有规律的强弱关系的组合规律。

节拍的种类可分为单拍子、复拍子、混合拍子、变换拍子以及散拍子等。其中单拍子是指每个小节具有单位拍两拍或者三拍的拍子,如 2/4、3/4、2/8、3/8 等;复拍子是指每小节由两个或者两个以上的同类相同的单拍子复合而成的节拍,如:4/4(2+2)、6/8(3+3)、9/8(3+3+3)等;混合拍子是指每小节由两个或者两个以上的不同类的单拍子复合而成的节拍,如:5/4(2+3 或 3+2)、7/8(2+2+3 或者 2+3+2 或者 3+2+2)等;变换拍子是指每小节由两个或者两个以上的拍子交替出现的节拍。

除此分类以外,通常教师们在教学时还会将音乐按照以四分音符为一个单位拍或者以八分音符为一个单位拍进行分类。其中常见的以四分音符为一个单位拍的节拍有 2/4、3/4、4/4 等;以八分音符为一个单位拍的节拍有 3/8、6/8、8/9 等。

在具体教学实践过程中,教师们在节拍部分的教学应在引入不同强弱规律的同时,从多方面入手,将理论联系实际,让学生们在听、动、想、唱的音乐实践过程中感受到节拍的独特魅力和其丰富的音乐艺术形象,更好地帮助学生理解以及运用。接下来本节将通过大量实例对不同节拍的教学进行具体讲解。

（一）单拍子

1. 2/4 拍

2/4 拍可定义为以四分音符为一拍，每小节有两拍。在叫法上可称为四二拍或二四拍。

2/4 拍是儿童歌曲中最常见的节奏拍型。在实际教学中，2/4 拍的基本速度在四分音符 =60—70 左右，强弱规律是强、弱均匀出现，具有一定的稳定性和刚健性。

教学案例：
《国旗国旗真美丽》

技能训练

要求：感受 2/4 拍的韵律并能在稳定的节拍中按照节奏朗读歌谣，明确重音位置。找一找歌曲节奏中唱了两拍的字有哪几个。找到强弱规律，在强拍或弱拍处配上形象的肢体动作。

音频：
《金孔雀轻轻跳》

《金孔雀轻轻跳》

1=F 2/4
中速稍快

翁向新 词
任　明 曲

| 3 1 3 5 | 5 — | 3 6 1 2 | 2 — | 3 1 3 5 | 1 6 | 2 1 6 1 |

1.金 孔　雀， 轻 轻 地 跳， 雪 白 的 羽 毛 金 光
2.小 卜　少， 小 卜 昌， 跟 着 孔 雀 一 起

| 1 — | 5 3 5 6 | 6 — | 3 1 | 5 — | 6 3 3 | 1 2 2 |

照， 展翅开屏 河 边 走， 傣 家 的 竹 楼
跳， 阳光洒满 小 溪 边， 小 朋 友 们

| 1 6 1 2 | 2 — | 6 3 3 | 1 2 2 | 3 1 6 1 | 1 — ‖

彩 虹 绕， 傣 家 的 竹 楼 彩 虹 绕。
拍 手 笑， 小 朋 友 们 拍 手 笑。

2. 3/4 拍

3/4 拍可定义为以四分音符为一拍，每小节有三拍。在叫法上可称为四三拍或三四拍，这两种叫法皆可，但不能用数学的叫法称为四分之三拍。

3/4 拍是儿童歌曲中具有典型意义的音乐节拍，但也较难掌握。在实际教学中，2/4 拍和 4/4 拍是较多出现的音乐节拍，节奏分布均

教学案例：
《雪绒花》

匀以及对称，强弱交替也较为规律，而 3/4 拍虽然更具有流动的感觉，但该节拍的童谣和歌曲比较少。其基本速度在四分音符 =60—70 左右，强弱规律是强、弱、弱循环出现，具有一定的动力性和流畅性。

技能训练

音频：
《小纸船的梦》

要求：感受 3/4 拍节奏的念读韵律，能够跟着音乐用身体律动表现小纸船漂浮的状态。展示 3/4 拍节拍类型，感受三拍子的强弱规律。

$\frac{3}{4}$

| X X X | X - - | X X X X X | X - - |

强 弱 弱　强 弱 弱　强 弱 弱 强 弱 弱

《小纸船的梦》

1=F 3/4

中速、向往地

金波 词
徐思贤 曲

5 1 2 | 3 - - | 2 3 2 7 | 1 - - | 3 4 5 | 6 - - |
1.我 折 一 只　小　　纸 船　　　让 它 浮 在
2.虽 然 不 见 了　小　　纸 船　　　它 却 浮 在
3.说不定会 有　那么 一 天，我　　当 上 了 一

3 4 3 | 2 - - | 5 1 2 | 3 - - | 7 2 7 5 7 | 6 - - |
小　河 上，　　它 牵 引 着　　我　的 目 光
我　心 上，　　盼 望 着 它　　变　成 大 船，
一　名 船 长，　　到 那 时 候　　也　不 会 忘 记，

5 5 4 0 0 6 | 4 4 3 0 0 5 | 7 3 2 | 1 - - | 3 4 5 | 6 - - |
一 直 到 那　看不见 的　远　　方。｝
也 盼 着 我　快快 地 成　　长。　　啊
小纸船 它　浮呀浮 在　小　河 上。

第四章　学前教育师范生音乐节奏感训练

```
 6 3 5 | 4 - - | 7 7 7 0 5 0 | 5 - 4 | 3 - - | 3 - -
 小  纸 船    载 着 我 的 梦        想，

 3 4 5 | 6 - - | 6 3 5 | 4 - - | 7 7 7 0 5 0 | 3 - 2
 啊        小  纸 船    载 着 我 的  梦
```

1.2.　　　　　3.
```
 1 - - | 1 - : | 1 - - | 1 - - | 6 - -
 想！      想。              梦

 ♭6 - - | 5 - | 5 - | 5 - - | 5 0 0 0 ‖
 想。
```

3. 3/8 拍

3/8 拍类似于 3/4 拍，每小节都是三拍，强弱规律相同，但 3/8 拍是以八分音符为一拍。相比来说，3/4 拍较为宽广，音乐情绪延展性较强，速度不快，而 3/8 拍的速度一般不慢，多用于较为轻松、轻快的乐曲中，对于三拍子的跳跃性的诠释更具灵活性。

教学案例：
《金色的童年》

技能训练

要求：用自己的理解和自己的声音强弱变化进行大声念读。通过聆听、参与、探究与表现，感受 3/8 拍的速度和强弱规律，在身体的摇摆中体会三拍子的保持与交替。

音频：
《桑塔·露琪亚》

《桑塔·露琪亚》

意大利民歌
邓映易　译配
欣　曲　制谱

（二）复拍子

1. 4/4 拍

教学案例：
《数鸭子》

4/4 拍属于复拍子，可定义为以四分音符为一拍，每小节有四拍，由两个 2/4 拍复合而成。较其单拍子 2/4 拍相比，2/4 拍多用于节奏明朗、带有歌颂意义的作品中，进行曲风格较为显著，而 4/4 拍每小节有两个所谓的强拍，强弱规律为强－弱－次强－弱，更为舒展和平稳，叙事性强。在教学实践中会发现，4/4 拍歌曲较多会将每句的长音放在第一拍或者第三拍，从而展示该节拍的连贯性与抒情性。

技能训练

音频：
《红豆词》

要求：掌握 4/4 拍的强弱规律，并感受舒展、抒情风格中四拍子的特点。进行节奏念唱，找到歌词情绪中的强拍与次强拍，着重吐字，感受韵律和强弱。体会歌曲情绪与节奏特点。

《红豆词》

4/4

X X X X X X	X X X X -	X X X X X X
滴不尽 相思血泪 抛 红 豆，	开不完 春柳 春花	

X X X X -	X. X X 0 X X X X	X X X -
满 面 楼,	睡不稳 纱窗风雨	黄 昏 后,

X. X X 0 X X X X	X X X̄X̄ -	X. X X 0 X X X X
咽不下 玉粒金波	噎 满 喉,	瞧不尽 镜 里

X X X -	X X. X X X 0	X X. X X X 0
花 容 瘦,	展 不开眉头,	挨 不明更漏。

X X. X X X 0		X X. X X X 0
展 不 开 眉 头,		挨 不 明 更 漏。

2. 6/8 拍与 9/8 拍

6/8 拍与 9/8 拍是复拍子，由两个和三个 3/8 拍复合而成。6/8 拍是以八分音符为一拍每小节有六拍，俗称大二拍，在指挥中可使用二拍子的打法，将 6 拍分为两部分，每部分是三小拍，两个重音分别为拍子落点，以此也可以推出 6/8 拍的强弱规律为：强－弱－弱－次强－弱－弱。9/8 拍是以八分音符为一拍每小节有九拍，在儿童歌曲中属于比较少见的节拍类型，俗称为大三拍，在指挥中可使用三拍子的打法，将 9 拍分为三部分，三个重音分别为拍子落点，以此也可知 9/8 拍的强弱规律为：强－弱－弱－次强－弱－弱－次强－弱－弱。

教学案例：
《愉快的梦》

三拍子、六拍子以及九拍子的音乐多出现于舞曲当中，优雅且流畅，具有舞曲灵活性和一定的不平衡感，最具代表性的形式就是圆舞曲。

技能训练

要求：通过对 6/8 拍的学习，自学 9/8 拍，并学念歌曲《美丽的梦神》的节奏，要求强弱变化念唱明显。

音频：
《美丽的梦神》

《美丽的梦神》

S.福斯特 词曲
盛 茵 译配

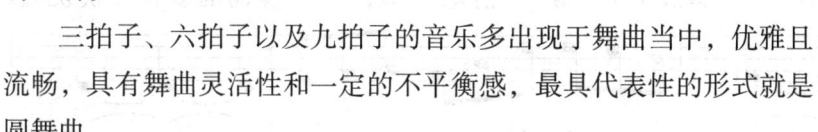

3. 变换拍子

变换拍子是由两种或两种以上不同拍子交替出现的节拍类型。节拍出现变换时要用新的拍号进行标注，变换拍子的强弱根据拍子的变化而变化，使得节拍律动出现了不规律的变化，使节奏语言变得更为丰富。

教学案例：
《沂蒙山小调》

> **技能训练**

要求:思考儿童歌曲《祖国,祖国,我爱你》是由哪几种拍子组成,并找到强弱变化规律。

音频:
《祖国,祖国,我爱你》

《祖国,祖国,我爱你》

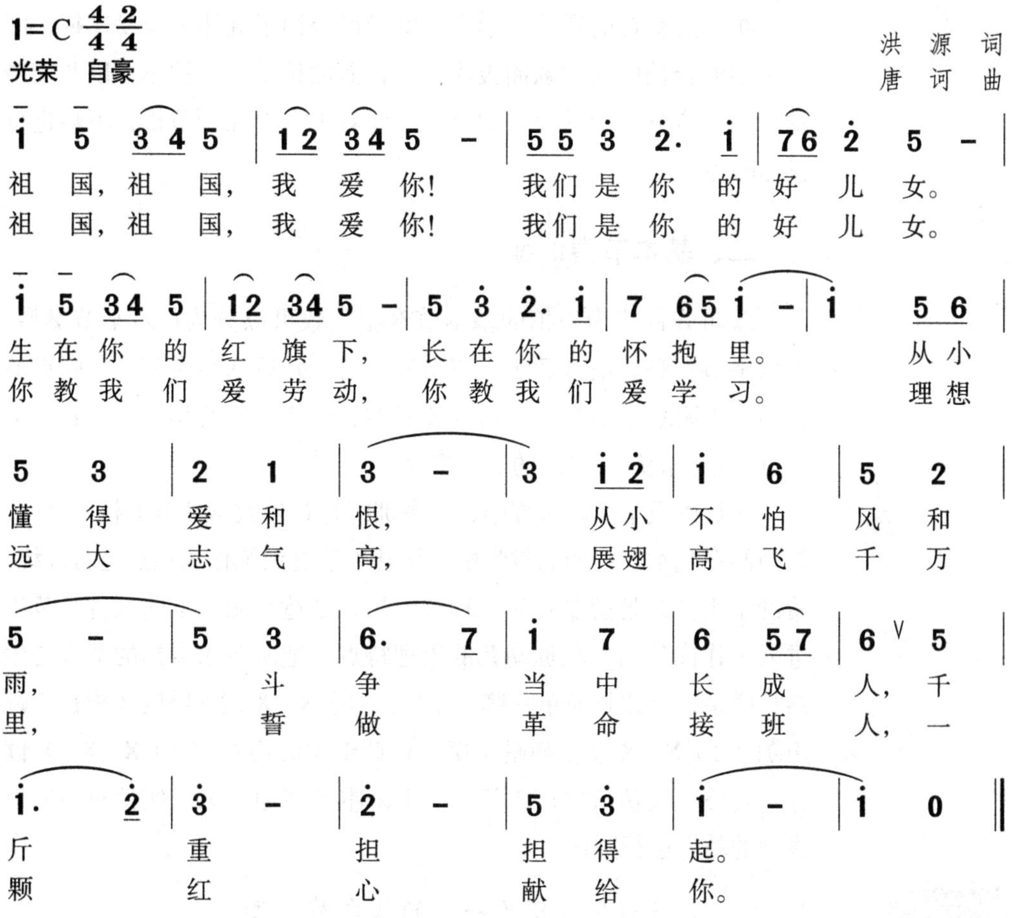

$1=C$ $\dfrac{4}{4}$ $\dfrac{2}{4}$

洪 源 词
唐 诃 曲

光荣 自豪

| i̲ 5̲ 3̲4̲ 5 | 1̲2̲ 3̲4̲ 5 — | 5̲ 5̲ 3 2̇· i̇ | 7̲6̲ 2 5 — |
祖国, 祖 国, 我 爱 你! 我们 是 你 的 好 儿 女。
生在 你 的 红旗 下, 长 在 你 的 怀 抱 里。 从小
你教 我们 爱劳 动, 你 教 我们 爱 学 习。 理想

| i̲ 5̲ 3̲4̲ 5 | 1̲2̲ 3̲4̲ 5 — | 5̲ 3̲ 2̇· i̇ | 7̲ 6̲5̲ i̇ — | i̇ | 5̲ 6̲ |

| 5 3 | 2 1 | 3 — | 3 1̇2̇ | i̇ 6 | 5 2 |
懂得 爱 和 恨, 从小 不 怕 风 和
远大 志 气 高, 展翅 高 飞 千 万

| 5 — | 5 3 | 6̲· 7̲ i̇ 7̲ | 6 5̲7̲ | 6ᵛ 5 |
雨, 斗 争 当 中 长 成 人, 千
里, 誓 做 革 命 接 班 人, 一

| i̇· 2̇ 3̇ — | 2̇ — | 5 3 | i̇ — | i̇ 0 ‖
斤 重 担 担 得 起。
颗 红 心 献 给 你。

4. 混合拍子、散拍子、一拍子和交错拍子

混合拍子是由两种不同单拍子结合而成,如 5/4 拍可以看作是 2/4 与 3/4 或者是 3/4 与 2/4 的结合、7/8 拍可以看作是看作是 2/8 拍、2/8 拍与 3/8 拍或者是 2/8 拍、3/8 拍与 2/8 拍再或是 3/8 拍、2/8 拍与 2/8 拍的结合。正是由于混合拍子的结合情况有多种可能,因此混合拍的强弱没有一定的规律,要根据不同的结合情况确定不同的强弱次序。

对于散拍子的定义,可以称为自由节拍,也是我们通常所说的散板。在古琴谱里较为常见,其单位拍的时值、强弱既不固定也没

有规律，由演奏者或演唱者根据个人对作品内容、风格、情绪等的理解进行自由演绎。

一拍子多见于我国戏曲音乐，每个小节只有一拍，且都是强拍，这种节拍类型较为特殊。

交错拍子是有几种不同拍子同时进行的，其强弱拍的位置也是不固定。

在学前教育的音乐教学中，由于混合拍子规律不容易掌握，因此采用混合拍的儿童歌曲极为罕见，而散拍子、一拍子，以及交错拍子在儿童歌曲中并没有记录，因此对于以上几种节拍，不再进行具体陈述。

二、基本节奏训练

以四分音符为一拍的基本节奏型大致可以分为：八平节奏型、十六平节奏型、前八后十六节奏型、前十六后八节奏型、大附点节奏型、小附点节奏型、大切分节奏型、小切分节奏型、三连音节奏型以及相关的较为复杂的节奏型等。

在具体教学实践过程中，节奏训练是音乐教学任务的核心之一，教师们在基本节奏型的教学中应将基本节奏训练作为重点进行训练，帮助学生更好地感受音乐、理解音乐、创造音乐。学前教育师范生进入工作岗位后，根据幼儿的生理特点，把所要求掌握的节奏与生活相联系，会比较简单一些。比如：（1）X X 读作咚咚（模仿心跳声）；（2）X X 读作嘀嗒（模仿秒针走动的声音）(3) X X X 读作咚咚咚（模仿敲门声）等。接下来本节将通过大量实例对不同节奏型的教学进行陈述。

（一）以四分音符为一拍的基本节奏型

1. 八平节奏

八平节奏型由两个八分音符组成，总时值为一拍，其强弱规律为：强-弱，读作：大哒，前者为重音，后者为弱音。

教学案例：
《时间像小马车》

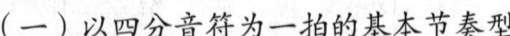
技能训练

1. 通过对八平节奏型的学习，自行念读歌曲《爱我你就抱抱我》中的片段。

《爱我你就抱抱我》

$\frac{4}{4}$

| X X | X X | X X | X X | ‖ X X | X X | X X | X X ‖
| 爱 我 | 你 就 | 陪 陪 | 我， | 爱 我 | 你 就 | 亲 亲 | 我，

| X X | X X | X X | X X | ‖ X X | X X | X X | X X ‖
| 爱 我 | 你 就 | 夸 夸 | 我， | 爱 我 | 你 就 | 抱 抱 | 我。

2. 自学歌曲《健康歌》中的片段，按照节奏念读，并自编动作。

《健康歌》

$\frac{4}{4}$

X X X X X | X X X X X X | X X X X 0 X X X |
左 三圈 右 三圈， 脖子 扭扭， 屁股 扭扭， 早睡 早起， 咱 们来

X X X 0 | X X X X X X | X X X X — |
做 运 动。 抖抖 手哇 抖抖 脚呀， 勤做 深呼 吸，

X X X X X X X | X X X X X — ‖
学 爷爷 蹦蹦 跳跳 我 也 不 会 老。

音频：
《爱我你就抱抱我》
《健康歌》

2. 十六平节奏型、前八后十六节奏型以及前十六后八节奏型

十六平节奏型由四个十六分音符组成，总时值为一拍，其强弱规律为：强－弱－弱－弱，读作：大哒哒哒，十六平节奏型的第一个音为重音，后面三个音为弱音。

前八后十六节奏型和前十六后八节奏型都是八平节奏型的变形。其中，前八后十六节奏型由一个八分音符和两个十六分音符组成，前十六后八节奏型由两个十六分音符和一个八分音符组成，总时值均为一拍，其强弱规律为：前半拍为重音，后半拍为弱音。

教学案例：
《娃哈哈》

（三）附点节奏型

附点节奏型是一种较为常见的节奏形式，它是含有附点音符的一种节奏形式。传统意义上来说分为大附点和小附点。大附点节奏型又分为前大附点节奏型（X· X）和后大附点节奏型（X X·）两种，由附点四分音符和八分音符组成，总时值为两拍，其强弱规律为：附点音符为强拍，八分音符为弱拍。前大附点节奏型读作：大

教学案例：
《康定情歌》
《念故乡》

啊啊哒，后大附点节奏型读作：哒大啊啊。小附点节奏型又分为前小附点节奏型（X·X）和后小附点节奏型（X X·）两种，由附点八分音符和十六分音符组成，总时值为一拍，其强弱规律为：附点音符为强拍，八分音符为弱拍。前小附点节奏型读作：大－啊哒，后大附点节奏型读作：哒大－啊。

附点节奏通过附点的延时作用，使音符在长短和力度上发生了变化，比其他节奏型更富有弹性和跳跃感，丰富了音乐的旋律性。

在基本节奏型中出现两种或两种以上不同时值的音符时，普遍来讲，时值最长的那个音为重音，时值短的音为弱音。

技能训练

音频：
《小海军》

学唱歌曲《小海军》的节奏，感受小附点节奏特点，并带入歌词念出，创编动作。

《小海军》

1=F 2/4

常福生 词
柴本尧 曲

自豪地

(5.　55│5.　55│5 55 5 6│5　5)│1.3 25│1　3│
　　　　　　　　　　　　　　　　　　　我是小海军，

5.5 5 6│5　-│3.3 6│5.5 3│2.2 2 3│2　-│
开着小炮艇，　　不怕风，不怕浪，勇敢向前进，

1.3 25│1　3│5.5 4 5│6　-│5.5 6 6│5.5 3│
炮艇开得　快，　大炮瞄得　准，　敌人胆敢　来侵犯，

X　X│X　-│6.6 6 5│2 3│1　0：‖
轰！轰！轰！　　打得它呀 海 底 沉。

2 3 1　0│5.5 5 6│5　-│1.3 25│1　0‖
海底沉。　我是小海军，　　胜利向前 进。

（四）切分节奏型

切分节奏型也是一种较为常见的节奏形式，该节奏型根据音乐旋律进行的需要，将其常规节奏打破，音符的强弱拍发生变化使得节奏也发生了变化。这个音符在弱拍时开始进行，后延续到下一个强音处，使得原本的强弱发生了颠倒，这个打破正常强弱规律的音，称为"切分音"，包含切分音的节奏称之为"切分节奏"。

在基本节奏型中出现两种或两种以上不同时值的音符时，普遍来讲，时值最长的那个音为重音，时值短的音为弱音。

切分节奏同附点节奏一样，根据所占时值不同有大小之分，称为大切分节奏型（X X X）和小切分节奏型（X X X）。其强弱规律为：弱－强－弱。大切分节奏型由一个八分音符、一个四分音符切分音和一个八分音符组成，总时值为两拍，读作：哒－大啊－哒。小切分节奏型由一个十六分音符、一个八分音符切分音和一个十六分音符组成，总时值为一拍，也读作：哒－大啊－哒，较于大切分速度要快，在一拍内完成。

切分节奏通过改变重音，将原本处于弱拍的切分音变成了强拍给人一种摇摆的感觉，其特点为中间音符时值长，两边音符时值短，故在音乐的节拍上会造成一种强弱交错之感，让音乐更为活泼，多用于一些较为欢乐、诙谐且幽默的作品中。

教学案例：
《阿童木之歌》
《蜗牛与黄鹂鸟》

技能训练

学唱歌曲《对不起，没关系》的节奏，感受小切分节奏特点，并带入歌词念出，创编动作。

音频：
《对不起，没关系》

《对不起，没关系》

常见的节奏类型还有三连音节奏型、弱起节奏等，但在学前教育的音乐教学中，基本不会采用较为复杂的节奏型，因此对于其他基本类型的节奏不再进行具体陈述。

要获得良好而巩固的节奏训练效果，必须采用一个有效的途径辅助练习，在进行节奏训练时，要记好音的时值和组号，打好基础拍是节奏感训练的重中之重。

节奏感的养成离不开旋律、肢体的配合训练，教师应当关注学生在表演环节对节奏感的理解和表现，引导学生自身掌握的同时，也要关注小组配合的团队协作能力，养成个人及团体共同创造美好音乐作品的态度和习惯。

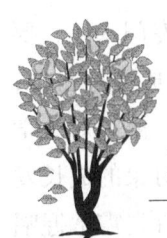

第五章 学前教育师范生音乐表现力训练

本章从训练学前教育师范生音乐教育的音乐表现力展开分析讲解，提供切实有效的理论参考和实践训练。音乐表现力包含的内容很多，包括旋律的起伏、强弱的对比、音色的明暗变化等。由于音乐是声音的艺术，是舞台的艺术，是表演的艺术，其多重属性特点决定了衡量音乐表现力的标准也是多方面的，具体包括歌唱表现力、动作表现力、乐器演奏表现力等。

表现力；歌唱表现；动作表现；乐器演奏表现

第一节 歌唱表现训练

知识导入

音乐歌唱表现力是人们用歌唱的形式表现音乐的能力。研究音乐的歌唱表现力，建立并巩固美好的声音观念，发展完善歌唱的基本技巧，能够更好地为学前音乐教育提供理论支持。

一、学前教育师范生歌唱教学的特殊性

（一）培养目标

学前教育师范生的声乐教学与高等艺术院校声乐教学略有不同，高等艺术院校声

乐教学的培养目标，是把学生培养成歌唱表演方面的专门人才，要求学生具备丰富的舞台经验和较强的演唱功力。为达成这种目标，高等艺术院校对声乐学生的入学选拔也是极为苛刻的，但是对于学前教育师范生而言，其职业技能水平会直接影响教育对象的成长发展，幼儿阶段是人一生的奠基阶段。学前教育师范生首先需掌握唱歌的基础知识和基本技能技巧。基础知识和基本技能包括唱歌的姿势、呼吸、发声、共鸣、咬字与吐字、歌曲的分析处理、合唱的特点等。在此基础上学会用不同的方法演唱抒情优美、雄壮有力及轻快活泼的歌曲，唱歌时能够做到字正腔圆，有共鸣体会，声音自然明亮。学会简单拍子的起拍、拍点、收拍等指挥动作。当然在唱的基础上，还要会教。

（二）声乐教学任务

一方面，对学前师范生的演唱技能训练，包括：声乐基础理论知识、演唱基本功训练、艺术实践；另一方面，对学前专业师范生的教唱能力培养，包括：幼儿声乐基础理论知识、儿歌弹唱、歌唱游戏创编、教学实践。二者的关系是既相联系，又相区别，没有扎实的演唱功底，学生无法胜任教唱要求；缺乏教唱训练，又会使学前系学生迷失声乐学习的目标，甚至失去声乐学习的兴趣。对于学前专业的学生来说，具备教唱技能是他们学习的目的，也是学前专业对声乐教学的要求，更是学生走向工作岗位的工作要求。简而言之，就是要做到"三会"，即：会演唱，会弹唱，会教唱。

（三）教学要求

1. 自弹自唱

自弹自唱，是对学前师范生演唱方面的要求，弹唱是学前师范生必须具备的业务技能，弹唱能力也是衡量一个学前师范生是否合格的重要标准。这里的弹唱主要是指幼儿歌曲弹唱，幼儿歌曲弹唱是幼儿教师必须掌握的一项技能，也是幼儿教师几乎每天都会面对的工作内容。另外，学前师范生参加"5+2"专升本考试，弹唱基本上是必考科目。同时，很多幼儿园在进行教师招聘时，也把儿歌弹唱作为必考项目。可以说，如果一个学前师范生不具备儿歌弹唱能力，那么他的发展会受到很大影响。

2. 有声有色

有声有色是对学前师范生教唱方面的要求。具体来说，学前师范生在声乐学习的过程中，除了要自身掌握演唱技巧外，还要具备教唱的能力。有声有色是指学前师范生需要在教唱过程中，把幼儿的音乐课变成"有声有色"的课堂，课堂里既要教会幼儿如何用声音歌唱，又要教会幼儿有动作、有表情地歌唱。

二、学前师范生歌唱表现

（一）呼吸练习

呼吸练习是声乐学习的重要环节，是不可或缺的环节。中国传统声乐理论就强调"善歌者，必先调其气"。（出自唐末段安节撰的《乐府杂录》）西方歌唱技巧也十分强调歌唱呼吸的重要性，更有歌唱家发出"十年唱歌，七年唱气"、"会呼吸，就会歌唱"等的感慨。美声唱法的呼吸是"胸腹式呼吸"，要求把气息吸到后腰，横膈膜打开。

1. 呼吸训练

首先，进行慢吸慢呼练习。慢吸慢呼就像"闻花香"的感觉，让学生站立起来，双手掐腰，身体与歌唱站姿保持一致（两脚自然分开，与肩膀同宽，目光平视，头顶天花板）。教师站在教室前面引导学生调整身体姿态，并数节奏，让学生跟着教师的节奏进行呼吸。强调每次吸气都要吸到腰腹深处，感觉人体被充分打开。刚开始频率不宜太快，一定要体会到深呼吸的感觉才可以。部分学生肋骨会响，有时腹内也会发出声响，这均属正常现象，不必惊慌。待学生做过几组慢吸慢呼练习后，教师在学生吸气后引导学生做一个稍长时间的气息保持，要求学生口腔、咽喉、胸腔、肩膀保持放松，靠腰腹力量保持气息不外溢。体会歌唱时气息保持的发力点是在腰腹，而不是在喉部。

然后，进行快吸快呼练习。快吸快呼就像"狗喘气"的感觉，让学生身体保持慢吸慢呼的姿势，在延续深呼吸感觉的基础上，提高呼吸的频率。教师拿出计时器（手表便可），让学生做三组，每组30秒，要求频率必须均匀，每次吸气都要吸到深处，中间不要停顿。

2. 发声练习

首先，进行"a"母音练习，"a"母音是"a、ei、i、o、u"五个元音中最好发的一个元音，它的口型打开程度介于五个元音中间。所以学生进行发声训练，特别是低年级学生进行发声训练，以"a"

母音开始是不错的选择。

练习方法如下：

（1）下行音阶练习。教师示范"a"母音的发声，并讲解发声技巧和注意事项，然后在钢琴上从中央C开始按照半音向上模进，弹出"3 2 1 —"下行音阶。让学生跟唱，跟唱时教师要关注学生的发声状态，发现状态不正确时，及时停下来，并示范正确发声方法，然后再继续练习。女生一般练习到小字二组的f或者#f，男生一般练习到小字二组的♭e或者e。具体练声音域要根据学生情况进行安排，不能一味追求高音。

（2）跳音练习。跳音练习能够帮助学生找到气息支持声音的感觉，在跳音练习时体会横膈膜的弹性，放松喉咙，让声音被动的从横膈膜上"弹出"。同时，注意帮助学生寻找头腔共鸣（借助哼鸣练习），在跳音练习的同时，声音位置不能低，特别是练到低声区的时候，一定要挂在高位置发声。

（3）其他练习：哼鸣练习、母音转换练习。哼鸣必须要做到准确无误，否则会事与愿违，闹出鼻音的毛病。鼻音是声乐训练中的死敌。

（二）歌唱姿势

歌唱时要有正确的歌唱姿势。身体的自然挺立要像倚着墙或靠着树干那样既挺直又放松自如，有一种舒展的感觉。歌唱时要精神振奋、生气勃勃，面部肌肉不可紧张，表情要自然，眼睛灵活地平视前方。无论是欢乐的情绪或是悲哀的情绪，都要求歌唱者本人具备一种歌唱的兴奋状态。

（三）歌唱的表情

每首歌曲都有一个感情基调，把握住歌曲的感情基调后，围绕这个基调，在表现每个词意、字句和乐句、乐段的感情色彩变化上应细腻、流畅。要想使自己的演唱声情并茂，有良好的分寸感，平时就得多观察生活中的人与事，多体味，多琢磨，多观看老演员的表演，平时演唱时多体验，这样才能逐步找准分寸。在歌曲演唱中，一开始应该凝聚起高度的神情，调动最佳的发声感觉，倾注于发出声响。歌曲的结尾，往往是歌曲的高潮乐句的尾声部分。尾声的作用使自己的演唱有稳定与完美的交代，以加强和巩固情绪的终结。

三、学前教育师范生歌唱课教学课例

学前师范生的歌唱训练作品包括了成人歌曲和幼儿歌曲。单纯以幼儿歌曲来训练歌唱，一方面，歌曲的难度达不到训练他们歌唱技巧的要求，另一方面，幼儿歌曲先入为主的"奶声奶气"印象，会造成学前师范生刻意去模仿，有可能会破坏他们作为成年人应该具备的音色。

关于成人歌曲这部分教学应该围绕成人声乐作品发声技巧和作品演绎展开，并且在教学过程中，给学生更多的舞台实践机会，增强他们的歌唱表现力。

但是当我们强调科学艺术歌唱同时，绝不能忘记"着眼儿歌范唱"。比如：当我们从美声唱法的角度去训练学生的歌唱发声时，切忌将声音搞得"过洋"。声音位置靠后，假声掺得过多，喉咙打开过大。过洋的声音，缺少高位共鸣色彩，低音沉闷，空虚无力，缺少表现，很难与儿歌范唱的童声音色接轨。这就要求，在训练中，要随时注意声音的走向，为未来的儿歌范唱打下坚实的基础。学前师范生要进行幼儿歌曲作品的学习与训练，这样既可以积累学生对幼儿歌曲量的掌握，也可以提高学生对幼儿歌曲质的理解，进而提高学生实践教学能力。

教学范例

成人歌曲《月之故乡》

1=G 4/4　　　　　　　　　　　　　　　　　　彭邦桢 词
中速稍慢　　　　　　　　　　　　　　　　　　刘 庄、廷 生 曲

(6̣ 7̣ 6 3 － | 6̣ 7̣ 6 3 － | 2 2 1 2 3 6 | 1̣ 7̣ 6̣ 5̣ 6̣ －)

3. 5 6 7 5 | 6 － 3 － | 5. 3 2 3 ♯4 | 3 － － － |
天　上一个月　亮，　　　　　水　里一个月　亮，

2 2 3 6̣ 1 | 2 4 3 2 3 1 | 7̣ 7̣ 6̣ 5̣ 2 | 1̣ 7̣ 6̣ 5̣ 6̣ － |
天上的月亮在水里，水里的月亮在天上。

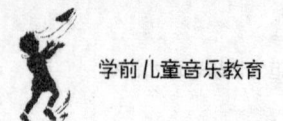

[乐谱略]

音频：
《月之故乡》

一、教学目标

1. 给学生建立正确的声音概念。帮助学生掌握正确的发声方法。
2. 帮助学生理解声乐作品的正确表达。
3. 培养学生良好的舞台表现力。

二、教学准备

《月之故乡》的创作背景；《月之故乡》的乐谱；《月之故乡》的范唱音频。

三、教学过程

1. 练声

2. 播放《月之故乡》（教师播放不同歌唱家的演唱视频、音频，让学生感受不同声部的演唱效果）

3. 分析歌曲

演唱一首作品，要知道是谁写的，是哪个年代，在那个年代有什么生活背景。《月之故乡》的歌词是一首诗，作者是台湾人，彭邦桢。彭邦桢，祖籍湖北黄陂，1919年生于湖北武汉，1937年抗战爆发，流亡恩施，1939年考取黄埔军校，擅长写诗，有"黄埔文豪"的美誉。1940年出任少尉排长，1949年赴台，1975年旅美。这首诗是其在1977年的平安夜于美国纽约长岛的一个湖边所写。当时作者久居海外，在深夜仰望夜空倍感思乡，于是便写出《月之故乡》这首诗。诗文如下："天上一个月亮，水里一个月亮，天上的月亮在水里，水里的月亮在天上。天上一个月亮，水里一个月亮，天上的月亮在水里，水里的月亮在天上。低头看水里，抬头看天上，看月亮思故乡，一个在水里，一个在天上。看月亮，思故乡，一个在水里，一个在天上。"后经刘庄、延生二人谱曲，才成为这首旋律优美，深刻表现思乡之情的歌曲。

4. 学唱乐谱

教师带学生唱会歌曲乐谱，在唱的过程中，关注学生的音准节奏是否准确。遇到特殊记号标记，进行讲解。

5. 学唱歌曲

教师带领学生用朗诵的声音，有感情地朗读歌词。首先，在读的过程中要注意，腔体打开，声音搭在气息上。同时，注意语速放慢，把每个字都要在嘴巴里说清楚，体会字头、字腹、字尾在口腔的过渡。第三，融入感情，读出语感。中国著名指挥家李新草先生说过"没有语感，就没有乐感"。歌词是歌曲情感的载体，歌曲情感通过歌词的演绎得以表达。要想深刻理解歌词，通过朗诵歌词是一个很好的办法。一开始就只朗读歌词，省去学生对旋律把握上的负担，让他们专心于打开喉咙，用气息有感情地朗诵歌词。在读出感觉之后，再加入旋律歌唱。

6. 演唱歌曲

教师弹伴奏带领学生演唱歌曲，这是一首歌从"听"到"会"的最后一步，也是一首歌从"会"到"懂"的第一步。教师要自己弹琴给学生伴奏，通过这种师生间的互动协作，为师生在艺术层面的交流打开一扇窗。演唱正确的发声方法，概括起来就是八个字"打开喉咙，气息歌唱"，课堂上主要教授美声唱法，因为美声唱法是最科学和最完善的唱法，不管你是高音、中音还是低音，各个音域的学生都可以在美声唱法中找到属于自己的一片天地。在歌唱发声方法训练过程中，要遵循因材施教和循序渐进原则，针对不同年龄、不同性别、不同声部的学生有针对性地调整教学方法。

步骤如下：

（1）全班同学共同歌唱3~4遍，目的是让全体学生学会歌曲。

（2）按座位或学号分组歌唱，目的是减少歌唱人数，便于发现问题。

（3）按学号或姓名点学生歌唱，目的是提优补差。让优秀生得到表现机会和个别辅导机会，同时给全体学生做示范。让后进生感受到教师的关注，同时也给他们个别辅导的机会。

四、教学建议

声乐教师在进行声乐教学前，首先要对学生进行歌唱中正确声音概念的讲解，让学生明白什么是歌唱中正确的声音，理解正确歌唱带来的好处，让学生对科学发声方法产生兴趣，进而让学生接受并乐于进行歌唱训练。

声乐作品的正确表达，建立在对声乐作品的正确感知和正确理解的基础上，没有很好理解作品，就无法很好表达作品。所以教师必须引导学生在演唱歌曲前，应深入分析歌曲的创作背景，写作特征和演唱要求，做足谱面文章后再去尝试演唱歌曲，能起到事半功倍的效果。

培养学生成熟的舞台表现力，需平时让学生多上台表演，在上台表演过程中积累经验，在上台表演之后善于总结并改进舞台表现技巧，从而提高学生的舞台表现力。

除了成人歌曲，还需进行幼儿歌曲演唱，目的是让学生积累儿歌的数量，加强对儿歌的理解，从而提高学生的教唱能力。幼儿歌曲教学，重在教授儿歌弹唱技巧和幼儿歌曲讲解技巧。这一部分教学应该围绕幼儿歌曲弹唱和儿歌分析与表达展开，在教学过程中，应当注重学生对儿歌弹唱技巧的掌握，同时让学生模拟幼儿音乐课堂，增强学生的儿歌教唱能力。

拓展链接

演唱类型包括独唱、齐唱、重唱、合唱、对唱等。独唱是演唱形式中最重要的类型之一。独唱除在音乐会中出现外，也常在歌剧、清唱剧等戏剧音乐中出现。齐唱是由两个或许多人演唱同一旋律的演唱形式。这种形式具有一种整齐有力的风格，适合于演唱进行曲、军歌及大众化群众歌曲。重唱有两种类型，一是同声重唱，各声部都是男声或女声；二是混声重唱，各声部由男女生混合演唱。合唱是一种分声部演唱的形式，每个声部由二人或许多人组成，合唱形式有男声合唱、女声合唱、混声合唱、童声合唱等多种。对唱是两个人对答式的演唱形式。根据声部不同可分为女声对唱、男声对唱、男女声对唱等，也有两组歌唱者的对唱。

> **教学范例**

《数鸭子》

1=C 4/4

中速 活泼地

王嘉桢 词
胡小环 曲

```
X X XXX | XX XXX 0 | XX XX XXX | XX XXX 0 |
```
(白)门 前 大桥下， 游过 一群鸭， 快来 快来 数一数， 二四 六七八。

```
‖:(ii 55 36 53 | 21 23 1 0) 3 1 331 | 33 5650 |
```
门 前 大桥下， 游过 一群鸭，
赶 鸭 老爷爷， 胡子 白花花，

```
666 5444 | 23 21 2 0 | 3 10 3 10 | 33 566 0 |
```
快来 快来 数一数， 二四 六七八， 咕 嘎 咕 嘎 真呀 真多呀，
唱呀 唱着 家乡戏， 还会 说笑话， 小 孩 小 孩 快快 上学校，

```
i 55 63 | 21 235 - | i 55 63 | 21 23 1 -:‖
```
数 不清到底 多 少 鸭， 数 不清到底 多 少 鸭。
别 考个鸭蛋 抱 回家， 别 考个鸭蛋 抱 回 家。

```
X X XXX | XX XXX 0 | XX XX XXX | XX XXX 0 ‖
```
(白)门 前 大桥下， 游过 一群鸭， 快来 快来 数一数， 二四 六七八。

一、教学目标

1. 增加学前师范生教学实践经验。

2. 通过动作创编，增强学前师范生的歌唱兴趣。

二、教学准备

歌曲《数鸭子》音乐音频；《数鸭子》乐谱

三、教学设计

《数鸭子》是一首大家耳熟能详的幼儿歌曲，全曲生动地刻画了儿童站在桥下数鸭子的场景。歌词浅显易懂形象具体，第一句"门前大桥下，游过一群鸭，快来快来数一数，二四六七八"，直接点名了全曲唱的内容。第二句"咕嘎咕嘎真呀真多呀，数不清到底多少鸭，数不清到底多少鸭"，模拟了鸭子的叫声，使歌曲瞬间具有了很强的画面感。第二行第一句歌词"赶鸭老爷爷，胡子白花花，唱呀唱着家乡戏，还会说笑话"，引出了第二个人物，并且简单的歌词就

音频：
《数鸭子》

把赶鸭人年龄、性别、外貌特征等介绍了一遍。第二行第二句"小孩小孩快快上学校，别考个鸭蛋抱回家"，这一句是模仿放鸭老爷爷的语气，在教育小朋友要好好学习，不能荒废学业。全曲的最后念白"面前大桥下，游过一群鸭，快来快来数一数，二四六七八"，给人的感觉仿佛看到一群儿童数着鸭子一边嬉戏，一边蹦蹦跳跳地渐行渐远去上学。在唱儿歌的时候，为了便于幼儿理解歌词内容，通常会结合动作，完成儿歌演唱。

1. 动作编排

教师示范动作，根据人物，分别把每个人物的特征进行分析，引导学生抓住人物特点，编排合适动作。如跑的时候，要配合挥手的动作，表情上也要表现出看到小鸭子的欣喜状态。

提醒师范生，在给大班幼儿编排动作时，要注意让幼儿在音乐表现中进行互动，让幼儿分别扮演儿童、鸭子、赶鸭老爷爷，根据各自的角色分别编排符合人物特征的动作，然后在音乐背景下表演出来。教师进行角色分配时要充分考虑幼儿的自主选择，不能强行分配角色。当发生角色选择冲突时，要耐心与幼儿进行沟通商量。值得注意的是，在动作编排时，幼儿经常会创造出一些动作，教师要发挥好支持者、引导者的角色，支持鼓励他们的想法，保护好幼儿的想象力与创造力。

附幼儿参考动作：

第一段歌唱部分第一句：

3 1 33 1 | 33 56 5 0 | 66 65 44 4 | 23 21 2 0 |

歌词：门前大桥下，游过一群鸭，快来快来数一数，二四六七八。

教师："这一部分，大家跑到了近前，一起摆动手臂，小腿往前面伸展，模仿跑到桥前观看鸭子，举起手臂目视前方，数鸭子的样子。"

歌唱部分第二句：

3 10 3 10 | 33 56 6 0 | 1̇ 55 6 3 | 21 23 5 - | 1̇ 55 6 3 | 21 23 5 - |

歌词：咕嘎咕嘎真呀真多呀，数不清到底多少鸭，数不清到底多少鸭。

教师:"这一部分,扮演鸭子的小朋友,排着队,模仿鸭子的样子,从小桥(让几名幼儿两人一组,面对面手拉手举起来,扮演小桥)下面穿过。"

第二段歌词:"赶鸭老爷爷,胡子白花花,唱呀唱着家乡戏,还会说笑话。小孩小孩快快上学校,别考个鸭蛋抱回家,别考个鸭蛋抱回家。"

教师:"第二段歌词,表现的是赶鸭老爷爷,提醒儿童不要只顾着数鸭子,要赶紧去学校上学,要好好学习天天向上,不能考个零分回家。这部分让一个幼儿模仿老爷爷的样子,拿着赶鸭棍赶鸭子(鸭子幼儿扮演),然后笑呵呵地指着表演鸭子的幼儿唱出'别考个鸭蛋抱回家……'。"

2. 歌唱练习

范唱儿歌,要从发声、音色、情感、表现、风格、气质等诸方面将儿歌的内涵淋漓尽致表现出来。在歌唱练习时,一要注意克服大本嗓,将真声和假声混合。二要保持吸气状态,适当打开喉咙。三要提高声音位置,加强头腔共鸣,获得高而靠前的自然头声。总的来说,要解决好歌唱的喉咙状态和统一好声区获得高而靠前的声音位置。

学前师范生的教学要突出师范性,声乐教学亦是如此。在课堂中融入让学生练习教唱的环节,对于学前师范生的专业发展是十分重要的。儿歌范唱是学前师范生的必备技能。儿童学习歌曲的过程中,他们的思维主要集中在听觉的直接感知上,形象思维占主导地位。教师声情并茂的演唱,定能给儿童一个十分理想的艺术形象。能帮助儿童尽快掌握歌曲的内在情感表现,启迪心灵,丰富艺术想象力和创造力。

第二节 动作表现训练

问题导入

幼儿天性好动,害羞的幼儿不敢开口唱歌。一些不会唱歌或爱走调的幼儿如何在音乐中很好地表现自己呢?

大多数人在听到音乐时，凭自己的直觉而产生出与音乐节奏和内容相适应的情感，然后跟着节奏用身体的舞动来自然地表达。通过动作来表现音乐，也是表现音乐的一种途径，对于那些喜欢控制自己身体动作来表现情感的学生而言，能够更快贴近音乐。

身体动作的训练要有一个空间，能让学生自由活动，最好是地板。地面不要滑和凉，同时训练时最好光脚，或者穿软底练功鞋、运动用球鞋、布鞋，衣裤要轻便，适宜活动。解放双手和双脚，通过动作，自由释放自己的理解和感受，找回自己的身体感受。

一、发挥学生的即兴动作练习

听着鼓声或者进行曲速度的音乐，由学生自己即兴做动作，要求尽量创造别人没有做过的动作。最重要的是在音乐中找到感觉。教师击鼓，随着音量、速度的变化，动作也要做出反应。鼓停时按要求身体某部位做出动作。如告诉学生鼓声停时，两人一组（自由组合），用身体组成一个造型。学生做得非常有创造性的，也可以鼓励他给大家示范表演。

虽是即兴动作，也需匹配音乐的节奏。不要求动作造型的技巧规格和整齐划一。也就是说，对于动作没有统一要求，只要你通过动作表示感受到这种音响，对音响感觉越是细致就是越好的标志，而不在乎你动作的技巧和美感。比如表现音的高与低，可以双手聚过头表示高，也可以双臂平伸像小鸟，也可以站立和蹲下表示高低，也可以上下摆动双臂表示高低，也可以伸张身躯和蜷缩身躯表示高低等。

动作尽可能从大的、全身性的动作开始，这也是为了让学生能够找回原来的身体感受，通过独创性的动作，来释放自身的想象力和创造力。如"照镜子"的游戏；利用身体摆各种造型的游戏；利用音乐进行动作独创游戏；利用图谱进行动作创编游戏；运用日常生活中熟悉的环境，探索声音的变化，进行动作即兴创作。比如说每人拿一张报纸，探索抖动、甩、拍打、圆筒敲打、揉搓、拿手划纸、揉团时，可以发出什么声音，听听这些声音有什么特点？探索还可以发出什么声音。对不同的声音进行组合创编即兴动作。

二、锻炼学生通过舞蹈形式展现音乐

舞蹈是通过人体体态和动作进行表现。通常根据歌词词义或者

舞蹈的语汇去编舞，有独舞、双人舞、集体舞的形式。独舞是独自一人表演，所以又可称为"单人舞"。可以是独自一个人，完成结构完整、自成篇章的舞蹈作品；也可以是群舞中独舞的段落，是舞剧中塑造人物、抒发人物内心感情的重要手段。双人舞是由两个人共同表演和完成的舞蹈，在舞蹈过程中同伴之间相互配合做韵律动作。集体舞是许多人共同表演的舞蹈。这种舞蹈有比较严格的动作要求和队形要求，幼儿园大部分舞蹈表演以集体舞为主。集体律动训练可以促进幼儿合作交往的能力。不同的舞蹈形式，可以达成不同的目的。比如说我们希望促进幼儿之间团结友爱、互相交流，那我们可以以邀请舞的形式来进行律动训练；如果是为了让幼儿感受大自然的美丽，那我们可以选择单圈和双圈舞的形式来进行律动训练。

在进行集体舞的律动训练时，需要先将基本步伐决定，再设计主要动作。动作设计时首先要考虑能否配合得上步伐，动作不宜太复杂，主要为了突出集体律动的趣味性和娱乐性，使幼儿能感到愉悦。

当明确了目的和形式，选择了合适的音乐，设计了主要的动作后，接下来就是加上队形和流动。队形有圆圈、长方形、三角形等，流动可以竖线流动、横线流动和斜线流动等。总之，无论采取什么队形和流动，都要根据训练目的、训练内容和形式来决定。队形和流动的设计要通顺、自然、恰到好处。

教学范例

《上学歌》

一、教学目标

1. 知识与技能目标：通过律动训练来锻炼学生的身体协调性，以及对事物的模仿和表达能力。在学生做动作中，老师要强调身体的挺拔，给他们养成良好的形体。

2. 过程与方法目标：通过音乐、情感、动作的统一让学生最终可以独立完成并展示组合。

3. 情感与态度目标：认真地表现每个动作，伴随着轻快的音乐让学生感到愉悦，增加对舞蹈的积极性。同时，也要注重对学生体态、情感的要求。

二、音乐选择

《上学歌》（E调，以四分音符为一拍，每小节两拍）

音频：
《上学歌》

三、教学重点

对事物的模仿律动，动作要标准。

四、教学难点

律动组合的动作顺序学生不一定可以很快记住，需要老师耐心细致，把动作拆开教授给学生。

五、教学步骤

1. 节奏律动训练

先教拍手和踏步这两个动作，然后让学生一拍踏一步，两拍拍一次手，手脚并用、跟着音乐、看着老师进行律动，先训练节奏感。

2. 事物类模仿律动训练（动作说明）

第一段：

［1］1—4：五指张开，双手举到头顶，手心冲前，脚下一拍一次踏四步。

5—8：双手模仿花的样子放到下巴以下停四拍。

［2］1—4：双手模仿小鸟飞翔，四拍上下飞一次。

5—8：双手放肩膀上，左右摇头一次，两拍一次。

第二段：

［1］1—4：双手握拳前后摆手，配合一拍一次的踏步，共摆四次手。

5—8：做四拍摇手姿势。

［2］1—4：前两拍五指并拢，双手放在眼前模仿看书的样子，歌词是"爱学习"；后两拍左手叉腰，右手模仿加油的姿势，歌词是"爱劳动"。

5—8：下肢一拍一踏步，共四拍。上身前两拍双手经胸前划圈到头顶，再从两边划圈到大腿旁；后两拍双手在胸前竖起大拇指。

3. 作业布置：课后跟着音乐练习。

拓展案例：
《金色的太阳》

第三节　乐器演奏表现训练

> 知识导入

乐器演奏训练是基于节奏感训练之上的训练，而节奏感最重要的是"感"字，音乐的韵律都是在"感"字之上，如何有效地表现出音乐形象，让听者感受到音乐中的起伏、搓顿、张弛，是乐器演奏训练所关注的。

一、演奏姿势及注意事项

乐器可以放在地上、小桌上或者特制的架子上。如果坐着奏，乐器放在比膝部略高的位置；如果站着奏，放在相当于腰部的位置。乐器的高度对于演奏姿势和动作的自如、放松有重要的意义。

敲击乐器的时候，要控制力度。用多大力气，什么位置敲都需要自己辨别。敲击的时候，耳朵、双手手臂都要有感觉，不是只敲出声音即可。敲击时，一般要求，声音不能太高，最多中等音量。在教学中，唱、奏、动作等音乐活动和听力训练以及乐理认知、读谱学习，都可以利用打击乐器学习。

二、乐器即兴演奏

在生活中，由于各种原因我们不能通过语言的方式进行交流，我们可以通过其他手段表达自己和领悟别人。音乐是另外一种语言，我们可以利用打击乐器去表达和相互沟通。用打击乐器进行即兴创作，让每位学生都能参与进来。不管他们创造成什么样子，重要的是过程中想象力、创造力的迸发。在即兴演奏中，鼓励新想法的出现。教师要充分利用各类情境、各类图片、各类儿歌、歌谱，给学生自由发挥的机会。学生可以利用现有的乐器，也提倡用自制乐器进行演奏。

教学范例

《室内雨》

一、教学目标

1. 运用响指、弹舌、拍腿、跺脚等动作模仿不同的下雨声，在与同伴的合作中感受节奏的变化。

2. 引导学生观察教师的指挥手势，养成看教师指挥的习惯，知道指挥手势中的预备、起、收以及强弱变化。

3. 将所有的音效用自制打击乐器代替演奏表现出来。

二、教学重点

对教师的指挥手势能准确地做出反应，能够通过强弱变化表现出雨声的变化。

三、教学难点

能在活动中仔细聆听，跟同伴默契配合。

四、教学过程

1. 语言导入：今天老师想在教室里下一场雨。你们想想下雨应该是什么样的声音？

播放"滴滴答答"的小雨声音，和"稀里哗啦"的大雨声。

2. 运用响指或者弹舌模仿"滴滴答答"的小雨，教师自由的打响指或者弹舌，带孩子一起做。做出"滴答"的雨声；教师快速拍腿，带孩子们一起拍腿，模仿出"哗哗啦啦"的大雨声并保持；最后通过教师的手势停止活动。

$$\frac{2}{4}$$

| X X X X | X X X X ‖
| 滴 答 滴 答 | 滴 答 滴 答

| X X X X X X X X | X X X X X X X X ‖
| 哗啦 哗啦 哗啦 哗啦 | 哗啦 哗啦 哗啦 哗啦

3. 师：刚刚我们通过什么动作模仿了雨声？（响指、弹舌、拍腿的动作）

4. 下雨的时候还会伴随着什么声音？（打雷）

5. 请同学们观察教师的手势，在合适的地方加入跺脚，模仿雷声。

在"大雨"时，教师给出手势，学生一起跺脚模仿出雷声。

6. 思考可以用什么样的乐器代替这些音色？

将"滴答"的雨声换成敲杯子的声音，"哗啦"的雨声换成翻书的声音，"雷声"换成鼓声。通过表演还原出下雨的效果。

五、课外拓展

可以按照3～5人为一小组，模仿大自然中的其他声音，如刮风时会产生的风声、树叶沙沙声、摇动的门窗的响声等。

拓展案例：
《丝绸之路》
《鸭子拌嘴》
《G大调小步舞曲》
《快乐的孩子爱唱歌》

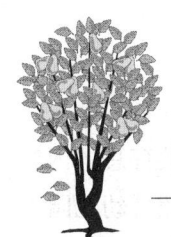

第六章 学前儿童音乐教学活动设计

音乐教育不仅是让幼儿掌握一些音乐技能,更重要的是通过音乐活动让幼儿在身体、智力、情感、个性等方面全面和谐地发展。如何有效设计学前儿童音乐活动是作为师范生必须具备的能力。本章第一节介绍了学前儿童音乐教学活动目标的设计,主要阐述了学前儿童音乐教育的总目标、不同音乐教学内容的总目标以及不同年龄阶段的分目标。第二节、第三节、第四节和第五节分别从学前儿童歌唱活动、韵律活动、打击乐活动以及音乐欣赏活动四个方面进行介绍,以提升师范生的实践能力。

年龄目标;歌唱活动;韵律活动;打击乐活动

第一节 学前儿童音乐教学活动目标的设计

知识导入

学前儿童音乐活动的教育目标是幼儿园音乐教学活动的指南针,它既是活动设计的起点,也是活动设计的终点;既是选择活动内容、活动组织方式和教学策略的依据,也是活动评价的标准。它是教师依据音乐教育的总目标以及儿童的年龄发展特点并结合活动的具体内容而进行的设计。一般来说,活动目标既是对活动结果的预示,也是结合活动内容的特点对儿童提出的具体活动要求。

一、学前儿童音乐教育的总目标

（一）艺术领域总目标

学前儿童艺术领域总目标，规定了学前阶段艺术教育总的内容和要求，它是学前儿童艺术教育最终结果的期望。参照《幼儿园教育指导纲要（试行）》和《3～6岁儿童发展指南》的要求，我们将艺术领域目标设置为：

（1）初步学习感知周围环境和艺术作品中的形式美和内容美，具有对美的敏感性。

（2）积极投入艺术活动并学习自由表达自己的感受，发展审美情感的体验和表达能力，促进人格的完善。

（3）初步学习多种工具和材料的操作以及运用造型、色彩、构图、节奏、旋律等艺术语言表现自我和事物的运动变化，发展审美表现和创造能力。

（二）不同音乐教学内容的总目标

根据布鲁姆目标分类学，我们从认知、情感和技能三个方面对歌唱活动、韵律活动、打击乐活动和音乐欣赏活动进行目标的设置。

1. 歌唱活动的总目标

（1）能记住歌曲的名称，正确地感知理解歌曲中的歌词、曲调所表达的内容情感，并能用自然美好的声音进行歌唱表现。

（2）喜欢唱歌；积极地体验参与歌唱活动的快乐以及追求用歌声的方式与他人进行交往的快乐。

（3）掌握一些最基本最初的歌唱技能，能够正确地咬字、吐字和呼吸；能较自然地运用声音表情和身体动作表情；能够在集体歌唱活动中控制和调节自己的声音，使之与集体相协调。

2. 韵律活动的总目标

（1）能够感知理解韵律动作与音乐的关系，尝试进行创造性的动作表现；能符合音乐的情绪要求以及音乐表现手段来做动作。

（2）喜欢参加韵律活动和音乐游戏；积极体验参与韵律活动和音乐游戏的快乐；主动地追求用身体动作探索表达音乐，以及与他人合作表演的乐趣。

（3）能够较自然地运用和控制自己的身体动作；能够掌握运用较简单的道具；能够在合作性的韵律活动中运用动作和表情与他人交流、配合。

3. 打击乐活动的总目标

（1）能够认识辨别各种常用打击乐器及音色特点；掌握一些简单的节奏型；了解有关打击乐器的基本知识；能够理解指挥的手势含义，并与指挥相配合。

（2）喜欢参与打击乐演奏活动；乐于探索乐器的不同演奏方法和尝试创造性的表现；积极体验并享受与他人合作演奏的乐趣。

（3）熟练掌握一些常用打击乐器的演奏方法，能够在集体的演奏活动中有意识地控制调节自己奏出的音色，使其与集体的演奏相协调；能够学习并掌握使用和保护乐器的一些简单规则。

4. 音乐欣赏活动的总目标

（1）能够感受、体验音乐作品所表达的内容和情绪；能够理解音乐作品最基本的表现手段；能够再认和区分已欣赏过的音乐作品。

（2）乐于参与音乐欣赏活动，有积极的欣赏态度；体验并享受音乐欣赏过程的快乐。

（3）初步学习运用文学、美术、韵律动作等各种艺术表现手段来表达自己对音乐作品的想象和情感体验；能够在音乐欣赏的过程中尝试与同伴交流和配合，共同协作来表达对音乐的感受和理解。

二、学前儿童音乐教育不同年龄阶段分目标

《指南》从感受与欣赏、表现与创造两个方面对学前儿童音乐教育提出了相应的要求。

	3~4岁	4~5岁	5~6岁
感受与欣赏	容易被自然界中的鸟鸣、风声、雨声等好听的声音所吸引。 喜欢听音乐，或观看舞蹈戏剧等表演，经常自哼自唱或模仿有趣的动作表情和声调。	喜欢倾听各种好听的声音，感知声音的高低长短强弱等变化。 能够专心地观看自己喜欢的文艺演出和艺术品，有模仿和参与的愿望。	乐于模仿自然界和生活环境中有特点的声音，并产生相应的联想。 艺术欣赏时，常常用表情动作语言的方式表达自己的理解。

	3~4岁	4~5岁	5~6岁
表现与创造	能模仿学唱短小歌曲。 能跟随熟悉的音乐做身体动作。 能用声音、动作、姿态模拟自然界的事物和生活情景。	经常唱唱跳跳，愿意参加歌唱律动舞蹈表演等活动。 能用自然的音量、适中的声音，基本准确地唱歌。 能通过即兴哼唱、即兴表演或给熟悉的歌曲编词来表达自己的心情。 能用拍手拍脚的身体动作或可敲击的物品，敲打节拍和基本节奏。	积极参与艺术活动，有自己比较喜欢的活动形式。 艺术活动中能与他人相互配合，也能独立表现。 能用基本准确的节奏和音调唱歌。 能用律动或简单的舞蹈动作表现自己的情绪或自然界的情景。 能自编自演故事，并为表演选择和搭配简单的服饰道具或布景。

（一）3~4岁年龄阶段分目标

小班幼儿声带比较稚嫩，只能演唱音域较窄的歌。同时，肺活量较小，还不能适应较长的乐句。小班幼儿的语言功能还处在发展阶段，唇齿的协调能力还不强，所以遇到一些复杂的歌词，会唱不清楚。小班幼儿的音乐感知能力还在发展，特别是音准的控制能力较弱，一般较容易掌握三度以下的音程关系。特别是在没有音乐伴奏的情况下，唱歌容易跑调。小班幼儿歌唱游戏，应首先认清此阶段幼儿各方面的发展水平，针对小班幼儿的特点，进行游戏，切不可拔苗助长，否则非但起不到训练作用，还有可能适得其反，甚至会损害幼儿的身体及对音乐的喜爱。

1．歌唱活动

（1）学习用正确的姿势、自然的声音歌唱。在有伴奏的情况下，能独立地、基本完整地唱熟悉的歌曲，并基本做到吐字清楚，唱准曲调和节奏。

（2）理解和表现简单儿童歌曲的形象内容和情感。

（3）学习为短小工整、简单多重复的歌曲填新歌词和创编表演动作，体验创造性地参与歌唱活动的快乐。

（4）喜欢自己歌唱，也喜欢与同伴一起歌唱，并注意使自己的歌声与集体相一致。

2. 韵律活动

（1）能跟随音乐的节奏、拍子，自然地做上肢或下肢的基本动作和模仿动作。

（2）跳简单的集体舞蹈，使用目光、表情、姿态、动作与同伴交流，体验在音乐运动中表达、创造和交流的快乐。

（3）喜欢参加集体的韵律活动和音乐游戏。

3. 打击乐演奏活动

（1）学习并掌握几种最常用打击乐器的演奏方法，如碰铃、串铃、铃鼓等。

（2）初步学会看指挥开始和停止演奏，在集体为简单的短小的二拍子和四拍子的歌曲伴奏。

（3）喜欢操弄打击乐器，喜欢参加集体的打击乐演奏活动。

（4）遵守集体的打击乐演奏活动中的一些基本规则，如不随便玩弄乐器，按要求去交换和收拾乐器，体验操作乐器、管理乐器的快乐。

4. 音乐欣赏活动

（1）能初步感受性质鲜明、结构短小的歌曲或有标题的乐曲的形象、内容和情感。

（2）喜欢倾听周围生活中的各种声音，并用自己喜欢的方式、嗓音、动作等来表达。

（3）在感受的同时进行多种方式的创造性表达，体验比较典型的摇篮曲、舞曲、进行曲和劳动音乐的不同情趣。

（4）积极参与集体的音乐欣赏活动，尝试和体验音乐欣赏过程的快乐。

（二）4~5岁年龄阶段分目标

中班幼儿的生理发育水平相对于小班幼儿有了一定的提升，无论是肺活量、声带能力，还是体力都有很大变化，此阶段的幼儿能够理解教师的上课意图并对教师的发声示范进行模仿。此时，幼儿的音域可以达到 $b \sim a^1$。

中班幼儿经过前期的学习，积累了一定的歌曲量，并且音准和节奏的表现能力也有了很大的提高。对歌曲风格和声音表现力有了初步的认识，能够尝试理解和表现不同风格、情感的歌曲。中班幼儿可以在教师的指导下，对歌曲的速度、力度、情绪进行表现，具备一定的歌唱能力。

1. 歌唱活动

（1）能用正确的姿势、自然的声音歌唱，做到吐字清楚、曲调和节奏准确；能够独立完整地跟着伴奏演唱，并初步学会接唱和对唱。

（2）能够有感情地演唱歌曲，准确表达歌曲的形象、内容和情感。喜欢歌唱活动，并能够大胆地在集体面前表演。

（3）能够控制自己的音色，与集体声音相协调。

（4）能够为熟悉的歌曲进行简单的创编，并尝试独立地将新编的歌词填入歌曲中。

2. 韵律活动

（1）能够跟随音乐的节奏做简单的基本动作、模仿动作和舞蹈动作。

（2）喜欢参加集体的韵律活动和音乐游戏。初步尝试用创造性的动作自发地随音乐自由舞蹈。

（3）学习一些基本的舞蹈动作和集体舞，能够在动作表演过程中学习使用一些简单的道具。

3. 打击乐演奏活动

（1）进一步学习并掌握一些打击乐器的演奏方法。学会看指挥开始、结束和变化演奏。

（2）喜欢参加集体打击乐演奏活动，能够自觉地遵守集体打击乐演奏活动中的一些常规，养成爱护乐器的态度和习惯。

（3）初步尝试参与打击乐演奏配器方案的讨论，能够用乐器为二拍子、三拍子和四拍子的歌曲配器。

4. 音乐欣赏活动

（1）能够感受歌曲的形象、内容和情感，初步了解并辨别进行曲、舞曲、摇篮曲等不同风格音乐的基本性质，并产生一定的联想，用动作、美术、韵律等不同的艺术表现形式来表达对音乐的感受和理解。

（2）喜欢倾听周围生活的各种声音并大胆地用自己喜欢的方式来表现。

（3）喜欢参与集体音乐欣赏活动并积极尝试和体验音乐欣赏过程中的快乐。

（三）5~6岁年龄阶段分目标

大班幼儿的发声器官发育已经相对比较成熟了，当然，这里的成熟是相对于幼儿早期的未发育完全而言的，不是指度过变声器发育成了成人的嗓音状态。大班幼儿的身体已经比较灵活，并且精力充沛。肺活量和唇齿能力也大大提高，能够胜任一定长度的乐句，和复杂的歌词。随着心智水平的发展，大班幼儿的音乐理解能力得到很大提升，已经能够准确理解音乐中的情绪，并通过语言、表情、动作、歌声表现出来。这一阶段的幼儿，已经能够演唱稍有难度的歌曲了。大班幼儿的模仿能力和身体协调能力得到很大的发展，这时候他们能够听懂一些复杂多变的节奏，并通过模仿把它们表现出来。对不同风格、不同情绪的歌曲能做到准确理解，准确表达。

1. 歌唱活动

（1）能用正确的姿势、自然美好的声音歌唱，准确地表现歌曲的节奏、旋律和歌词。能够独立完整地跟着伴奏演唱，并初步学会领唱、齐唱、轮唱和分声部唱等。

（2）喜欢唱歌，并能够大胆地在集体面前进行演唱。

（3）能够有感情地演唱歌曲，准确表达歌曲的形象、内容和情感，细致地表现歌曲的字、词及乐句的变化。

（4）能够为熟悉的歌曲进行简单的创编，并尝试独立地、即兴地将新编的歌词填入歌曲中唱出。

2. 韵律活动

（1）能够跟随音乐的节奏较准确地做各种稍复杂的基本动作、模仿动作和舞蹈动作组合。

（2）喜欢参加集体的韵律活动和音乐游戏。喜欢自发地随音乐自由舞蹈。

（3）能够与他人合作表演有创造性的动作，并能够大胆主动地表现。

（4）进一步丰富舞蹈动作，在掌握一些基本的舞蹈动作和集体舞的基础上，学习稍微复杂的舞蹈动作组合，在表演中选择使用一些简单的道具。

3. 打击乐演奏活动

（1）进一步学习并掌握更多的打击乐器的演奏方法，如三角铁、双响筒等。

（2）喜欢并积极参与集体的打击乐演奏活动，自觉地遵守打击乐演奏活动的常规，养成爱护乐器的态度和习惯。

（3）能够参与打击乐演奏配器方案的设计，在演奏过程中有意识地注意在音色、音量和表情上与集体相协调。

4. 音乐欣赏活动

（1）能够较准确地表现歌曲和乐曲中的形象、内容和情感，用外部动作加以反映。

（2）进一步丰富并加深对进行曲、舞曲、摇篮曲等不同风格的性质音乐的认识，运用不同的艺术方式来表达对音乐的理解和感受。

（3）喜欢倾听周围生活中的各种声音，并能够用嗓音和动作的方式进行创造性的表现。

（4）能主动积极地参与集体的音乐欣赏活动，体验并享受音乐活动的快乐。

三、活动案例

（一）中班歌唱活动《幸福的猪小弟》

《指南》理念下，教师应从机械地让幼儿学习唱歌、学习仿编走向引导幼儿对音乐作品进行审美体验，"理解内容、感受情绪、表达情感"这样的目标表达可以引导教师更加关注活动过程，而非结果。活动目标：

（1）借助故事、图谱理解歌词内容。

（2）能用自然的、音量适中的声音演唱歌曲。

（3）在演唱歌曲的过程中，加深对幸福的体验。

（二）大班韵律活动《落叶》

大班幼儿已初步具有音乐的感受能力，喜欢并愿意用肢体动作来表现音乐。在对教材有了充分的分析后，根据大班幼儿在音乐感知理解表现等方面的实际水平，结合对《指南》的理解，确立了以下目标：

（1）观察树叶生长和树叶飘落的情境，尝试用肢体动作来表现树叶生长及飘落的样子。

（2）感知理解音乐，乐意用自己的方式来表现树叶和落叶，享受创编动作表现艺术美的乐趣。

（3）了解树叶的生命故事，在游戏中体验大树与树叶之间浓浓的爱。

（三）大班音乐欣赏活动《化蝶》

《化蝶》是音乐剧《梁祝》中最经典的一段音乐，整首曲子共分四个乐句，旋律舒缓、优美、感人，加之蝴蝶又是幼儿非常喜欢的一种昆虫，结合为此活动设计制作的富有动感的动画，通过与乐曲内容相吻合的生动的画面，幼儿喜欢的游戏化表演等，为幼儿创设了一个赏心悦目的音乐视听觉环境，给孩子一种如临其境的感觉。其次，由于幼儿园的音乐教育对幼儿的发展起着举足轻重的作用，不论是欣赏活动，还是歌唱活动、韵律活动、器乐活动，对幼儿来说都意味着不同层次的学习。为此，在为《化蝶》确定目标时，就是根据艺术领域中的感受美、表现美、创造美三个方面来制定。

活动目标：

（1）欣赏《化蝶》，感受乐曲优美抒情的旋律。

（2）在感受过程中分辨乐句，模仿蝴蝶飞以及停止时的动作造型。

（3）大胆创编蝴蝶飞舞动作，心情愉悦地与同伴交往。

（四）中班打击乐《木瓜恰恰恰》

《木瓜恰恰恰》是印度尼西亚流传很广的一首歌曲。通过欢快、活泼的旋律唱出了卖瓜人的喜悦心情。由于歌曲运用了恰恰恰的节奏，使歌曲显得非常活泼并富有情趣。歌曲分三段体，大调式。歌词非常生活化，表现了卖瓜人挑着瓜到城里去卖的过程。

视频：
《木瓜恰恰恰》
教学活动

活动目标：

（1）感受乐曲结构，根据图谱掌握相应的节奏。

（2）初步学习用打击乐器演奏《木瓜恰恰恰》。

（3）演奏中，注意相互配合，与集体形成默契。

拓展练习

1. 为大班歌唱活动《小树叶》制定教育目标。注意目标必须根据幼儿的年龄特点进行制定，并且具体、可操作性强。

2. 根据歌曲特征和幼儿年龄特点为小班韵律活动《洗手帕》制定教育目标。

第二节 歌唱活动的设计

知识导入

歌曲是幼儿喜闻乐见的易于理解和接受的音乐内容。同时，唱歌活动方便易行，每个幼儿都随身带有自然的"嗓音乐器"，不受任何客观条件的限制，随时随地都可以开展歌唱活动。

唱歌在幼儿音乐教育中居重要地位，是幼儿音乐教育的主要内容。教师应选用优秀的幼儿歌曲，在设计活动时力求教学形式多样，练习方法灵活。注意引导幼儿把握歌曲的主要内容和情感，进入歌曲意境，真正掌握每一首歌。

音乐作品是音乐活动的载体，是教师组织活动的依据。正确选择和使用音乐教材是开展一节音乐活动的前提。对学前儿童来说，好的音乐活动不仅是学会唱一首好听的歌曲，而且要在音乐活动中获得良好的审美体验。歌唱的材料主要是歌曲。歌曲是由词曲结合的艺术作品。在选择歌唱材料时必须同时兼顾歌词和曲调两个方面。教师在为幼儿选择歌曲时需要考虑幼儿在特定年龄阶段的音乐发展特征，使其既符合学前儿童年龄特点，又有利于促进学前儿童身心发展。

一、歌曲的歌词

（一）简单易懂，贴近幼儿的生活

学前儿童的生活经验有限，理解事物和语言的能力也比较低，因此歌曲内容与歌曲使用的文字应生动形象，浅显易懂，为儿童所理解，否则此时歌唱着的只是儿童的声音，而不是正在歌唱的儿童本人。儿童的歌唱一旦缺乏了心灵上的感动，也就严重地减弱了歌唱时的自发性乐趣。如歌曲《小树叶》。

音频：
《小树叶》

《小树叶》

陈镒康 词
茅光里 曲

```
1=G 2/4

3 3 3 2 | 1 0 5 0 | 3 3 3 3 | 2 - | 2 3 5 |
秋 风 起 来 啦,     秋 风 起 来 啦,   小 树 叶
小 树 叶 沙 沙,     沙 沙 沙 沙 沙,   好 像

3 3 2 | 1· 6 | 1 - | 7· 7 | 7 7 6 5 |
离 开 了 妈   妈,    飘    呀   飘 呀 飘 向
勇 敢 地 说   话,    春    天   春 天 我 会

6· 1 | 2 - | 2 3 5 | 3 2 | 1 - | 1 0 ‖
哪    里?   心 里 可  害 怕?
回    来,   打 扮 树  妈 妈!
```

《小树叶》是一首 AB 段式的歌曲,是富有情感和教育意义的音乐教材,是贴近幼儿生活的音乐素材。歌曲表现了两种不同的情感体验。歌曲的第一段主要讲树妈妈看到树叶娃娃们飘走了,心里很难过,音乐缓慢忧伤;第二段主要写小树叶变勇敢了,树妈妈很高兴。音乐欢快跳跃,与第一段的音乐形象形成了鲜明的对比,引起幼儿情感上的强烈共鸣,幼儿容易感受、理解和表达。

其次,歌词的内容、形象应是儿童比较熟悉和喜爱的、贴近幼儿生活的。从世界各国儿童喜爱的歌曲的内容看,动植物、自然现象、交通工具、身体的各个部分、人物、日常用具、节日活动等,都是儿童日常能接触到且感兴趣的内容。此外,儿童对一些押韵的句子、象声词,甚至一些无意义音节(如咕嘟咕嘟、啊呜啊呜等)的嗓音游戏也很感兴趣。而某些滑稽、幽默的事情由于能理解也觉得特别有趣。如歌曲《我爱我的小动物》。

音频:
《我爱我的小动物》

《我爱我的小动物》

```
1=C 2/4

5 6 5 4 | 3 1 | 2 1 2 3 | 5 - |
1.我 爱 我 的 小   狗,  小 狗 怎 样  叫?
2.我 爱 我 的 小   猫,  小 猫 怎 样  叫?
3.我 爱 我 的 小   鸡,  小 鸡 怎 样  叫?
```

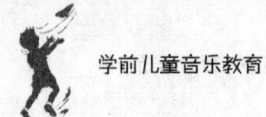

| 3 3 3 | 5 5 5 | 3 3 2 2 | 1 — ‖

"汪 汪 汪", "汪 汪 汪", "汪 汪 汪 汪 汪"。
"喵 喵 喵", "喵 喵 喵", "喵 喵 喵 喵 喵"。
"叽 叽 叽", "叽 叽 叽", "叽 叽 叽 叽 叽"。

一首简单的、朗朗上口的歌曲，由四段组成，每段都是一问一答的形式，虽然每一段描述的小动物不同，但是形式大致都相同，趣味性十足，十分贴切地表现了小动物们活泼可爱的样子和朝气蓬勃的幼儿园生活。

（二）结构简单、篇幅短小、层次清楚

歌词的结构应是简单、多重复的。结构简单是指句子中所含的词汇较少，语法结构较单纯；多重复主要是指句子与句子之间在长度、结构、节奏方面相同或相似，甚至在旋律、节奏和歌词方面有较多完全相同的地方。如歌曲《我有小手》。

音频：
《我有小手》

《我有小手》

1=F 4/4

| 5 1 3 53 | 5 4 40 | 5 7 2 42 | 4 3 30 |
我 有 小 手 拍 拍 拍 拍， 我 有 小 手 我 拍 拍 拍，

| 5 1 3 53 | 5 4 40 | 5 4 3 2 | 1 — — — ‖
我 有 小 手 我 拍 拍 拍， 我 有 小 手 我 拍。

像《我有小手》那样结构简单、多重复的歌词不但易于为儿童理解、记忆，而且也给儿童提供了更多自由编填新歌词的机会。如上述歌词可以改为：我有小手我捏捏捏；我有小手我敲敲敲等。

（三）内容易于用动作表现

学前儿童的活动总体上是不分化的，无论是说话还是歌唱，都常常以动作相伴随。而且学前儿童尚处在语言学习的早期阶段，以动作来辅助语言的理解和表达，是该阶段儿童学习语言的心理需要。另外，这种边唱边做动作的方法不仅有利于儿童记忆歌词、发展节奏感和提高动作的协调性，而且也能更好地帮助儿童表达情感。如歌曲《拉拉勾》。

音频：
《拉拉勾》

《拉拉勾》

陈镒康 词
汪 玲 曲

1=F 4/4

```
5 3 5 3 2 — | 3 1 5 3 2 — | 3 5 3 5 | 6 1 6 1 2 — |
你也 生气 了,   我也 生气 了,   不理 不睬,  不理 不 睬,

1 1 3 2 1 6 | 1 5 · 5 0 | 1 1 3 2 1 6 | 1 (0 5 6 5 6 5 |
小 嘴巴 往 上 翘   呀,    小 嘴巴 往 上 翘。

1 5 5 5 | 1 — 1 0) | 3 5 3 5 3 0 | 3 5 3 5 3 0 |
                       你伸 小指头,   我伸 小指头,

6 6 1 6 6 1 | 6 1 6 1 1 — | 1 1 1 3 2 1 6 |
拉拉 勾,  拉拉 勾,  拉 拉 勾,    我们 又做 好 朋

1 5 · 5 0 | 3 3 3 5 2 1 6 | 6 1 · 1 0 ||
友   呀,   我们 又做 好 朋  友   呀。
```

每位幼儿都有喜、怒、哀、乐等情绪体验,而且会发脾气。通过各种活动帮助幼儿控制不良情绪,使之懂得经常生气是一种不好的行为,而且不利于身体健康。拉拉勾在幼儿身边经常发生,幼儿有一定的经验感受,利用音乐的手段,幼儿边唱边做动作,充分感知和同伴友好相处是一件快乐幸福的事。

二、歌曲的曲调

为学前儿童选择的歌曲,其曲调一般应具有以下特点:

(一)音域符合不同年龄阶段的幼儿

音域是指一首歌曲中从低音到高音的范围。学前儿童只有在适合的音域内歌唱时,儿童才比较容易唱出自然优美的声音,也只有在适合的音域歌唱时,儿童才不容易"唱走音"。因此选择歌曲时一般不宜选择过高或过低的音,不应该选择音域过宽的作品。一般来讲,各年龄阶段的合适音域为 2~3 岁:$e^1 \sim g^1$;3~4 岁:$d^1 \sim a^1$;4~5 岁:$c^1 \sim a^1$;5~6 岁:$c^1 \sim c^2$。

总体上说,在集体教育情境中,所选歌曲的音域应当控制在上

音频：
《学做解放军》

述范围之内。但也要防止机械、绝对地处理音域问题。如有的歌曲音域较宽，但主要旋律在儿童最感舒适的音区内进行，偶尔有个别音超出这个范围，但它并不是长时值的音，也不是停留在强拍上的音，出现的次数也不太多，故也是适合儿童学唱的。如歌曲《学做解放军》。

《学做解放军》

1=D 2/4

杨 墨 词曲

3. 3 3 0 | 3. 2 1 0 | 3. 2 1 3 | 5 — | 3 5 3 |
敲 起 锣， 打 起 鼓， 吹 起 小 喇 叭， 排 好 了

6 5 | 2. 2 2 3 | 2 — | 1 1 1 5 1 | 3 — |
队 伍， 学 做 解 放 军。 哒哒 哒哒哒 嘀，

3 3 3 1 3 | 5 — | 3 5 3 | 6 6 5 | 2 2 2 2 3 | 1 — ‖
嘀嘀 嘀哒嘀 哒， 人 民 呀 解 放 军， 多呀么 多光 荣。

这首歌曲的音域为九度，但旋律主要在 1～5 之间进行，最高音和最低音出现的次数少，并位于弱拍，时值仅占 1/4 拍，因此若将这首歌曲定为 D 调，也还是适合中、大班幼儿学唱的。由此看来，对待歌曲的音域要作具体分析，不要简单化地仅看几度就决定哪个年龄班的儿童学唱。

选择歌曲的音域也一定会与选择歌曲的调高有关。教师还应该能够根据上述音域范围来为歌曲确定合适的调高。有些教师往往习惯于将音域在 3～5 度之内的歌曲全部定在 C 调上。实际上，这种处理往往是错误的。如歌曲《摇啊摇》。

音频：
《摇啊摇》

《摇啊摇》

1=E 4/4

韩德常 改词作曲

1 3 2 — | 1 3 2 — | 1 1 2 2 3 2 1 — | 3 — 2 — | 1 — — — ‖
摇 啊 摇， 摇 啊 摇， 我 的 娃 娃 要 睡 觉。
小 花 被， 盖 盖 好， 两 只 小 手 放 放 好。
摇 啊 摇， 摇 啊 摇， 我 的 娃 娃 睡 着 了。

该首歌曲只含有 do、re、mi 三个音，对于这首歌曲来说，最为合适的调应该是 E 调。而对于一首只含有 do、re、mi、fa、so 五个

音的歌曲来说，最为合适的调应该是 D 大调。

（二）节奏、节拍比较简单

节奏在这里作广义解，包含时值的长短关系、节拍和速度。

学前儿童一般不适合唱过于复杂的节奏。所选歌曲主要由二分音符、四分音符、八分音符等节奏组成，也可选择含有少量十六分音符、附点四分音符、附点八分音符、休止符甚至切分音节奏的歌曲。

在节奏上，3~4 岁的幼儿能够较容易掌握四分音符、八分音符，因为这些音符与他们生活中的节奏相似。4~5 岁的幼儿掌握节奏的能力有所提高，不仅可以掌握四分音符、八分音符，还能掌握二分音符，甚至带附点的音符。

在节拍上，3~4 岁的幼儿以二拍子和四拍子的歌曲为主，偶尔也可以选择一些三拍子的歌曲。4~5 岁的幼儿选择歌曲时，除了一般仍然以二拍子和四拍子的歌曲为主以外，可以开始较多地选择三拍子甚至六拍子的歌曲。5~6 岁之间，还可以适当选择一些含有弱拍起唱的歌曲。

在速度上，3~4 岁的幼儿选择歌曲时，一般来说用中速比较合适。4~5 岁的儿童比较容易兴奋，除了可以适当选择比较轻快活泼、速度稍快的歌曲以满足他们的需要以外，还应注意多选择一些安静柔美、速度稍慢的歌曲以陶冶他们的性情。5~6 岁的儿童已经开始有了一定的情感自控能力，控制发音器官、呼吸器官的能力也有了一定的进步。所以，这时可以为他们选择速度稍稍更快一点或更慢一点的歌曲，还可以为他们选择一些含有速度变化的歌曲，如明显的快慢对比及渐快渐慢，以适应他们歌唱表现能力发展的需要。

（三）结构短小工整

在结构上不宜过长。3~4 岁幼儿选择的歌曲，以含 2~4 个乐句为宜，总长度一般在 8 小节左右。4~6 岁的幼儿选择的歌曲，可含有 6~8 个乐句，总长度也可增至 16~20 小节。

在乐句上也不宜过长。二拍子或四拍子的歌曲一般以每句 4 拍为宜；三拍子的歌曲一般以每句 6 拍为宜。5~6 岁的儿童在速度较快的情况下，偶尔也可以唱含稍长句子的歌曲。但总的来讲，为学前儿童所选歌曲的结构还是以短小为宜。

在结构上不宜复杂。3~4 岁儿童选择的歌曲，大多应结构比较

工整。乐句与乐句之间，在长度上是相等的，在节奏上是相同或相似的。而且一般应该是没有间奏、尾奏等附加等成分。为5~6岁儿童选择歌曲，已经可以有间奏和尾奏，而且偶尔也可以唱一些不工整的乐句，但总体上还是应以工整为宜。3~4岁的儿童所唱的歌曲，大多数应为一段体或一段体的分节歌。5~6岁儿童偶尔也可以唱一些简单的两段体或三段体的歌曲，但总体还是应以一段体为主。

（四）旋律较平稳

学前儿童一般不适合唱旋律起伏太大的歌曲。他们比较容易掌握的是三度和三度以下的音程，同音重复也包括在内。因此，在为学前儿童选择歌曲时，宜多选旋律比较平稳的歌曲。三度以上的跳进可以使旋律更加生动活泼，有一点跳进也可以使儿童逐步适应音程的跳进。但总的原则还是：跳进不宜过多，跳进的跨度不宜过大，特别不宜有连续的大音程跳进，应注意多选以五声音阶为骨干的旋律。

三、歌唱的表现形式

学前儿童歌唱的形式有独唱、齐唱、接唱、对唱、领唱齐唱、轮唱、合唱、歌表演。

1. 独唱

由一个人演唱的形式叫独唱。

2. 齐唱

齐唱是指一个歌唱集体，大家都唱同一个旋律。

3. 接唱

包括个人对个人的接唱、个人对小组的接唱以及小组对小组的接唱。常见的形式是半句半句的接唱或一句一句的接唱。

4. 对唱

形式上与接唱类似，内容上更强调问答式的呼应。包括个人对个人、个人对小组（或集体）、小组与小组之间的问答式的歌唱。

5. 领唱齐唱

一个人或几个人演唱歌曲中比较主要的部分，集体演唱歌曲中配合的部分。

6. 轮唱

两个小组（声部）一先一后按一定间隔开始演唱同一首歌曲。

7. 合唱

包括一个声部用哼鸣的方式演唱旋律，另一个声部按相同的节奏朗诵歌词；一个声部唱歌词，另一个声部用相同旋律唱衬词；一个声部唱歌词，另一个声部在第一个声部休止或延长处用拟音演唱填充式的词曲；一个声部唱歌词，另一个声部演唱固定音型式的词曲或延长音；两个声部同时演唱两首相互和谐的歌曲等。

8. 歌表演

一边歌唱一边做身体动作表演。这些身体动作表演可以是有明确节奏的，也可以是没有明确节奏的；可以是表现歌词内容的，也可以是表现歌曲情绪的或仅仅表现某种与歌曲相配合的节奏的；可以是有空间移动的，也可以是在原地站着或坐着做的；可以是手、脚配合或全身配合来做的，也可以只用手或脚甚至其他某个单一的声部部位来做的。

四、歌唱活动设计

（一）导入部分

1. 动作导入

主要适合于歌词内容直接描述动作过程的或比较富于动作性的歌曲。如歌曲《头发肩膀膝盖脚》，可以直接展示动作或者利用动作游戏进行模仿。在活动开始时，可以和幼儿玩"我说你指"的动作游戏，教师针对歌词提出游戏的玩法，说到身体的某一部位，小朋友听指令摸到该部位。在幼儿熟悉玩法后，教师加快速度，然后按照歌词的顺序发指令，幼儿逐渐发现歌词的重复性。最后教师以歌唱的形式发出指令，幼儿在有趣的动作游戏中，理解并掌握歌词，激发幼儿学唱歌曲的兴趣。

音频：
《头发肩膀膝盖脚》
《属相歌》

2. 谈话导入

教师可以谈话的方式导入音乐活动，通过提一些幼儿熟悉的问题，使他们产生亲切感和求知欲，从而把幼儿的注意力吸引到音乐活动的内容与情境中去。例如为激发幼儿学习歌曲《属相歌》的兴趣，教师可以先问幼儿什么叫属相等问题，幼儿五花八门地回答完之后，教师抛出主题，并告诉幼儿属相都有哪些，它们是如何排序的。简短而风趣的对话，总是能够激发幼儿学习新歌的欲望，同时扩大他们的视野，为学习新歌奠定良好的基础。

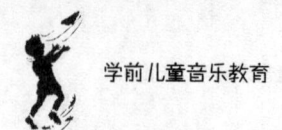

音频:
《礼貌歌》
《风爷爷》
《我是草原小牧民》
《小雨沙沙》

3. 故事讲述导入

该模式的适应范围主要是这样一些歌曲：歌词含有相对完整的故事情节，表述的内容和语言结构也都较前几种复杂，如通常会含有难以用动作来表现的时间、地点以及环境描述、情节发展和人物对话等。具体做法是：围绕歌词内容讲述故事，不要过于添加情节，以免喧宾夺主。讲述时可以由教师讲述，也可以教师与儿童一起讲述。为了帮助儿童弄清和记住歌词，必要时还可以配上图片和活动的图景。如大班歌曲《礼貌歌》。教师根据歌词出示相应图片并讲解故事："那天我从你门前过，你正提着水桶往外泼，泼在我的皮鞋上，路上的行人笑得咯咯咯。"提问故事里发生了什么事。通过故事讲述导入，幼儿更好地理解并记忆歌词，体验歌曲中人物的心情变化，为下面有感情地演唱奠定基础。

4. 游戏导入

游戏是幼儿活动的基本形式，在游戏中学习，幼儿往往学得更愉快、更轻松。因此，我们根据音乐作品的内容设计有趣的游戏，制订出与音乐内容相符合的游戏规则，让幼儿在游戏中了解音乐内容，在游戏中学习音乐作品。如中班歌曲《风爷爷》表现了：风爷爷生气时，刮出很大的风，把小树宝宝都刮倒了；风爷爷高兴时，吹轻轻的微风，小树宝宝们随风摇摆起舞。教这首歌曲时我们采用游戏导入，幼儿扮演小树宝宝，教师扮演风爷爷，在游戏中，幼儿反复熟悉歌曲旋律，理解歌曲的内容，自然滋生学唱的愿望。

5. 直观形象导入

用生动的视频或图画导入音乐活动，能给幼儿强烈的视觉冲击，增强教学的直观效果，激发幼儿学习兴趣，更好地培养幼儿的观察力和想象力。如学习新歌《我是草原小牧民》时，教师可以让幼儿观看蒙古大草原美丽的景色和草原人民丰富多彩的生活画面。幼儿会自然地赞叹蒙古民族精湛的乐器演奏与优美的舞蹈表演，从而产生学唱这首具有鲜明的蒙古族特色的新歌的兴趣。

6. 谜语导入

谜语生动形象，是幼儿喜闻乐见的一种语言游戏。用猜谜语的方式导入，不但有利于引起幼儿的浓厚兴趣，同时也能锻炼幼儿的思维能力。如在学习新歌《小雨沙沙》前，教师可以先让幼儿猜一猜"千根线来万根线，颗颗珍珠线上串，看得见来摸得着，掉在地上却不见"这条谜语的谜底，让幼儿鲜明、准确、形象地感知歌唱内容，增进对歌曲内容的理解。

7. 表演导入

利用幼儿好奇爱动的特点，教师可以设计一些肢体表演动作，让幼儿提前感受所学音乐作品的旋律，往往可以有效激发幼儿音乐学习的兴趣与热情。如在学习歌曲《粉刷匠》时，教师可以用逼真的动作，伴随活泼的旋律，以哑剧表演的方式，让幼儿猜教师在做什么。如此生动有趣的表演不仅会让幼儿主动为教师喝彩，更会激发起他们跟着教师一起边表演边学唱的兴趣。

8. 节奏导入

节奏是音乐的灵魂。以歌曲《小雨点》为例，其最有特点的节奏为切分音，因此在导入这首音乐作品时，可以让幼儿先听辨这一节奏型，并加以拍击。在随着音乐拍一拍的过程中，幼儿会很快掌握这一最典型的节奏，从而不仅增强无意注意的能力，而且增加学习音乐的成就感与自信心。

除以上策略外，教师还可以根据实际需要设计更具创意、更精彩的导入，关键是导入方式应始终与主题相得益彰，并适合幼儿的年龄特点与欣赏水平。

音频：
《粉刷匠》
《小雨点》

二、活动过程

（一）优美范唱

在歌唱活动中，传递歌曲信息的第一使者是教师，让幼儿从整体上认识歌曲的也是教师。每首歌曲都有各自所要表达的不同内容和情感，教师要按照歌曲的情感要求、风格特点进行有感情地范唱，引起幼儿的情感共鸣，让幼儿从听觉上感受美，保持对音乐的热情，激发幼儿的音乐情绪。如歌曲《拉拉勾》。教学中通过教师的范唱，展示丰富的表情，优美的旋律以及有感情的对比演唱，让幼儿体会到生气对人不好，发生矛盾了应如何解决，同伴间应和睦相处。使幼儿对歌曲的艺术形象有一个较完整的了解，从而激发幼儿学唱歌曲、表演的欲望。

（二）图谱辅助

图谱教学在歌唱活动中的运用是一种视觉参与，它更具体、更形象地展现歌曲的结构、内容，帮助幼儿理解、熟悉、记忆歌词。在歌唱活动中，有时会发现幼儿会唱歌曲的曲调，但记不住歌词。

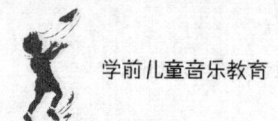

教师可以把歌词内容以图谱的形式呈现，让幼儿观察图谱，在理解图谱内容的基础上去记忆歌词。如中班歌唱活动《买菜》。教师把乐句所表达的含义制作成图谱。在范唱前提出要求，请幼儿仔细听，范唱完后提问，歌曲中唱到什么？根据幼儿的回答逐一出示图谱，帮幼儿记忆歌词，学唱歌曲。再者，在歌唱活动中有时会采用领唱、轮唱、对唱等多种形式进行练习，图谱就可以轻而易举地告诉幼儿哪部分是自己唱的。

音频：
《买菜》
《小蛋壳》

（三）肢体语言

教师用肢体动作帮助幼儿理解、记忆歌词，进一步感受歌曲的美。例如大班歌唱活动《欢乐颂》。每一句都能用肢体动作表现，幼儿一看到教师的动作便能想到相应的歌词，幼儿边唱边做动作，使课堂气氛更活跃，幼儿学得更快乐。又如，在学唱《健康歌》这类轻快活泼的歌曲时，教师通过欢快的笑脸和眼神，激起小朋友的内在情感，并和教师的情感相融合，有表情地进行唱歌和随音乐节奏去进行律动表演，这样便能收到较好的教学效果。

（四）经验迁移

经验迁移是指幼儿把自己的已有经验迁移到现在的活动中。例如，中班歌唱活动《小蛋壳》。当幼儿学唱歌曲后教师提问：还有哪些小动物也是从蛋壳里出来的？出来后会干嘛？怎么叫呢？把幼儿的回答编进歌里来，告诉幼儿曲调不变，替换歌词。这种方法能引导幼儿回忆已有的经验，有目的地进行思考，启发幼儿积极思考，大大地激发了幼儿寻找答案的积极性。

（五）游戏情境

边唱边玩是幼儿最喜爱的一种游戏形式。在愉快的歌唱游戏中，幼儿不仅提高了自己的歌唱能力以及对音乐的感受、理解和表达能力，更使幼儿的身心得到了陶冶。对于一些活动，我们可以设计一些游戏，让幼儿在游戏中歌唱。例如《买菜》这一歌唱活动，我们就可以在活动室布置一个简单的菜市场，给每位幼儿一个小篮子，等学会歌曲后让幼儿边唱歌边去菜市场买菜，既复习了歌曲，又增加了幼儿的兴趣，使活动得以延伸。

（六）融入生活

幼儿在歌唱时的情绪、情感是整个歌唱活动中的灵魂，对培养幼儿的内心情感有着非常重要的意义。教师在歌唱活动中应更多地关注幼儿的音乐情绪，利用不同的方法激发幼儿的音乐情绪，要尽量让幼儿体验快乐，让他们在日常活动中也能体现出来。比如我们在活动室创设一些音乐角、小舞台，举办"小小音乐会"等活动，让幼儿进行比较自由的个别、小组的音乐活动，这样给不同能力的幼儿提供了不同的表现机会，不仅能调动幼儿学习歌曲的积极性，也能让幼儿在歌唱活动中更好地掌握这方面的知识和技能，同时也培养了他们对音乐的感受力、记忆力、理解力、想象力和表现力，提高了他们的音乐素质。

案例分析

中班歌唱活动《奇妙的色彩》

一、设计意图

音乐的魅力无穷无尽，幼儿在音乐的感染下能陶冶性情，对美好事物有良好感情，对生活无限热爱，并能逐步建立起健康的审美观点。歌唱带给幼儿的感觉应该是轻松、快乐。教师尝试带领幼儿在游戏中学习音乐，让幼儿在音乐活动中找到乐趣，让幼儿在完全放松、心情愉快的氛围中进行学习。

歌曲《奇妙的色彩》是一首来自奥尔夫音乐的歌曲。这首歌曲儿童化，节奏清晰，歌词通俗易懂，贴近生活，并能将身体参与，好学好唱还好玩。根据中班幼儿的特点和现状，教师把歌曲改为了中文版，重新录制。

音频：
《奇妙的色彩》

二、活动目标

根据对教材的分析以及中班幼儿的年龄特点，制订了以下三条活动目标：

1. 在游戏中充分感受音乐，体验歌曲活泼欢快的情趣。

2. 学唱歌曲，用动作大胆表现歌曲内容，进一步提高音乐的表现力。

3. 对歌唱活动感兴趣，体验与同伴歌唱并游戏的快乐。

三、活动准备

音乐、钢琴伴奏、红黄蓝绿色卡、四种颜色彩带12根、动作卡片。

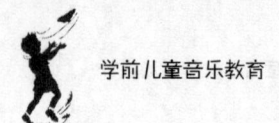

四、教法学法

如何在歌唱活动中发挥幼儿的主体性，使枯燥平淡的歌唱教学变得生动活泼和富有儿童情趣，是教师要考虑的重要问题。作为歌唱活动，教师除了用柔美的声音、饱满的情绪感染幼儿外，还得运用多种教学方法。本活动意在打破传统单一教学模式，通过师幼互动，运用形象生动的音乐图谱、以游戏、鼓励、赏识的方法来调动幼儿积极性、主动性和创造性，使幼儿愉快地投入到整个活动中。

1. 图谱教学法

这个年龄段的幼儿思维具有明显的具体形象性特点，属于典型的具体形象性思维。从幼儿认识事物的特点和语言本身特点来看，在幼儿园音乐教育中贯彻直观性原则非常重要。以看图谱上形象的图案的形式直接刺激幼儿的视听器官，能使教学由难变易，活动开展得生动活泼，激发幼儿学习的兴趣。

2. 游戏法

游戏源自儿童内在生命的冲动，是一种与本能连在一起的活动，是儿童生命展开的重要方式，游戏是儿童的生活，是儿童基本活动形式。让幼儿在游戏中得到发展，有所收获，在这个活动中教师用游戏贯彻始终。从一开始的魔术变变变，到幼儿找自己身上的颜色唱一唱，再到放烟花表演唱。在游戏中幼儿不知不觉掌握歌词，学唱了歌曲，并大胆表现自我。

3. 提问法

提问引导幼儿有目的地、仔细地观察，启发幼儿积极思维。教师运用启发性提问让幼儿将自身与歌曲联系在一起，是解决活动重点和难点的有效方法。

五、活动过程

1. 魔术变变变：有节奏说出喜欢的颜色

（1）出示彩色图片

小朋友们看看这是什么？

你喜欢其中的什么颜色？

（2）魔术变变变

老师也有喜欢的颜色。现在我要把我喜欢的颜色变出来。仔细听一听，我是怎么将颜色变出来的哦。

我变出了什么颜色？

如果你喜欢红色，就请你站起来。

（3）集体说出喜欢的颜色

提问：我是怎么变出来的？说了什么？

你想把你喜欢的颜色变出来吗？你喜欢什么颜色？

（4）个别幼儿尝试说出喜欢的颜色

2. 在听听、玩玩中学唱歌曲

（1）完整欣赏歌曲

好看的颜色不仅藏在我的手心里，还藏在一首歌里呢。

仔细听一听，歌里都唱了什么？有哪些颜色？他们在干什么？

提问：听到了什么？他们在干什么？

（2）学说歌词

现在让我们跟着音乐完整地说一说。准备好了吗？

（3）幼儿根据衣服颜色边唱边做动作

我们小朋友穿的衣服上也有好多颜色，找一找有没有红黄蓝绿这四种颜色？你找到了什么颜色？

（4）完整唱

现在我们来完整地唱一唱，只要你身上有这个颜色都可以站起来唱，没有这个颜色的小朋友就坐在椅子上唱。

（5）看情况再次唱

3. 表演唱

（1）彩带舞动

现在我们要用彩带做游戏。唱到你彩带的颜色，就请你站中间表演唱。听清楚了吗？

（2）交换颜色并分组唱

找个朋友交换手中的颜色。

请相同颜色的小朋友站在一起，排排队。

刚刚我们都是一起唱的对吗？这次我们要变一变。

你手中是什么颜色就唱什么颜色。

六、教学反思及延伸

本次活动改变了传统的教学模式，创造一个宽松、和谐、愉悦的氛围，提高了这次音乐活动的质量。让幼儿享受了音乐带来的快乐，促进了幼儿对音乐的体验与感受，提高了幼儿感受美和表现美的能力。在游戏中，幼儿能够尽快掌握歌曲内容，并大胆表现自己。因为时间有限，本次活动重在学唱歌曲。接下来可以进行歌曲创编，将不同的颜色带入歌曲，或是将动作部分进行创编并表演。

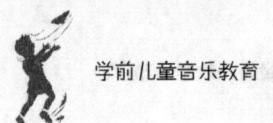

> **教学范例**

小班幼儿歌唱游戏《划船歌》

一、活动目标

1. 学会歌曲，在有伴奏的情况下独立歌唱。
2. 能够运用正确的姿势、自然舒适的声音歌唱。
3. 能够做到旋律流畅，音准、节奏大致准确，歌词表达基本清楚。
4. 能大体理解歌曲意境，有感情地歌唱。
5. 能够在教师的引导下，尝试创作新的歌词，发展创造力。

音频：
《划船歌》

二、歌曲选择

《划船歌》（中国音乐学院少儿声乐 1 级水平）。

这首儿歌是西班牙民歌，旋律简单且优美流畅，在很多初级钢琴教材中也经常被选用。音域为$c^1 \sim g^1$，比较适合幼儿园小班幼儿。全曲按照起承转合，由四个乐句构成，旋律以二度、三度进行为主，没有音级的大跳。拍号为2/4拍，节奏遵循2/4的节拍特征"强 弱｜强 弱｜……"进行，这与幼儿生活中走路的节奏一致，比较利于幼儿理解和表现的节拍强弱关系。节奏型比较简单，出现了八分音符、四分音符、二分音符。

三、活动准备

音乐《划船歌》；小船、划船相关的图片和视频。

四、活动过程

1. 故事导入

教师出示一张关于划船的图片，引起学生兴趣。

教师："小朋友们，你们谁知道这张图片上，小朋友们在做什么吗？（等待幼儿回答）你们有谁划过船？今天啊，老师要给大家讲一个划小船的故事。"

故事内容：小明和小亮是一对好朋友，有一天他们一起到河上去划船，这一天的天气风和日丽特别适合划船。小船在河里不断地前行，遇到顺流小明和小亮就划得很轻松，遇到逆流小明和小亮就划得很吃力。下面让我们听听他们是如何划船的。

2. 播放歌曲

（1）教师播放一遍音乐

教师："小朋友们，你们听没听到小明和小亮划船玩得开不开心啊？"

幼儿纷纷回答："开心。"

教师："歌曲哪里唱到他们开心的？"

幼儿："我们多欢喜……"

教师："很好，小朋友们听得真仔细，我们再来听一遍。听完这一遍，请大家回答一个问题，小明和小亮在划船的同时，还做了什么事情？"

幼儿："唱歌。"

教师："非常好，下面就让我们来学习一下这一首关于划船的、快乐的歌。"

3. 教唱歌曲

教师："小朋友们，大家听一下第一句的节奏是怎么样的。"

教师分段播放歌曲，第一段多播放几遍，方便学生模仿记忆。

教师:"有谁能把歌词的节奏先说出来?"

幼儿:"划小 船 | 划小 船 | 我们 大家 | 多欢 乐。"

教师:"非常好,老师把这一句的节奏型写下来。"

教师板书节奏型:× × × | × × × | × × × × | × × × 。

教师带领学生按照节奏反复朗读歌词,熟悉后加上音高歌唱。

教师:"小朋友们,大家听一下第二句的节奏是怎么样的。"

教师分段播放歌曲。

教师:"有谁能把歌词的节奏先说出来?"

幼儿:"你也划 | 我也划 | 浪花 多晶 | 莹—。"

教师:"非常好,老师把这一句的节奏型也写下来。"

教师板书节奏型:× × × | × × × | × × × × | × - 。

教师带领学生按照节奏反复朗读歌词,熟悉后加上音高歌唱。

教师:"小朋友们,大家听一下第三句的节奏是怎么样的。"

教师分段播放歌曲。

教师:"有谁能把歌词的节奏说出来?"

幼儿:"微风 阵阵 | 吹过 来 | 伴随 我们 | 在歌 唱。"

教师:"非常好,老师把这一句的节奏型下来。"

教师板书节奏型:× × × × | × × × | × × × × | × × × 。

教师带领学生按照节奏反复朗读歌词,熟悉后加上音高歌唱。

教师:"小朋友们,大家听一下第四句的节奏是怎么样的。"

教师分段播放歌曲。

教师:"有谁能把歌词的节奏说出来?"

幼儿:"你也唱 | 我也唱 | 歌声在荡 | 漾—。"

教师:"非常好,老师把这一句的节奏型下来。"

教师板书节奏型:× × × | × × × | × × × × | × - 。

教师带领学生按照节奏反复朗读歌词,熟悉后加上音高歌唱。

4. 结尾

今天小朋友们学习了一首关于划船的歌,以后大家有机会和家长出去划船的时候不要忘了在别人面前展示一下这首歌。到时候大家一定也能像小明和小亮一样快快乐乐的。

五、活动建议

幼儿园小班的幼儿,在歌唱中发声,主要是追求一种"放松、自然"的声音,教师可以做一些关于哼鸣和呼吸支持的练习,但不宜过于形式化,最好能在游戏中融合。此外,歌唱声音方面要避免幼儿无度的喊叫,引导幼儿保持正确姿势,运用自然的声音歌唱。

中班幼儿歌唱《娃哈哈》

一、活动目标

教师在上课过程中,可以适当加入练声音阶和母音转换,提高幼儿歌唱表现力。幼儿能够准确地演唱音准和节奏,了解不同时值音符之间的关系,熟悉典型的节奏型。对于不同风格、地域的歌曲能够进行有区别地表现。

二、歌曲选择

《娃哈哈》(中国音乐学院少儿声乐2级水平)。

《娃哈哈》

维吾尔族民歌
石　夫　记谱、编词

1=F 2/4

| 6 3 3 3 3 | 4 4 6 3 | 2 2 2 2 1 | 2 2 3 6 |
1.我们的祖国　　是花　园,　　花园里花朵　　真鲜　艳,
2.大姐姐你呀　　赶快　来,　　小弟弟你也　　莫躲　开,

| 2 2 2 2 6 7 | 2 1 1 1 7 6 | 7 7 7 7 2 1 7 | 6 6 6 |
温暖的阳光　　照耀着我们,　　每个人脸上都　　笑开　颜,
手拉着手呀　　唱起那歌儿,　　我们的生活　　多愉　快,

| 2 2 2 6 7 | 1 1 1 7 6 | 7 7 7 7 2 1 7 | 6 6 6 |
娃哈　哈!　　娃哈　哈!　　每个人脸上都　　笑开　颜。
娃哈　哈!　　娃哈　哈!　　我们的生活　　多愉　快。

这是一首维吾尔族的民歌,具有典型的维吾尔族风格特征。维吾尔族音乐体裁多样,表演形式各异,东部新疆因为与中原接触较多,音乐受汉族音乐影响,民族五声、六声调式比较普遍。《娃哈哈》采用的是民族六声调式,旋律上具有典型的维吾尔族音乐特征,跳跃较多,音乐形象比较活泼。

三、活动准备

与鲜花、花园有关的图片;音频资料。

四、活动过程

1. 故事导入

教师:"小朋友们,我们伟大的祖国美不美呀?"

幼儿:"美!"

教师:"谁能告诉我,祖国为什么美,里面有什么?"

幼儿:"森林、草地、房子、鲜花……"

教师:"很好,小朋友的答案很多,老师听到有小朋友说,我们的祖国里因为有鲜花,所以很美。那么,教师问一下,祖国里面有很多鲜花,祖国是不是就像一个大花园?"

幼儿:"是。"

教师:"好的,下面教师就给小朋友讲一个关于祖国花园的故事"。

故事内容:在我们伟大的祖国生活着很多的小朋友,他们一起生活、一起学习、一起玩耍,他们一个个都很快乐,下面让我们一起听一听,他们是如何快乐的生活的。

播放歌曲。

教师:"小朋友们,请大家听一听歌曲里面出现了哪些人物?"(播放音乐)

2. 教唱歌曲

播放第一段(可以多播放几遍,照顾到所有小朋友)。

教师:"请小朋友们跟着教师一起读歌词。"

我们的 祖国 | 是花 ~ 园 | 花园里 花朵 | 真鲜 ~ 艳 |①

让幼儿跟着教师的节奏,反复朗读歌词,有不认识的字教师帮助幼儿拼读。

教师板书: X XX X X | X XX X | X XX X X | X XX X |

在歌词节奏读熟练后,教师引导学生进一步掌握节奏型,讲明不同时值音符的长短关系。

播放第二段(多播放几遍,照顾到所有小朋友)。

教师:"请小朋友们跟着教师一起读歌词。"

和暖的 阳光 ~ | 照耀着 我们 ~ | 每个人 脸 ~ 上都 | 笑看 颜 |

让幼儿跟着教师的节奏,反复朗读歌词,有不认识的字教师帮助幼儿拼读。

---

① "~"表示前面歌词的延续,下同。

教师板书：X XX X XX | X XX X XX | X XX XXXX | X X X |

在歌词节奏读熟练后，教师引导学生进一步掌握节奏型，讲明不同时值音符的长短关系。

播放第三段（多播放几遍，照顾到所有小朋友）。

教师："请小朋友们跟着教师一起读歌词。"

娃哈 哈~~ | 娃哈 哈~~ | 每个人脸~上都 | 笑看 颜 |

让幼儿跟着教师的节奏，反复朗读歌词，有不认识的字教师帮助幼儿拼读。

教师板书：X X X XX | X X XX | X XX XXXX | X X X |

在歌词节奏读熟练后，教师引导学生进一步掌握节奏型，讲明不同时值音符的长短关系。

3. 结尾

今天大家学习了一首关于花园与花朵的歌曲，歌曲里面充满了鲜花、阳光与快乐，请大家回到家里给爸爸妈妈唱一唱这首歌，让他们也来分享这种快乐。

五、活动建议

幼儿园中班的幼儿，在歌唱中发声，也要追求一种"放松、自然"的声音，只不过这个阶段随着幼儿身体和智力的发育，他们已经能初步理解教师讲授发声方法的意图，并愿意配合，进而通过模仿进行练习了。这个阶段，教师要更加注意给幼儿一个正确的声音概念，不能无视他们胡乱喊叫、损害嗓音。

大班幼儿歌唱活动《春晓》

一、活动目标

1. 大班幼儿能够以正确的姿势歌唱，对于歌唱发声方法，要具备一定的表现力。

2. 大班幼儿歌词发音和音域限制较少了，要能够对歌词和音准准确表达。

3. 大班幼儿对节奏的理解要能做到准确模仿和表达。

4. 大班幼儿对歌曲风格、情绪的表达要准确。

5. 大班幼儿对独自歌唱的掌握，已经难度不大了，他们能够跟着伴奏歌唱，这一阶段要引入齐唱、领唱、对唱和简单的两声部合唱，让幼儿能够体会、理解多种形式的歌唱效果，并尝试表现出来。

音频：
《春晓》

二、歌曲选择

《春晓》(中国音乐学院少儿声乐2级水平)。

这首儿歌是著名作曲家谷建芬教师在唐朝诗人孟浩然的著名古诗《春晓》的基础上谱曲而成的。歌曲旋律明快，节奏活泼富于动感，全然没有吟诗般的拖沓迟缓反而生动活泼，比较适合儿童演唱。全曲一共分为三部分，第一部分是四句诗，"春眠不觉晓，处处闻啼鸟。夜来风雨声，花落知多少。"第二部分是八小节的二声部合唱，两个声部主要是一、三度关系，音响色彩饱满丰富，富于变化。第三部分是第一部分的再现，最后以最后一句诗的变化再现作为结束。歌曲采用 4/4 拍，1⇒E，节奏上出现了附点节奏和休止符。旋律上带有装饰音。此外，还有"跳音、上滑音"标记。在讲解乐谱时，教师需要简单讲解一下。

三、活动准备

古诗《春晓》的图片；歌曲音频。

四、活动过程

1. 古诗导入

教师拿出《春晓》的图片，对幼儿进行展示，并吟诵诗词。

教师："《春晓》是唐代著名诗人孟浩然的佳作。第一句"春眠不觉晓"的意思是：春天睡觉不知不觉天就亮了；第二句"处处闻啼鸟"的意思是：到处都可以听到不同的鸟鸣声；第三句"夜来风雨声"的意思是：昨天夜里听到阵阵风雨的声响；第四句"花落知多少"的意思是：不知道花瓣被风雨打落。全诗生动地描绘了一个春天的清晨，作者推开窗户，闻着清新的空气，听着阵阵鸟啼，那种愉快舒适、心旷神怡的感情。"

2. 播放歌曲（教师分段多次播放）

教师："小朋友们，下面就请大家听一听，作曲家是如何神奇地通过歌曲形式把这首古诗表现出来的。"（先总体播放一遍）

教师："小朋友们，大家看一下乐谱，上面有一些符号，教师先来解释一下……"（此处简单解释一下跳音记号、上滑音记号、前倚音记号、休止符等的用法）

3. 教唱歌曲

教师："通过对乐谱的学习，大家知道了这首歌曲还是比较复杂的，也是具有一定难度的，大家有没有信心把它学会？"

幼儿："有！"

教师："好的，那我们先学第一句"

……

教师分段把第一部分教会。

教师:"非常好,小朋友们这么快就把第一段学会了,第二段是两个声部的合唱,也是全曲真正的难点。"

教师把学生简单分成两组,分别教会两个声部。

教师:"下面,我们再来学习第三段。第三段是第一段的再现,只是在结尾处旋律有所变化。"

教师把第三段结尾处的不同首先指出来,提醒幼儿注意。

4. 结尾

教师:"小朋友们,今天我们学习《春晓》这首歌曲,这首歌曲不同于我们小班和中班学习的歌曲,它其中包含了两声部合唱部分,也可以说《春晓》是一首简单的二声部合唱曲。合唱不同于独唱,合唱的时候大家要学会用声音与他人合作,不能胆小不敢表现,也不能和别人在音量上面争强好胜。和谐统一,井然有序,是合唱与独唱的区别。希望大家能在练习合唱的同时,学会与他人的和谐相处。"

五、活动建议

这首歌曲的重点与难点,是第二段的两声部合唱部分,虽然比较简单,但是这是幼儿接触多种组合歌唱的开始,他们会出现找不着调、跟着别的声部跑调、不敢唱、大声喊叫把别的声部压下去等问题。教师在这一部分训练时,要有足够的耐心和科学合理的方法,引导学生去体会不同歌唱形式的魅力。这种组合形式的歌唱,要做到音准、节奏准确无误,声部间音色、音量和谐统一,歌唱动作表情整齐一致。

真题链接

选择一首歌曲,尝试为某一年龄阶段的幼儿设计一个具有游戏性的集体歌唱教学活动。要求格式规范。先全班进行,再分小组进行,最后在幼儿园实施。活动后针对歌唱活动的材料准备、活动目标的设置、活动结构设计、活动教学法的运用等各个方面进行反思。

第六章 学前儿童音乐教学活动设计

拓展链接

1. 大班歌唱活动《有爱就有家》（执教者：陈宴）

该活动设计中，教师没有用过于趣味或情境的形式来吸引幼儿，而是用了比较简洁的话语让任务直接呈现，引导幼儿反复欣赏和倾听，活动中更关注幼儿对音乐的感受和表现，幼儿的真情融入和真情表现。

教学视频

2. 大班歌唱活动《美梦成真》（执教者：陈宴）

该活动在几次不同程度的倾听让幼儿听清歌词的同时，不断熟悉旋律，然后自然而然地引导幼儿演唱歌曲。在此基础上，再通过引导幼儿发现规律、找特点的方法，让幼儿发现歌词编写特点，然后引导幼儿填词演唱，最后到完整地表现和表达。

第三节 韵律活动的设计

情境导入

韵律活动是音乐和动作相结合的活动，动作使音乐内容直观化、造型化，使音乐的速度、力度具体化。对于幼儿而言，这个年龄段身体的协调、身心的敏锐反应以及表现，都适宜结合动作进行节奏训练。进行系统的动作节奏训练能够帮助幼儿准确把握音乐的内容，对于幼儿的身体协调能力、身体素质等的提高都将有帮助。

一、韵律活动的材料准备

（一）音乐

音乐是韵律活动的灵魂，动听的旋律、活泼的节奏对幼儿具有强烈的感染力和吸引力。活泼愉快的音乐会使幼儿产生欢快的情绪，

195

雄壮有力的音乐能激发幼儿奋发向上的精神，抒情优美的音乐能培养幼儿安详恬静的性格，诙谐幽默的音乐会使幼儿性格更加开朗。在幼儿园韵律活动中，要为幼儿提供轻松、活泼、愉快的音乐环境，让幼儿通过做有规律的身体动作、表情来感受音乐、理解音乐、表现音乐，从而进一步提高学习音乐的兴趣，进行音乐素质培养。

1. 贴近幼儿生活的音乐

音乐必须节奏鲜明、旋律简单，可以是幼儿喜欢的、平时在哼唱的音乐，也可以是幼儿耳熟能详的生活中的音乐。如《健康歌》，很多幼儿都会唱，很喜欢歌曲中的形象和韵律活动，我们可以选择这样具有亲和力、幼儿又喜欢的音乐作为韵律活动的音乐素材。又如生活中，我们可以带幼儿午后散步，也可选择《秋叶》《可爱的太阳》等作为韵律活动素材。这些素材来源于幼儿的生活及周围熟悉的环境，更容易被幼儿喜欢和理解。

音频：
《秋叶》
《可爱的太阳》

2. 符合幼儿年龄特点的音乐

随着儿童的不断成长，喜爱的音乐风格和样式也在不断变化。在幼儿的律动训练中，一般会选音乐节奏鲜明的音乐，这样可以较好地让幼儿掌握节奏的规律和强弱拍。

0~3岁阶段：以选择轻松愉快、较柔和的音乐为主，风格上可以比较随意，最好多选经典性的音乐作品。例如《摇篮曲》，幼儿从出生，最常听到的就是妈妈哄自己睡觉时所唱的摇篮曲，轻松舒缓的音乐风格，让幼儿自然而然地随之摆动，再让他抱着一个布娃娃，他就真的可以按照音乐的节奏拍娃娃睡觉了。

3~4岁阶段：可逐步加大儿童音乐和一般中国风格音乐的比例，让幼儿有充分的机会对这些类型的音乐获得熟悉和喜爱的感觉。如小班律动《刷牙歌》，幼儿在音乐的伴奏下，根据音乐的性质、节拍、速度等变化，模仿和学会刷牙的基本律动，挤牙膏端起水，张开小嘴左刷刷右刷刷，上刷刷下刷刷，里刷刷外刷刷，在欢快的音乐情绪中体验刷牙的乐趣。

4~5岁阶段：特别是在中班后期，可逐步加入具有明显民族个性的、不同风格的中国音乐。例如《牧童短笛》，该作品为ABA结构，A段休闲，B段欢快。为了引起幼儿的兴趣，选择游戏的方式进行，让幼儿联系原有生活经验，将生活劳作时的动作进行舞蹈化，自然而然幼儿就成了律动的创编者，整个活动就显得较为轻松。

5~6岁阶段：具有明显地域、民族个性的异国风格的音乐，以及情绪健康向上、刺激适度的少量成人音乐都可以成为韵律活动的音乐选材对象。如在许卓娅教师的韵律活动研究中就采用了许多有代表性的音乐，有国内的也有国外的。如：中国成人舞蹈音乐《红绸舞》的片段，中国轻音乐《赶花会》，外国轻音乐《单簧管波尔卡》、《特快列车波尔卡》、《口哨与小狗》，外国芭蕾舞曲片段《拨弦》、《西班牙斗牛舞》……这类音乐结构清晰，便于根据教学的需要节选和重组，其中有些甚至可以直接拿来使用。

音频：
《红绸舞》
《赶花会》
《单簧管波尔卡》
《特快列车波尔卡》
《口哨与小狗》
《拨弦》
《西班牙斗牛舞》

3. 具有特殊性的音乐

在了解基本的儿歌和民族音乐外，我们还可以关注一些中外的民间舞蹈音乐。这类音乐一般都十分朴素、单纯、优美，且具有良好的舞蹈性。如我国安徽的花鼓灯音乐、东北的二人转音乐以及各种少数民族的舞蹈音乐等；再如俄罗斯作曲家李亚多夫斯基根据俄罗斯民间舞曲创作的轻音乐小品《我和小蚊子跳舞》，十分适合选做小班的韵律活动音乐。另外我们还可以关注一些少儿或成人歌曲，比如通过大众传媒特别是电视，已经对幼儿形成弥漫性影响且健康向上又具有潜在教育价值的那部分作品，如小荷尖尖舞蹈大赛歌曲《小鬼当家》《Let me try》、电影《黄飞鸿》的主题歌《男儿当自强》等。

（二）动作

音乐确定后，应让幼儿仔细聆听音乐，根据训练目的，来启发幼儿联想该音乐所要表现的最大特征。同时引导幼儿设计出能突出主题、刻画事物、形象鲜明、律动感强的主题动作。

在为学前儿童选择动作时，主要考虑的是儿童的兴趣和能力。因此，教师要注意动作的难度和类别。幼儿的能力限制了他的动作质量，所以他们做不出很难、质量很高的律动动作。幼儿的年龄也导致了他们认知的概括性，所以限制了幼儿动作的发展。比如老鹰、燕子、大雁等，他们都会概括性地认为就是鸟，鸟就是飞翔的，一般就会做出飞翔的简单动作，而不会具体化到哪种鸟，怎样飞，除了飞还能干什么。所以幼儿律动的动作都比较简单。律动可分为基本动作、模仿动作和舞蹈动作。

1. 基本动作

基本动作即是幼儿一般生活动作，如走、跑、跳跃、点头、弯腰、屈膝、摇摆手臂和手掌等日常生活中经常使用的动作。如小班律动《头发肩膀膝盖脚》，在活动中幼儿利用身体的各个部位进行律

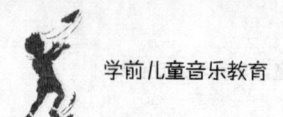

动。幼儿初期对音乐强弱、快慢、高低的把握较差，节奏感和动作协调性也差，所以得先进行一些基本动作的教学。首先找一些节奏单一鲜明的音乐，让幼儿跟着音乐做一些拍手、点头等单一的动作；然后可以教一些简单的上肢动作，比如吹笛子、打鼓等动作；最后可以教一些下肢动作，比如按着顺序教授，从最简单的走路，到踏步走，到奔跑，再到碎步，逐渐增加难度，这样不仅学会了基本动作，还可以初步理解单一鲜明的节奏和旋律。在幼儿学习了基础的动作后，就可以让幼儿仔细听音乐了，引导幼儿去想象这个音乐可以来表现什么事物，怎样去表现这个事物。比如说欢快活泼的音乐，教师可以试着让幼儿联想兔子，兔子是活蹦乱跳的，我们可以用跳跃来表现兔子，还可以把两个剪刀手放在头顶上来表示兔子的耳朵，可以更形象地表达兔子。教师可以用语言的引导再加上动作的示范来一步步地指导幼儿感受音乐，联想形象，表达形象。

当幼儿慢慢地可以通过已学的动作和自身的想象来表现出律动后，教师就要在接下来的教学中减少自己的指示，开始训练幼儿在不同的音乐节奏中做出不同的律动变化。比如小鸟飞翔，音乐节奏变快时，动作速度也要变快，反之要慢；音乐力度加强时，动作的幅度也要大，反之幅度要小；当音乐演奏在高音时，可以踮起半脚尖甚至跳跃在三度空间中多做动作，反之可以低空飞翔甚至在一度空间做动作等。

2. 模仿动作

模仿动作主要是指幼儿对外界事物进行模仿、象征性表现的动作，如模仿各种小动物的动作，包括小兔子跳跳、小鱼儿游游、大象伯伯甩鼻子等。还可以模仿各种植物的生长状态，如花儿开、苗儿长等。小花、小草、老虎、小鸟、水滴等都属于"物"类的模仿；再比如开车、吃饭、刷牙、洗澡等都属于一种"事"类的模仿。

3. 舞蹈动作

对学前儿童来说可以是一些基本舞步，如小碎步、小跑步、垫步、侧点步、跑跳步、交替步等。根据音乐的不同，舞蹈动作的选择也不一样。轻快活泼的舞曲，动作的设计必然干脆利落，表现出欢快的情绪；柔和优美的抒情曲，其动作就应该突出舒展；民族音乐就得根据不同的民族的习俗和风格来设计，借助民间的舞蹈语言使律动渗透民族特色。如：大班欣赏律动《采茶》，首先让幼儿在聆听乐曲的基础上，引导他们去感知茶农采茶的过程，并让幼儿了解采茶音乐的特点。然后，带领他们随着音乐的起伏拍打节奏，教师以舞蹈动作编排成律动表演给幼儿看，恰当地教幼儿一些简单的基本舞步，鼓励他们随韵律再创造，用优美的舞姿表现乐曲的情绪，这样教学活动进入高潮，"听"和"动"，"感受"和"表现"就密切地结合起来。后期加上队形的变化，这样幼儿不仅要做好自己的动作，还要顾及四周同学的站位，甚至需要跟同学进行配合律动。在集体律动中，可以让幼儿慢慢摆脱以自我为中心的个性特征，促进他们人际交往的能力，让他们感到开心快乐。

根据幼儿不同的年龄特点，律动的选择也不一样。在3~4岁，选材时对动作的考虑首先应以一般生活动作为主，同时逐步增加律动模仿动作的比例。在中后期，可一点一点地加进最简单的舞蹈动作。在4~5岁，一方面应注意提高一般生活动作本身的难度以及一般生活动作与音乐配合的难度，另一方面也应不断提高律动模仿动作的比例。同时难度稍高的基本舞蹈动作在总体学习内容中的比例也应开始逐步提高。到了5~6岁，律动模仿动作和舞蹈动作应逐步成为韵律活动的主要学习内容，而一般生活性动作则逐步退居更次要的地位。并且，随着幼儿年龄的增长，幼儿对动作的形式美逐渐产生兴趣。

有了主题、音乐、动作，接下来就是三者合一。教师要根据音乐的节奏和结构来进行连接和分段。整体的结构要很清晰，动作的分段和重复要有规律，节奏的层次应该分明。

二、韵律活动的基本模式

（一）导入部分

幼儿园韵律活动的导入有多种方法、多种形式。

1. 从回忆和观察导入的韵律活动

幼儿可以回忆或观察事物的外部特征或者运动状态，从而创造性地表现活动内容。比如小班律动《网小鱼》，教师组织幼儿回忆或者观察小鱼游的姿态和动作。幼儿在充分感知后听着音乐，自由跟随音乐进行小鱼游的律动表演。在这个过程中，教师可以请个别幼儿进行表演，引导幼儿相互观察、相互学习，教师提炼出踮脚走的动作要领，幼儿在音乐中练习踮脚，并用手臂自由模仿小鱼游的动作要领。

音频：
《网小鱼》

2. 从故事开始的韵律活动

绘本有很多，每本绘本都蕴藏着教育契机，教师将绘本故事中的闪光点或者趣味点和音乐结合在一起，常常会生成有趣的韵律活动。例如，大班韵律活动"倒霉的狐狸"中，教师可以选取绘本《母鸡萝丝去散步》中母鸡机智地躲避狐狸跟踪这个情节作为第一课时的重点，引导幼儿自主创编狐狸在跟踪母鸡时候遇到的各种倒霉事情。在第二个课时中，教师可以选取故事中不同倒霉事情的有趣情节作为重点，引导幼儿自主选择不同声效的物品为狐狸与母鸡配音。

3. 从音乐欣赏开始的韵律活动

对于音乐结构比较复杂的韵律活动，教师引导幼儿完整欣赏乐曲，了解乐曲的不同结构不同乐段，从而按不同的乐句做出相应动作。比如大班韵律活动《矮人和玉米》，选取《瑞典狂想曲》的一部分供幼儿欣赏。教师引导幼儿完整欣赏乐曲，感受乐曲 ABA 的结构，然后分段欣赏。在欣赏 A 段时，明确乐曲中"小玉米长出来"的地方，4 对小朋友分角色表演 A 段音乐。在熟悉 B 段音乐时，教师邀请幼儿一起舞蹈，进行结伴游戏。最后幼儿分角色两两结伴进行完整游戏。

音频：
《瑞典狂想曲》

4. 从动作创编开始的韵律活动

不同年龄阶段的幼儿可以选择不同的内容，尤其在培养幼儿即兴舞蹈表现和创编能力上，要特别注意由易到难。在幼儿掌握一定动作技巧后，可以发展幼儿的动作创编兴趣和动作创编的能力。比如在大班韵律活动《拥军秧歌》活动中，教师播放音乐，幼儿在音乐中自由探讨秧歌的十字步以及甩动绸带或者纸带的动作。然后请幼儿交流总结创编中出现的规律。将幼儿提议的动作组合带到音乐中去，与幼儿一起练习。

音频：
《拥军秧歌》

5. 从游戏开始的韵律活动

玩游戏可以说是幼儿的天性，游戏也是幼儿最基本的活动。实践表明：幼儿对自己感兴趣的游戏连续玩上若干遍，仍然兴趣盎然。它符合幼儿的生理、心理特点，因此将音乐和游戏融为一体是可行的教学手段。比如在大班韵律活动《滑稽娃娃》中，教师带领幼儿玩"木头人"的游戏，在游戏中引入"小约翰和鞋子们"的故事。然后听音乐初步理解音乐的结构，在熟悉乐曲的结构的基础上学习基本身体律动，紧接着幼儿创编各种鞋子的造型进行完整游戏。最

后幼儿分角色进行游戏，一名幼儿扮演滑稽娃娃小约翰，其余幼儿扮演小鞋子。A段音乐时，小约翰按照节奏用各种滑稽的方式走路，小鞋子悄悄地跟在后面。B段音乐时，当约翰回头看时，小鞋子赶紧蹲下变成石头造型不能动。当约翰说："我要一双新鞋子"的时候，就去捕捉小鞋子。小鞋子听到约翰的叫声才能跑回鞋柜里。

（二）熟悉音乐

1. 用身体动作帮助幼儿感知音乐

拍腿、叉腰、踏脚、摇动、敲打、走、跑、跳等是幼儿日常生活中经常使用且易于掌握的动作，反复使用这些简单的动作来配合音乐做律动有利于幼儿熟悉音乐、掌握音乐节奏。同时，也可以用一些与韵律活动有关的其他动作，如在"有趣的竹竿舞"中，用左右手臂带动手交替上举的动作来让幼儿感知音乐节奏，在"腰鼓舞"中可以用手指当作鼓槌，跟着音乐节奏敲打身体的各个部位，这样的方式既有趣，又能帮助幼儿很好地掌握音乐的节奏。

2. 借助多媒体技术帮助幼儿感知音乐

媒体技术以其鲜艳的色彩、多变的动态画面、声音的配合，有效地吸引幼儿的注意力，从而提高他们的兴趣。运用多种现代手段，对信息进行加工处理、显示与再现，模拟、仿真与动画技术的应用，可以使一些在普通条件下无法实现或无法观察到的过程与现象生动而形象地显示出来，这样就增强了幼儿对音乐的理解。

3. 借助文学来帮助幼儿感知音乐

音乐的旋律是有结构和变化的，教师要有意识地引导幼儿将音乐的结构与文学的情节进行匹配。这种融合能够帮助幼儿理解、掌握音乐的形象和其表达的情绪，促进幼儿内心的想象、联想活动，获得整体审美经验。如韵律活动"皇帝的新衣"中，教师借助这个幼儿熟悉而又喜欢的童话故事进行活动设计。教师所选的音乐作品的结构为ＡＢＡ′式，其中Ａ段和Ａ′段为相同旋律，Ａ段表现皇帝穿新衣，Ｂ段表现大臣奉承皇帝，Ａ′段表现游行场面。借助文学作品，幼儿很快就辨认出音乐的乐段，并在表演中自然地去模仿不同人物的表情和动作。

（三）创编部分

1. 替换法

替换法是指用一种新的动作替换掉原有律动中部分或全部动作，

音频：
《大猫小猫》
《儿童乐园》

这一方法适合于初步学习创编动作的小、中班幼儿。它能调动幼儿创编动作的积极性，增加幼儿学习的新鲜感，使幼儿在整个创编活动中轻松自如。如小班律动《大猫小猫》，音乐为 ABA 三段体结构，A 段表现大猫，B 段表现小猫。第一课时，教师做大猫，幼儿做小猫，并在教师带领下按音乐节奏拍手。第二课时，教师引导幼儿想象小猫除了拍手还可以做什么，启发幼儿创编出新的动作替换原有拍手动作。

2. 想象法

想象力是指对头脑中已有的表象进行加工改造，创造出新形象的过程。想象力是创造力最本质的内涵，没有想象力就意味着创造力的贫乏。如创编《儿童乐园》律动时，一位幼儿想出了荡秋千的动作，教师启发幼儿根据律动的主题想出其他儿童乐园游玩的动作，如"跷跷板"、"转椅"等。这种方法的运用，可使幼儿的创造思路更加清晰，创编的动作更加丰富。幼儿时期是想象力表现最活跃的时期，幼儿的想象力是幼儿探索活动和创新活动的基础，一切创新的活动都是从创新性的想象开始的。音乐中的音乐形象是一种广泛的对音乐意境的生动想象，而音乐教育正是通过音乐形象，唤起幼儿对相关的视觉印象、听觉印象以及有关事物的联想，从而发展他们的想象力。学唱歌曲，丰富了幼儿的口头语言；学习律动，发展了幼儿动作语言，"而幼儿的语言越发达，想象的有意性、自觉性、概括性和逻辑性就越发展"。所以说音乐教育促进了幼儿想象力的发展。

3. 匹配法

匹配法是指幼儿在熟悉音乐性质及结构的基础上，教师将律动内容以故事的形式出现，帮助幼儿理清动作顺序并根据情节线索创编系列相关动作，将动作与音乐恰当匹配。如大班律动《过年》就采用了此法。第一步，教师将根据音乐性质与结构设计出的动作情节提供给幼儿："过年了，一群小朋友一路小跑来到了大街上看花灯。他们左看看、右看看、前面看看、后面看看，看到了许多非常漂亮、有趣的灯，高兴地跳起舞来。"第二步，引导幼儿根据情节创编动作。第三步，将完整动作与音乐匹配，使幼儿在主动学习过程中愉快地掌握动作。

4. 变化法

变化是指用一种动作变化出几种动作，有意识地在幼儿活动中注入"变化"的因素,才能使幼儿的思维富有弹性,具有灵活性、变通性。变化的关键是帮助幼儿掌握变化的规律,幼儿掌握一种动作后,可让幼儿根据这种动作变化出许多相似的动作。如幼儿学会原地走"三步"后,可启发幼儿将"三步"做些变化,向前走、向后退、转圈走、加入手的动作走等。随着创编经验的积累,幼儿逐步体会到,可以通过改变动作的姿态、节奏、幅度、力度、方向等创编出许多新的动作。

5. 组合法

组合是指将两个以上的动作组合在一起,形成一组新的动作。在组合动作时,教师首先要帮助幼儿掌握顺序规律,如在创编律动《哆来咪》中,教师先让幼儿熟悉音乐,再让幼儿自下而上按乐句创编动作,最后将动作组合与音乐匹配。这样创编的动作,不仅便于记忆,而且显得连贯协调。在组合动作时,还可启发幼儿根据角色形象、情节内容进行创编,如大班韵律活动《爱丽斯梦游玩具王国》,教师根据乐曲回旋多的结构,设计出与之相呼应的"爱丽斯—木偶—爱丽斯—小喇叭—爱丽斯—公鸡"等角色,将主题动作与变化动作用交替的方式进行组合,这样的组合既有整体感,又有利于幼儿创编和掌握。

三、韵律活动的常规要求

韵律活动时,幼儿如何保持良好的秩序需要教师在活动中进行一定的引导,从而保证韵律活动顺利进行。

(一)律活动开始和结束的常规要求

(1)根据音乐的信号起立、坐下。

(2)根据音乐的信号开始活动、结束活动。

(3)活动结束后能够自己整理活动现场。

(二)律活动开展时的常规要求

(1)在规定的范围内进行活动。

(2)在没有队形要求时,能够寻找空的地方进行活动。

(3)有队形要求时,能够按照队形要求快速且安静地移动。

(4)在移动过程中,不与他人或物体碰撞,注意安全。

(5)在合作过程中,能够迅速且安静地寻找、交换舞伴,与同伴交流。

（6）在活动过程中，能够用心听取教师的讲解，听清活动要求并进行独立的思考。

教学案例

大班音乐游戏《逗牛》

一、活动目标

1. 遵守游戏规则，体验与同伴结伴游戏带来的快乐。
2. 学会听音乐进行游戏，能合乐并交换舞伴游戏。

二、活动准备

《牛仔很忙》音乐；场地圆点；红布，牛仔帽。

三、活动过程

（一）小牛进场

播放进场音乐，请幼儿进场。

（二）学习逗牛游戏

1. 牛仔找朋友

你们看过斗牛表演吗？斗牛的人叫什么？他们斗牛的时候会用什么？（红布）

小牛看见红布会有什么反应呢？用什么来顶布？（牛角拱红布）

小牛看见抖动的红布就兴奋起来了。

这也有块红布，我要来逗逗你们啦，小牛，你们的牛角呢？

我们的小牛都很机灵。那你们知道牛仔斗牛的时候会做些什么动作吗？

我现在变成谁啦？（牛仔）看看我这个牛仔是怎么做的。（了解牛仔的基本动作）

刚才牛仔做了哪些动作？（抖）我们一起来抖一抖，换，那边抖一抖，帅气点。

还做了什么动作？（甩）那我甩了几下呢，我们一起来甩一甩。左手叉腰，右手甩起来。

第一个动作是什么？（走）走了几次？在心里默数。小牛们立正，我们来走一走。

你们想不想做牛仔，那把牛仔的动作完整地做一做。（哼唱、原地做提示几次）

真不错，我们跟着音乐在圈上走起来吧。（A段）

小牛们有点累了，我们坐下来休息会。刚才你的动作最神奇，就请你来做牛仔到圈外逗逗我们的小牛？（A段）

这个小牛能跟着音乐变换动作，下次我们动作再放开点就更好了。谁还想来试试？

2. 牛仔逗牛

（1）教师演示游戏玩法

你们的小牛仔演得真酷，我要和你们这群会跳舞的小牛做游戏啦，小牛们准备好。（AB段）

你们发现刚才我们玩的是什么游戏？（丢手绢）音乐有什么变化？（快快的）音乐节奏变快的地方，我们开始玩的游戏。谁赢谁输？他怎么会输的呢？我在什么时候丢的？

我丢的时候说了什么（嗨），听到"嗨"的时候小牛们要回头找红布。

这次玩的时候，一定要听清楚音乐的变化和牛仔的暗号——"嗨"。（AB段）

（2）难度提升，再次游戏

这头小牛挺机灵的，这次我要提高一点难度，在音乐中听到"一哈"时，小牛们赶紧闭上眼睛，看看你们闭上眼睛后，还能不能听出"嗨"。

（3）完整前段游戏，引导幼儿听音乐分辨游戏动作（AB段）

小牛们你们为什么没有发现？牛仔丢红布的时候一定要大声地说"嗨"，我们一起来大声地喊出来。（AB段，教师语言提醒）

（4）创编小牛的各种动作

小牛没有追上牛仔，他心情怎么样呢？（生气、愤怒、伤心、加油、努力……）用你的动作表现出来。

小牛可能还会对自己说什么呢？（努力、加油……）我们一起来做一做加油的动作。

那待会游戏输了的人就马上站到圈内用三个不同的动作表现你的心情，圈上的小牛们可以学学他，逗他开心，明白了吗？

刚才谁输了，那就先请你到圈内演一演吧。第一个、换一个，我们一起来逗逗他。（C段）

如果你能跟着音乐变换动作，那就更好了。

（5）新牛仔诞生

现在谁应该站在圈外丢红布呢？（输了的人）

因为他刚才游戏输了，所以他就是新牛仔。我们一起把新牛仔请到圈外，戴上牛仔帽。让我们准备好，游戏又要开始了。（逗牛2遍）

（三）逗牛舞会

1. 创编新的小牛舞

游戏好玩吗？我们还可以怎么玩更有趣？（和好朋友跳）

面对面怎么样和好朋友跳呢？（哼唱两遍）

刚才我们是和好朋友拍起来的，怎么样才能找到更多的好朋友玩这个游戏呢？（原地转）

还可以怎么找？（交换舞伴）跳给我看看吧，他和舞伴之间还有眼神的交流呢，我们都来排练下。（握手向前走，找到下一个好朋友）

这个动作太精彩了，我们加上小牛们的新玩法，来试试看。（A 段）

2. 完整游戏逗牛

怎么样，是不是找到了更多的好朋友，小牛们让我们跟着音乐尽情地玩起来吧。（逗牛2遍）

1. 自选一个题材如"大树、叶子和大地"，自由结伴进行即兴创造性律动表演，然后交流研讨。

2. 自由组成小组，自选音乐，为三个年龄班各创编合适有趣的集体舞，然后交流研讨。

拓展链接

1. 大班音乐游戏《猫和老鼠》（执教者：南京市第一幼儿园　费颖）

该活动通过创设游戏化的情境，引导幼儿根据游戏情节"爱臭美、喜欢跳舞的猫出门散步"，来创编各种有趣的身体动作，经过讨论、实践、再讨论、再实践的过程逐步明确游戏玩法，并与同伴合作随音乐游戏。

教学视频

2. 大班音乐活动《猴子学样》（执教者：上海奥林幼儿园　宋燕）

该活动中幼儿感受音乐所表达的欢快的情绪，乐意模仿和创编猴子跳舞的动作，激发了幼儿玩音乐游戏"猴子学样"的兴趣。

第四节　打击乐活动的设计

情境导入

打击乐是用各种打击乐器配合乐曲演奏的一种音乐形式，丰富多彩的音响效果和生动活泼的演奏形式，深受幼儿喜爱。它具有训练乐感、启迪智慧、培养创造力、协调合作能力等作用。打击乐活动的向心力和凝聚力很强，为了完成共同的演奏活动，幼儿需要认真地倾听着音乐，仔细地注视着指挥，该演奏就展示，该休止就控制，有利于培养幼儿的群体意识、参与意识、操作意识以及自我表达、自我控制能力等。

一、打击乐活动的音乐选择

打击乐是根据乐曲来打击乐器，通过各种乐器给音乐配伴奏以使乐曲更动听。同时也能使幼儿通过乐器敲击来表达和表现对音乐的感受和理解。

刚开始练习打击乐时最好选择节奏鲜明的乐曲，因为节奏特点明显的乐曲容易敲击出效果，如进行曲，这样便于幼儿掌握节奏特点。待幼儿有了一定的积累后再选择一些节奏较复杂的乐曲。3～5岁的幼儿可以2/4、3/4拍乐曲为主，5～6岁的幼儿在此基础上可选择4/4拍的乐曲。如《郊游》，这首乐曲很适合小班或中班幼儿作为打击乐的乐曲。这是一首2/4拍的乐曲，节奏特点非常明显，前八小节与后八小节旋律完全相同，中间八小节有所变化。在配器时可以根据乐曲中间八小节是高潮的特点，多选用一些乐器，同时节奏可与前后有所不同。前、后两段可以节奏相同，这样既便于幼儿掌握，同时也会使敲击出的效果悦耳、动听。

另外，许多有民族风格的乐曲，如维吾尔族、蒙古族、藏族乐曲，节奏型都比较明显，易于幼儿理解把握，同时也可以让幼儿感受到不同民族的音乐风情。还可以结合幼儿所喜爱的乐曲。教师可注意观察和发现幼儿平时爱唱的歌曲，从中选择适合打击配乐的乐曲。因为关注幼儿的兴趣，更能引发幼儿主动学习、主动探索打击乐的积极性。

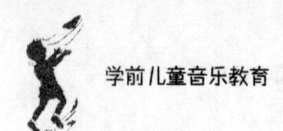

幼儿对能发出响声的器物有一种天生的好奇心，用打击乐器开始的教学对他们而言是十分感兴趣的。开始他们根本不知道如何敲，怎么敲好听，可以让他们先自己探索乐器，教师起到启发帮助的作用。通过自己敲打，对乐器进行归类，引导幼儿进一步掌握不同乐器的音色特征。

二、节奏练习

（一）认识节奏符号是学习节奏的必要条件

德国当代著名的作曲家、儿童音乐教育家卡尔·奥尔夫认为，儿童音乐才能的发展应从顺其自然趋势出发，如四分音符为起步，八分音符为跑步的节奏等。所以在学习节奏教学前，我们要先让幼儿了解表示节奏的图形和符号。

对3~4岁的幼儿，可以运用一些图片。如《闪烁的小星星》教学中，我们可以用星星的图片来表示节奏，小星星为四分音符，大星星为二分音符，用拟人的手法将小星星加上眼睛。幼儿非常感兴趣，在演奏时，也会特别的专注。

对4~5岁的幼儿，我们可以用一些简单的线条或几何图形来表示节奏，如：弧线、直线、圆形、三角形等来表示节奏的长短。如《奇妙的声音》教学中，我们用长短不一的弧线来表示节奏的长短，幼儿可以根据不同长短的弧线，联系节奏。

5~6岁的幼儿已经有了初步的抽象逻辑思维，可以直接用音乐符号来表示节奏，并让他们了解一些乐曲中的基本常识，如：音色、力度、高音、节奏、速度等。

（二）确定节奏型的表现方法是学习节奏的基础

在日常生活中，有许多材料都可以用来表示节奏，如：我们可以将碗倒置在桌子上排成一排，请幼儿跟着教师用筷子敲击碗底的节奏，发出嗒嗒嗒嗒的声音。当幼儿学会后，增加难度，可用几个**杯托间隔盖在碗上**，盖住的就不发出声音，根据不同的盖法，练习不同的节奏。先用语言，再用声势，最后可以用乐器来表现。幼儿学会后，可将碗和筷子放在音乐角，让幼儿自己练习。

在日常教学活动中，可以使用图片、图形和节奏符号辅助教学，提高幼儿的兴趣。我们可以在音乐角准备一些表示不同节奏的图片和符号，有助于幼儿平时的练习。

（三）多种表达节奏的模式是学习节奏的重要通道

节奏学习主要是对拍子、重音、节拍、时值、空拍和节奏型的学习。表达节奏的模式分为语言表达节奏、声势表达节奏、唱歌表达节奏、游戏表达节奏、演奏乐器表达节奏、体能表达节奏、表演表达节奏。因此，奥尔夫特别强调从节奏入手进行音乐教育。并且要结合语言节奏、动作节奏来训练和培养幼儿的节奏感。如：《拔萝卜》。

这首儿歌是幼儿非常熟悉的，我们可以选择中间的一句："拔萝卜，拔萝卜，嘿呦嘿呦拔不动。"幼儿练习的一般节奏是 ｜ X X ｜ X － ｜ X X ｜ X － ｜ X X ｜ X X ｜ X X ｜ X － ‖。我们可以把它变成各种节奏来朗诵，如：｜ X － ｜ X X ｜ X － ｜ X X ｜ X X ｜ X X ｜ X － ‖，然后再加上声势，培养对节奏的敏感。也可以变换节奏演唱，待幼儿熟悉后加上乐器演奏，这种基本节奏练习，可以在日常自由活动中和教学过程中，不断穿插着进行。

三、配器

配器是指教师引导幼儿选择适当的打击乐器和节奏型，根据音乐的性质和风格，为音乐设计伴奏，使之协调悦耳舒适。在进行打击乐活动时，幼儿需要知道如何按照乐器的音色将乐器进行分类，如何利用组合乐器制造出特定的音响效果，如何通过交流讨论为指定的歌曲选择合适的节奏类型和音色，如何用简单的图形、动作、语音等符号记录配器方案。

在进行配器时，教师需根据幼儿的年龄特点选择适合幼儿能力的配器方案。比如3～4岁的幼儿选择配器方案时，一般可以在乐段之间变化音色；4～5岁的幼儿选择配器方案时，一般可以在每一个乐句之间变化音色；5～6岁的幼儿选择配器方案时，可以在乐段之间、乐句之间甚至是乐句中变化节奏。其中3～4岁的幼儿适合演奏的乐器有碰铃、串铃、响板、铃鼓（敲击）、沙球（摇晃）等；4～5岁幼儿能学习木鱼、铃鼓（抖动、摇晃）、镲等乐器的演奏；三角铁和双响筒一般适合于5～6岁的幼儿演奏。这些打击乐器的演奏，都要求幼儿做到手腕放松、灵活，不僵硬，有弹性，能控制手的动作，自然协调地敲击、摇动、振动或抖动，以取得较好的音响效果。除此之外，幼儿园的打击乐器中还配有一些有固定音高的打击乐器，

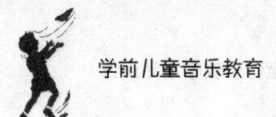

主要有木琴、铝板琴等。它们的音域一般在一个八度以上，演奏方法比较简单，以敲击和刮奏为主，适合于演奏简单的旋律。

配器的步骤一般可以分为以下几点：一是熟悉音乐，耐心倾听和感知音乐的节奏、旋律和情感。二是仔细地分析音乐的情绪和风格，分析音乐的节奏特点和结构特点，感知音乐结构中部分与主题的关系、重复与变化的关系。三是通过节奏和音色进行配器，在变化中有统一，统一中求变化。四是进行演奏并调整。五是转换乐谱进行演奏。

图谱的设计与运用是配器过程中必不可少的环节，能够促进幼儿对音乐的整体把握，帮助幼儿记忆乐曲的结构和节奏类型。幼儿园常见的图谱有动作图谱、图形图谱和语音图谱。

1. 动作图谱

动作图谱是用身体动作来表现配器方案。我们可以用简单的身体动作来表现乐曲的节奏、速度、力度以及结构。如中班打击乐活动《爷爷为我打月饼》中的动作图谱，用拍手、拍肩、拍腿等简单的身体动作为乐曲配器。

音频：
《爷爷为我打月饼》

《爷爷为我打月饼》

徐庆东 刘青 词
梁寒光 曲

（乐谱片段）

一片心呀，献给爷爷一片心呀。
一片心呀，

拍手　　拍手　　拍手拍肩　拍手　　拍手　　{拍手 跺脚}　{拍手 跺脚}

配器方案：

　　拍手：铃鼓。

　　拍肩：小铃。

　　拍腿：圆舞板。

　　拍手、跺脚：全部乐器。

2. 图形图谱

图形图谱是用形状和色彩来表现配器方案。我们可以用几何图形、乐器音色的象征图、乐器的形象简图、生活中的物体图等来作为乐曲的材料，表现节奏、音色、速度和力度。如中班打击乐活动《小看戏》中，用幼儿熟悉的花朵来表现不同的配器方案。大花、小花、两朵小花表现不同的配器方案。

音频：
《小看戏》

《小看戏》

吉林民间小调

1=G 2/4

（乐谱）

拍手　　　拍手　拍肩　拍手　　　拍手　拍肩　拍手

拍手　拍肩　拍手　　　拍手　　拍手　　　拍手　拍肩

拍手　　拍手　拍肩　拍手　　　拍手　拍肩　拍手

| 5 | 1 3 | 2. 3 5 5 | 1 1 3 2 | 1 1 6 1 2 3 | 1 — :‖
| × × × × | × × | × × × × | × × × × | × × |
| 拍肩 | 拍手 | 拍手 拍肩 | 拍手 跺脚 | 拍手 跺脚 |

配器建议：

拍手：铃鼓、圆舞板（齐奏）。

嘴巴的语音：小锣。

拍手、跺脚：编制上的全部乐器。

图谱设计建议：

拍手：🌼🌼🌼

拍肩：🌿🌿

拍手、跺脚：🌸🌸🌸🌸

3. 语音图谱

语音图谱是用嗓音，有意义的字、词、句、拟声词、无语义音乐等来作乐谱的材料，一般创造出来的语音图谱要简单、有趣、易记、上口。比如在中班打击乐活动《瑶族舞曲》中，教师用简单的点、摇、眼睛、鼻子、嘴等简单的词设计配器方案，幼儿能够快而准地进行运用。

音频：
《瑶族舞曲》

《瑶族舞曲（节选）》

刘铁山等 曲

1=F 2/4

| 6 3 3 6 | 2. 1 | 7. 2 1 7 | 6. 5 3 | 6. 7 1 2 |
| 点 点 摇 | 点 点 摇 | 点 点 |

[语言建议]

| 3. 5 3 2 | 1 2 3 2 1 | 6 — | 5 5 6 1 6 | 1 1 2 3 5 |
| 摇 | 点 点 摇 | 眼 睛 眼 睛 | 鼻 子 鼻 子 |

| 3 3 5 2 3 5 | 3 — | 6 3 6 3 | 6 2 6 2 | 1 2 3 2 1 | 6 — :‖
| 嘴 巴 嘴 巴 摇 | 眼 睛 眼 睛 | 鼻 子 鼻 子 | 嘴 巴 嘴 巴 摇 |

四、指挥

打击乐活动是需要幼儿与同伴沟通、合作和互相协调的活动，指挥变得必不可少。我们可以用一些简单的动作手势提醒幼儿演奏的准备、开始和结束，了解演奏的力度和速度。幼儿在演奏过程中要时刻注视着指挥，看懂指挥者的动作并做出即时反应，使音乐作品的演奏变得和谐统一。

在指挥方面，我们要注意以下几点：一是教师在组织打击乐活动之前要熟悉乐曲的特点，指挥动作时，要一边观察幼儿，一边灵活使用语言指令，保持音乐作品的流畅性。二是指挥的情绪与音乐的风格要相匹配。除了受到音乐本身的感染之外，指挥者的情绪也直接影响到整个乐队的状态。教师在指挥的时候要根据对音乐作品的理解，通过表情、体态去感染幼儿，帮助幼儿更深刻、更好地理解作品。三是要不断地调整身体位置，适时地给予小指挥者鼓励、提醒和帮助。四是指挥动作要简单清晰，节奏点干净利落，便于幼儿模仿。身体微微前倾，使用大臂带动小臂，减少腿部的抖动和脚打节拍等干扰性动作。五是指挥动作的镜面示范能提高幼儿操作学习的效率。指挥要考虑到幼儿的动作学习规律，通常要求先左后右。同时还要注意到很多的细节，比如说摇铃鼓的时候适合用右手，敲木鱼的时候右手能够更协调地左右操作。因此每一种乐器的指挥动作都要考虑到怎样便于幼儿操作和小指挥者的模仿。

五、活动基本模式

（1）激发幼儿兴趣，引出活动主题。比如通过图片、动画、声音、故事等方式引出主题。

（2）倾听乐曲并分析音乐作品的特点。比如，选取的音乐作品有什么风格特点，是进行曲、抒情曲还是圆舞曲；选取的音乐作品是几拍子的，因为拍子不同，节奏特点会有所不同，2/4拍的节奏特点是强、弱，3/4拍的节奏特点是强、弱、弱，4/4拍的节奏特点是强、弱、次强、弱；在此基础之上确定音乐作品的重点和难点是什么。

（3）掌握音乐中的打击乐器的节奏和演奏方法，并了解相应乐器的名称和特点。

（4）根据音乐的需要，分组进行演奏。

（5）教师担任指挥者，幼儿边听音乐边看指挥进行演奏。

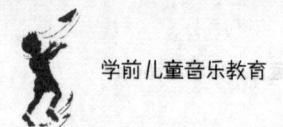

（6）教师组织幼儿交换乐器进行演奏。

六、游戏化的教学方法

（一）基本流程

游戏化的律动教学能够为幼儿不断提供快乐体验，成为活动主体，自觉从事而且可以较长时间乐此不疲地沉浸于其中。一般的流程为：

（1）提供有情节的故事。（2）匹配相应的动作。（3）用动作去感知音乐。（4）增添更高级的适宜的挑战，如合作、友善竞争、创造性表达、队形变化、乐器、道具等。如在大班韵律活动《孙悟空打妖怪》活动中，幼儿通过简短的儿歌了解故事情节，然后选择合适的音乐与儿歌相匹配。幼儿将儿歌匹配相应的动作，用动作提示幼儿的游戏情节的同时更好地感知音乐，增添游戏的流畅性。接着根据预设的游戏情节和生成性的游戏情节，增添"假打"游戏情节，丰富"假打"的动作，进行更高级别的挑战。

（二）节奏游戏

节奏游戏是韵律活动中必不可少的部分。在幼儿园常见的节奏游戏有"节奏对话"、"节奏接龙"等。

1. 节奏对话

可以先规定给幼儿节拍和小节数，如：2/4拍、4小节，幼儿用一个节奏型作为上句进行一问一答的简单创作，师幼之间、幼幼之间都可以练习，先用声势，再用乐器，中间不能有停顿。如：一幼儿先拍 x － | x － | x x x x | x － ‖，下一位幼儿可以拍 x x | x － | x x | x － ‖，就这样往下接着拍，争取不重复。

2. 节奏接龙

开火车：（玩法同节奏对话）只是要重复前一位幼儿的后两节。如：

幼儿一： x x x x | x x x x | x x 0 0 | x － － － ‖

幼儿二： x x | x － | x x x x | x － ‖

幼儿三： x x x x | x － | 0 x | x － ‖

3. 我变你不变

所有的幼儿拍一种节奏，如：× × | × - | × × × | × - ‖，而请一名幼儿拍不同的节奏，而且要换不同的节奏型，尽量不重复。

4. 有趣的节奏椅子

将桌子围成一个圈，每边有四张桌子，幼儿分成四组，手持小椅子，游戏开始后，每位幼儿自己找位子在桌子面前坐下，每张桌子前最多坐四位幼儿，也可以不坐。

幼儿可念成：

× × | ×× ×× | × - | × - ‖

××× | ××× | × × | 0 0 ‖

根据幼儿组合的方式不同，可以有不同的节奏型。

通过这些游戏，幼儿很快地掌握了各种不同的节奏型，并培养了幼儿的反应能力、控制力及合作能力。要注意这些游戏对幼儿有一定的难度，练习的时间不宜太长。

七、打击乐活动的常规要求

由于乐器本身的新奇性和乐器可以发出响声等特性，打击乐器活动历来是教师感到比较难以保持良好秩序的活动。

（一）活动开始和结束的常规

（1）听音乐的信号整齐地将乐器从座椅下面取出或放回。

（2）乐器拿出后，不演奏时须将乐器放在腿上或地上，不发出声音，眼睛也不看乐器。

（3）开始演奏前，按指挥者的手势整齐地将乐器拿起，做好准备演奏的姿势。演奏结束后，按指挥者的手势将乐器放回腿上或地上。

（4）活动结束后，自己收拾乐器和整理场地。

（二）活动进行的常规

（1）演奏时身体倾向指挥者，眼睛注视指挥者，积极地与指挥者交流。

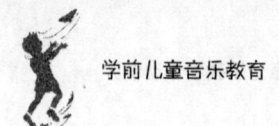

（2）演奏时注意倾听音乐和他人的演奏。

（3）演奏时注意力集中，不做与演奏无关的事情。

（4）交换乐器时，须先将原来使用的乐器放在座椅上，再迅速无声地找到新的座位，拿起新乐器，坐下后马上把新乐器放在腿上做好演奏准备。交换过程中不与他人或场内的座椅相互碰撞。

在日常教学活动中，教师可以以游戏的方式引导幼儿注意常规。比如在活动开始前，引导幼儿用两腿做小门，当门关上的时候，谁也不能去看乐器，当教师说"打开门"时，幼儿才可以拿乐器。这种形式，幼儿非常喜欢，在不知不觉中，幼儿遵守了不低头看乐器的规则，也得到快乐的体验。同时也可以引导幼儿讨论"乐器放在哪儿"，幼儿在讨论中发现整齐划一地拿放乐器更有序，准备时可以将乐器放在腿上，便于拿放等。

案例分析

小班打击乐活动《大象和蚊子》

一、设计意图

打击乐教学是幼儿园音乐教学的重要组成部分，每个幼儿都喜欢敲敲打打，对声音有一种天生的敏感性，在活动中，幼儿手、眼、脑、心并用，使大脑建立起复杂的神经联系，让头脑变得灵活聪慧。《纲要》指出："教育内容的选择既要贴近幼儿的生活，又要有助于拓宽幼儿的经验和视野。既符合幼儿的现实水平，能提升幼儿已有经验，又有利于其长远发展。"小班的幼儿对大象和蚊子都十分熟悉，并且能模仿大象走路时的笨拙、可爱和蚊子飞起来轻巧、淘气的样子。因此，教师可以选择这两种幼儿在生活中熟悉的并在形态上反差大的动物，将富有童趣的故事情节与对比鲜明的音乐融合在一起，并通过演奏简单的乐器，为幼儿创造一个轻松愉快的氛围，让他们在音乐情境中获得愉快的情绪体验，大大激发幼儿对打击乐的兴趣。

二、活动目标

1. 激发幼儿对打击乐的兴趣，体验乐器演奏带来的快乐。

2. 能够根据故事情节进行简单的配乐演奏。

3. 了解串铃发出的声音，会用臂部大肌肉带动手腕摇串铃，并能在了解大鼓和蛙鸣筒所表现的声音形象的基础上参与游戏。

三、活动准备

1. 知识准备

通过图片、录像等方式，引导幼儿观察大象和蚊子的形态，并能够模仿它们的各种动作。

2. 物质准备

大象和小蚊子的故事课件，串铃、蛙鸣筒和大鼓。大象进行曲和小蚊子两段音乐。

四、活动过程

1. 情境导入，激发兴趣

小朋友，瞧！森林里的景色真美啊，让我们跟着音乐到森林里去玩吧！（引导幼儿听音乐手拉手，愉快入场。）

美丽的森林到了，小朋友们找个位置休息吧。

（活动一开始，教师注重为幼儿营造一个童话般的游戏环境，引导幼儿在这种宽松的氛围中，以游戏的形式进入活动室，从而激发了幼儿参与活动的兴趣，调动了幼儿主动融入活动的积极性。）

2. 观看课件，理解故事

小朋友，你们看，谁来了？（大象）

大象是什么样子的？（大大的身体，长长的鼻子……）

是的，大象有长长的鼻子，粗粗的四肢和大大的身体。这只大象在森林里散步，接下来会发生什么事呢？请小朋友认真听一听。

3. 出示乐器，辨别音色

教师今天带来了三样乐器宝宝，看看他们是谁呀？（串铃、蛙鸣筒和大鼓）今天请小乐器和我们一起玩游戏，小乐器来当大象和蚊子，我们一起听听什么乐器声音像大象走路的声音？为什么？（教师先摇串铃，再敲大鼓）

什么乐器声音像大象在甩尾巴？为什么？（先摇摇铃，再刮蛙鸣筒。在这里要尊重幼儿对音乐不同的理解，分别让幼儿说出自己的选择理由）

拿出摇铃边摇边问：摇铃声音像谁的声音？请幼儿拿出摇铃模仿蚊子飞。（教师参与，引导幼儿注意摇玲的轻重、快慢）

在引导幼儿分辨大象和蚊子的不同音乐性质时，幼儿根据已有的知识经验，基本能够分辨得出。

4. 游戏体验，乐器演奏

小朋友今天耳朵真灵，现在我们一起来玩大象和蚊子的游戏吧！

分好角色：扮大象——大鼓、蛙鸣筒；扮小蚊子——串铃。

你们来做小蚊子，幼儿每人拿一个串铃轻轻摇动，表示蚊子飞，在教师的提示下知道摇动手臂。初步学习使用串铃。

现在小朋友就是一只只小蚊子，我是大象，我们一起做游戏，好不好？（幼儿一人一个串铃扮蚊子飞，教师扮作大象让幼儿以故事中角色去参与活动）

介绍游戏规则：大象睡着打呼噜时蚊子才能去叮他屁股，大象一甩屁股，（刮蛙鸣筒）小蚊子就躲起来。（回座位）

第一遍：边讲述故事边用乐器演奏，当讲到大象"睡着了打起呼噜时"，蚊子摇串铃（"叮"大象），大象甩尾巴时（刮蛙鸣筒）小蚊子躲回去（收起串铃），鼓励他们积极地参与游戏。

第二遍：不再讲述故事，单纯使用乐器伴奏。提醒幼儿，控制自己的串铃不发出声音。

5. 倾听音乐，演奏乐器

让我们一起跟着音乐来演奏吧。

这一环节引导幼儿倾听音乐，演奏乐器，在演奏中进一步感受并表现"大象"与"蚊子"不同的音乐性质。小班幼儿对乐器的演奏是具有一定难度的。教师可以选择两种幼儿易于分辨的、音色对比明显的音乐，让幼儿在扮演游戏角色的过程中，进行乐器的伴奏，进一步增强对音乐的感受和理解。乐器不仅可以用来为旋律伴奏，还成了幼儿喜爱的游戏道具，达到活动的高潮。

五、活动延伸

活动延伸能够起到巩固拓展的作用。小班集体教学的时间很短，一般只有15～20分钟，稍纵即逝，仅靠这一点时间来让幼儿接受知识是远远不够的，更多的是在日常生活中，区角与集体教学的有机配合，让幼儿获得不同程度的提高。因此教师可以在音乐角投放更多的乐器宝宝，让幼儿继续探索哪些乐器发出的声音像大象走路，哪些乐器发出的声音像是小蚊子在飞，哪些乐器发出的声音像大象甩尾巴，继续听音乐用乐器进行演奏。

技能训练

1. 探索各种正规打击乐器的特性，并能用废旧材料进行简单制作。在班级中交流自己的发明并进行演奏。

2. 为乐曲《拔根芦柴花》创编配器方案，并设计一个打击乐演奏的教学活动，在班级进行模拟教学。

3. 选择富有创意的作品，拓展关于乐器使用的认知，进行创意性尝试。

拓展链接

中班打击乐《胖厨师与小教师》（执教者：蒋静）

该教学活动中幼儿了解了四种小型打击乐器的名称及基本的演奏方法。在探索讨论中认识乐器。欣赏故事内容，感受故事的情趣。最后尝试配音，感受打击乐活动的乐趣。

教学视频

第五节　音乐欣赏活动的设计

知识导入

音乐欣赏活动是音乐教育活动中重要的基础内容，它有利于幼儿形成良好的欣赏习惯和健康的审美态度。音乐欣赏的特点在于给幼儿提供更广泛、更深刻的音乐作品。内容、性质、风格多种多样，表现手段较为复杂，尤其是大量的器乐作品向幼儿揭示了崭新的音乐世界，从而大大拓展了他们的音乐视野，丰富了他们的音乐经验，提高了幼儿对音乐的感受力、理解力和审美能力。

一、音乐欣赏作品的选择

（一）音乐欣赏作品应体现生活性

幼儿活动的特点是以具体形象为主，他们的生活经历尚不多，因此具有较抽象、深刻或复杂内容的作品一般不适合幼儿欣赏，抒情性、叙事性、描述性、生活性内容为主的作品更容易被幼儿理解和接受。例如舒伯特的《摇篮曲》，乐曲的气氛温存安宁，曲调优美，洋溢着母爱和亲情，充满了对幼儿未来的祝福和希望，表现的是幼儿生活中常见的活动，幼儿由于有亲身体验，所以特别容易理解。因此教师要选择幼儿生活中经常体会的到的积极的情感，如欢快、欣喜等情感。又如音乐作品《动物狂欢节》(圣桑曲)，作品所表现的内容与幼儿的生活息息相关，幼儿能够更好地理解并参与表演。因此我们可以选择以幼儿熟悉的自然、风景、人物、动物等为描绘对象的作品。

（二）音乐欣赏作品应体现阶段性

幼儿随着年龄阶段的不同，其情绪感受与分化的程度都有所不同，但总体来说还处于初步发展阶段，不能感受和分化较复杂的情感，因此在选择欣赏作品时应与幼儿情绪发展特点相吻合，充分考虑不同年龄阶段的幼儿的接受能力和发展水平。幼儿能感受简单的音乐作品的内容，初步辨认音乐作品中速度的变化，但对力度、音区的变化的感知还有困难，因此，为幼儿选听的音乐作品应是形象鲜明的、有特点的。许多音乐作品都很优美，但往往因为某些原因，无论在长度上还是结构上，都无法为幼儿所接受，很难成为幼儿音乐欣赏的材料。这就需要我们教师认真分析与思考，根据幼儿的实际能力水平进行选择及节选，如可把作品中具有代表性的乐段或节奏变化比较明显的乐段进行整理提炼。如《梁祝》是大家所熟知的乐曲，它的几个乐段分别讲述了不同的故事情节，将"化蝶"一段提出来，便可以让幼儿结合优美、缓舒的旋律展开想象和模仿，既满足了幼儿欣赏的需求，又符合幼儿善于模仿的特点，从动静交替中达到教学目标。

（三）音乐欣赏作品应体现丰富性

幼儿音乐欣赏活动是激发幼儿情感的活动。只有当幼儿处于自然放松的环境下，才能真正表达自己的情感。音乐欣赏活动所选取的材料应该是丰富的，可供不同幼儿选择。活动方式也要灵活多变，依据具体情况机动式的进行活动，就地取材，这需要教师要有较高的专业水平和灵活应变的能力。欣赏活动不仅仅局限于听固定的音乐，幼儿每天接触的自然界当中的声音，如风声、落叶触地、小河流水的声音等都可以作为欣赏的素材。这种声音幼儿更熟悉，更能激发出他们的兴趣，也能使幼儿意识到音乐无处不在，从生活中感受艺术的美。

二、教学辅助材料的选择

（一）视觉材料

运用视觉材料，能够帮助幼儿更好地欣赏音乐作品。视觉材料形象具体，比如图画、雕塑、录像、可活动的教具操作等。音乐是流动的，稍纵即逝。我们可以通用提供形象具体的视觉材料帮助幼儿"留"住那一瞬间，让幼儿不断地欣赏、感受。例如，在欣赏《瑶族舞曲》时，引导幼儿用颜色（色块图）来表现乐曲速度的快慢，使幼儿在欣赏的过程中充分感受艺术的美，更好地达到了欣赏的目的。

（二）语言材料

运用语言材料，帮助幼儿更好地理解音乐作品。语言材料在这里特指含有艺术形象的有声文学材料，如故事、散文、诗歌、童谣等。在音乐欣赏中适当地运用语言材料能把抽象的音乐变得形象化，帮助幼儿更好地理解与表现音乐作品。例如，在欣赏《瑶族舞曲》时，运用配乐诗对音乐进行完整欣赏，配乐诗的内容与乐曲的结构、曲调、意境相融，较好地帮助了幼儿熟悉乐曲并帮助幼儿感受乐曲所表达的音乐形象。又如在欣赏歌曲《歌唱二小放牛郎》时，通过讲故事，让幼儿了解了王二小的英雄事迹，从而知道了歌曲表达的内容。

（三）动作材料

运用动作材料，帮助幼儿更好地表现音乐作品。高尔基说过："在听音乐时，得用自己的经验、印象和知识去补充。"幼儿的生活经验有限，但是幼儿感受音乐的能力并不差，且他们都有较强的表现欲望。当音乐响起时，也许他们会情不自禁地手舞足蹈起来。运

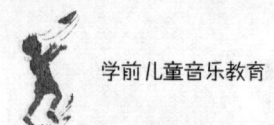

用肢体语言与音乐相渗透,被视为一种有价值的欣赏形式。例如,在欣赏《运动员进行曲》时,可让幼儿随乐曲打节奏。又如在欣赏《摇篮曲》时,让幼儿用轻柔的动作哄宝宝睡觉。

音频:
《运动员进行曲》
《胡桃夹子组曲》
《爱的罗曼史》
《梦幻曲》

（四）道具材料

用实物能够把抽象的音乐具体形象化,让复杂的旋律简单化。例如,在欣赏柴可夫斯基的芭蕾舞剧《胡桃夹子组曲》片段时,为了让幼儿更好地感受乐曲中的重音,当乐曲中出现重音时,用敲鼓的方法让幼儿感受重音的出现,鼓的应用起到了帮助幼儿更快、更好地感受音乐的效果;又如在乐句欣赏《爱的罗曼史》时,教师可以发给幼儿每人四个杯子,让幼儿感受乐曲中的四个乐句,让幼儿随着每个乐句沿着杯口画一个圈,有了杯子作为参照,幼儿一下子能够感受到这首乐曲是两段式,每段有四个乐句,简单明了。抽象的音乐在实物的出现下变得有趣而且易于感受了。

三、音乐欣赏活动设计

（一）导入部分

1. 情境导入

在欣赏音乐的过程中,如果遇到富有情趣的乐曲,教师就可以设计一个和歌词内容相符合的有趣的情节,然后将其导入活动,更好地激发幼儿的兴趣。在欣赏民族音乐《彩云追月》时,教师可以提前布置出夜晚皓月当空、星光闪烁的背景,并且通过对夜景的描述让幼儿有身临其境的感觉,从而使其能进一步体会音乐中彩云与明月,体会那种情态逼真、意趣盎然的感觉。这种导入方式可以有效激发幼儿的想象力。

2. 故事导入

故事创设情境是一种最普通又最特殊的导入方式。在欣赏小提琴演奏的《梦幻曲》时,教师可以选用童话《梨子小提琴》来进行配乐朗诵,优美的语言将幼儿带进柔美抒情的梦幻世界,从而激发出幼儿内心世界的感受。

3. 动作导入

在欣赏民乐《孔雀开屏》时,教师可以教幼儿相应的舞蹈动作来模拟孔雀开屏时的样子,这样不仅可以吸引幼儿的注意力,也会使他们对音乐的印象深刻,从而达到欣赏音乐的目的。如果民族音乐的歌词不复杂并且具有一定动作性，那么动作导入的方法是比较适合的。教师将动作教给幼儿，并且引领他们一起随着音乐表演，这些动作对幼儿有一定的锻炼作用，帮助他们发展了精细化动作能力的同时，使幼儿的感受也变得更加丰富，对音乐有了更深的理解和感悟。

4. 实物导入

如果选择的乐曲中表现的实物都是我们日常生活中常见的，那么就可以将那些事物呈现出来帮助幼儿理解。例如，乐曲《凤阳花鼓》，在欣赏的时候教师就可以将花鼓展示给幼儿，带领大家去观察花鼓的外形、如何发声等。在这种观察之下幼儿可以更好地理解乐曲想要表现什么。

音频：
《孔雀开屏》
《凤阳花鼓》
《狮王舞曲》

（二）活动过程

1. 整体—分段—整体欣赏的基本模式

教师通过情境导入或者图片导入等手段激发幼儿的兴趣，从而组织幼儿完整欣赏音乐作品，感受音乐作品的节奏和结构。然后分段欣赏每一个乐段，体验音乐作品各个乐段的表现内容，从而更深刻地理解音乐作品的情感。最后，让幼儿在分析和理解的基础上，完整聆听作品，感知音乐作品的整体性和情感性。

2. 活动过程的组织策略

（1）问题引领促思考。在欣赏音乐之前教师可先提出若干问题，这样可让幼儿在听音乐的过程中有事可做，避免幼儿分心。比如在欣赏《狮王舞曲》时，请幼儿仔细听听乐曲中有哪些动物？他们在一起干什么？幼儿在倾听时会有意识地去感受并寻找答案。他们可能有的回答："有小兔、大象、狐狸、小松鼠、袋鼠等"，有的回答："他们拉着手在一起跳舞。"他们的答案是由他所体会到的欢快、热闹、有节奏的感觉所致。由此，教师可以进一步地提问："小动物们在聚会跳舞时的心情和表情以及狮王出来时狮王的动作、表情又是怎样的？其他小动物的表情和动作又是怎样的？"立刻引发出幼儿更多的联想和体会。

（2）音乐语言促理解。当我们欣赏音乐的时候，被吸引的其实也就是其旋律、音色、节奏等音乐的语言。那怎样引导幼儿倾听音乐语言呢？那就是抓住音乐较突出的语言特征，结合幼儿的认知、体验、欣赏能力，帮助幼儿逐步听懂音乐的语言，如幼儿听班得瑞

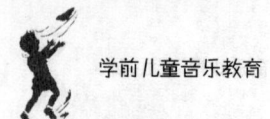

音频：
《童年》
《龟兔赛跑》

的《童年》时，引导幼儿闭上眼睛感受一下音乐，用手来给这美妙的音乐画线条。可以用直线或曲线的形式，看看哪种更能表达这首乐曲的情绪。大多数幼儿都用曲线来表达自己对这首乐曲的感受。这是幼儿能够理解的音乐语言。当然我们除了用线条，还可以用颜色、图画、动作等音乐语言促进幼儿对音乐作品的理解。

（3）游戏贯穿促成长。以游戏的方式开展音乐欣赏活动，能使幼儿的情绪调整到最佳状态，在轻松、愉快的情绪中自然地掌握音乐知识。在欣赏《龟兔赛跑》时，游戏给幼儿无限的快乐，在幼儿熟悉了游戏玩法后，引导他们仔细聆听音乐，按照音乐中乐段的转换来玩游戏。音乐伴随游戏，给幼儿带来了愉快的心情，虽反复聆听，仍乐此不疲。随着游戏次数的不断累积，幼儿对音乐的结构也就了如指掌了。

案例分析

音频：
《小猫圆舞曲》

小班音乐活动《小猫圆舞曲》

一、设计意图

《小猫圆舞曲》是美国现代作曲家安德森创作的小管弦乐曲，这是一首非常有趣的作品。音乐中的张弛变化、音乐猫的叫声、下滑音的装饰让人体验了诙谐和童趣。小班幼儿对动物的喜爱众所周知，又考虑到现在的小朋友大多数都是独生子女，特别是小班幼儿年龄小，很多都以自我为中心，缺乏友爱合作的品质，所以教师可以选择这首较具代表性的华尔兹舞曲。这个乐曲既符合小班幼儿年龄特点，又符合幼儿的现实需要，因此，我可以选择这个音乐素材与幼儿共同分享音乐的快乐。

二、活动目标

1. 初步感受《小猫圆舞曲》轻快、诙谐的特点。
2. 在故事情境中表现和理解音乐结构和情绪。
3. 能够愉快主动地参与、感受和体验活动，并能合作性的进行表演。

整个活动呈现了趣味性、综合性、活动性，以儿童发展为出发点和归宿是《纲要》的基本点，因此在教学目标的确定和教学过程的设计上，努力体现以幼儿为本的现代化教育理念，把能够愉快主动地参与、感受和体验活动，并能合作性的进行表演作为重点，本次活动的难点是，在故事情境中表现和理解音乐结构和情绪。

三、活动准备

为了更好地服务于本次的活动目标，完成活动内容，教师可以做以下准备工作：

小猫的手偶，能让幼儿更直观地了解音乐内容。

相关课件，能让幼儿更好理解音乐内容，了解音乐结构，从而更好地表现音乐。

四、活动过程

师生的双边活动坚持"以幼儿为主体，教师为主导"的原则，注重幼儿学习知识的"过程化、经验化及主动性建构"，通过幼儿的自主学习、合作学习、探究学习来解决问题。教师做到讲得"少"一点，"引"得巧一点，让幼儿学得"精"一点，"活"一点，领悟得"深"一点，"透"一点。根据本课教学目标及重点难点，设计了以下教学程序：

1. 导入

今天教师带来了一位新朋友，仔细听听他是谁？（猫咪叫声）

原来是一只 kitty 猫，他是 kitty 猫先生。这是 kitty 猫太太，他们是家人。他们生下了五个宝宝，快乐地生活在一起。

2. 整体欣赏音乐

听，他们在干什么呢？（幼儿初步欣赏音乐）

听了这段音乐，你觉得小猫在干什么啊？（幼儿回答）

3. 在情景中欣赏并表现音乐

（1）欣赏音乐 A 段

故事：森林里住着 kitty 猫一家，他们是华尔兹舞蹈世家。kitty 猫先生和 kitty 猫太太最喜欢跳华尔兹了，我们来看看他们优美的舞姿吧。

教师手偶表演：优美的音乐声响起，kitty 猫先生和 kitty 猫太太亲密的手拉手准备跳舞了。kitty 猫先生和 kitty 猫太太是怎么跳舞的？（牵起了手做好准备，手拉手，手接手，转圈）

教师介绍华尔兹舞蹈特点：这种舞蹈有一个好听的名字叫作"华尔兹"，它是需要两个好朋友面对面手拉手亲密地在一起用心去交流感情的舞蹈。

幼儿模仿表演，初步掌握音乐节奏：举起你们的小手，一个手变变变，变成 kitty 猫先生，一个手变变变，变成 kitty 猫太太。准备好了吗?

（2）欣赏音乐 B 段

故事：kitty 猫先生和 kitty 猫太太有五个幼儿，他们分别是 do re mi fa sol。有一天，kitty 猫先生和 kitty 猫太太不在家，小猫们决定开一个舞会。

（指偶表演，加入身体）

他们穿上最漂亮的华尔兹舞服，开始了他们的舞会。（带上指偶）

他们先要干什么？（小手拉小手）

难题：咦？小猫咪 sol 没有舞伴怎们办呀？谁能帮它想个办法？（配对：找人帮忙）

我们来看看他找来了谁？一只可爱的泰迪熊。他们欢快地跳起了华尔兹。他们优美的舞姿吸引来了许多小动物，小鸟们都在为他们打着拍子。

（幼儿再次表演）

我们也一起去参加小猫的华尔兹舞会吧。请你找好自己的好朋友手拉手准备好。

解决难题：交换舞伴。

小猫咪 sol 刚刚是找了泰迪熊来帮忙，除了找人帮忙，还有其他办法吗？

（3）幼儿交换舞伴表演

我们可以交换舞伴一起跳啊，我可以先和 do 跳，然后再换成 re，找自己的好朋友换着跳啊。这个办法这不错，我们也来试一试吧。

听好我的口令哦。我说换就赶紧去找另一个好朋友啊。

（4）游戏规则

故事：大家正跳得非常开心的时候，突然小鸟叫起来："小猫咪，你们的爸爸妈妈回来了！"小家伙们连滚带爬的躲起来了。一点声音也没有了。

4. 再次欣赏音乐 A 段

故事：可音乐还在继续。kitty 猫先生和 kitty 猫太太跟着音乐翩翩起舞，他们的热情唤起了可爱的小猫咪们，

原来是你们这群小鬼啊，我们一起跳起来吧。

故事：大家在音乐声中快乐地跳起了华尔兹，最后还评出了最佳造型奖呢。

我们也做一个造型吧，看看谁的造型最漂亮，最神气！

5. 整体表演音乐

（教师和幼儿完整表演音乐内容）

宝贝们，今天我们也来开个舞会怎么样？

先是谁表演啊，然后呢？最后大家一起表演。kitty猫先生和kitty猫太太表演时，小猫们能不能表演啊，所以你要听好音乐哦。

结束：走，我们带上其他小朋友一起去开舞会吧！

技能训练

1. 选择可以供幼儿欣赏的艺术作品，分析艺术作品的性质和特点，在教师的引领下集体为幼儿园设计一个音乐欣赏教学活动。

2. 查阅相关设计，结合文学作品，设计一个幼儿园音乐欣赏活动。

第七章 其他活动中音乐教育的渗透与组织

随着对教育生活化的深入研究，幼儿园音乐教育生活化得到了幼教工作者的高度关注。业内普遍认为，幼儿园音乐教育不仅要在幼儿园专门的音乐教育活动中融入生活元素，还要在幼儿园一日生活环节中渗透音乐元素；既要选取生活内容作为幼儿音乐活动的内容，又要以音乐的形式促进幼儿一日生活环节的开展，将音乐与幼儿的生活紧密结合起来，促进幼儿整体、全面、和谐地发展。最终，在音乐中渗透生活，用音乐组织生活，让幼儿体验到音乐带来的愉悦性、感染性，让幼儿的一日生活中始终充满着音乐性。

一日生活；区域活动；庆典活动

第一节 生活活动中音乐教育的渗透与组织

情境导入

陈鹤琴在"儿童生活音乐化"一文中也明确提出，"我们要将音乐的生气和兴味，渗透到儿童生活中去，使儿童无论在学习、游戏、劳动时，都能有意志统一、行动合拍、精神愉快的表现，使儿童生活音乐化。"儿童的生活是什么？美国乔治·福门博士认为，"儿童的大部分时间以及成长不是在被命名为'学习'的生活中度过与取得的，而是由一个个细微的生活片段联结而成。"显然，将音乐教育渗透在幼儿一个个细微的生活片段里，是儿童生活音乐化的最佳注解。因此，生活活动中渗透的音乐教育，注重的不是音乐活动的结果，而是音乐活动的过程；注重的不是教师的"权威"，而是幼儿的主体性；注重的不是幼儿对音乐技能技巧的掌握和各种标准化的要求，而是要培养幼儿的音乐能力，即音乐感受能力和音乐表达能力。生活活动的很多环节都是音乐活动渗透的好时机。这样，幼儿的音乐认知能力会显著增强，学会区分不同节奏、不同类型的音乐作品，甚至会用自己的方式来创作音乐。因此，要科学合理地选择一些中外经典童谣、名曲及音质各异的乐器乐曲等，让幼儿园的每个角落洒满音乐、洋溢灵动，让幼儿在生活活动中充分接受音乐的陶冶，诗意地走过真实而有意义的每一天。

一、一日生活中渗透式音乐教育的组织注意点

一日生活中，吃喝拉撒睡等生活活动既真实又重要，但往往容易被忽视，如果在生活活动的各个环节中渗透音乐的元素，不仅是以音乐的形式促进幼儿生活技能的学习，也是让他们在轻松愉悦的氛围中过真实的生活。比如可在来园、离园、餐点、盥洗、午睡时等多个环节请幼儿欣赏各种各样的音乐，让他们浸润在音乐的艺术、情感氛围中，在自由活动、散步等环节鼓励与支持他们自发性的音乐活动，或者组织一些有趣适宜的节奏活动或音乐游戏等。在组织一日生活中渗透式音乐教育的具体组织与引导时应注意以下几点：

（一）选择的音乐尽可能多元化，凸显和发挥音乐教育的本体价值

陈鹤琴先生说："怎样的环境就得到怎样的刺激，得到怎样的印象。"幼儿年龄小，他们有一对音乐的耳朵，更易受环境的影响。渗透在一日生活中的欣赏类音乐活动的主要功能和价值就是激发幼儿音乐的耳朵。所以，教师要有意识、有目的地为幼儿挑选适宜、优质的音乐刺激。因此，生活活动中音乐教育的渗透就要让幼儿尽可能多地接触不同类型、不同风格的优秀音乐作品，以这些优秀的音乐作品帮助他们丰富音乐经验、发展音乐能力、提高音乐素养。

1. 大自然的声音

"只有人们熟悉了现实世界中曾经感受过、听到过的各种音响，才有可能进一步体会出音乐是怎样通过对现实世界各种音响的模拟

音频:
《野蜂飞舞》
《云雀》
《田园交响曲》

和反映,来表现现实世界的。"事实上,很多世界名曲像《野蜂飞舞》《云雀》《田园交响曲》等,正是艺术大师用高超的艺术手段表现出的一些大自然中的音响。所以,在一日生活的恰当时机里,可以引导幼儿一起聆听鸟儿的鸣叫声、雨点的打落声、树叶的沙沙声等不加修饰的、也是最动听最迷人的自然之声。此外,携一片树叶放在嘴里,吹出美妙的声音;有节奏地敲打两块石头,感受好听又特别的声音;两块竹木放在一起做成快板等,通过自然之物倾听到的原生态声音,也是大自然给我们的最好馈赠。

2. 不同民族和国家的音乐

除了教师自己熟悉的音乐外,可以带着幼儿听听来自世界上不同国家与民族的音乐作品,比如欧洲古典音乐、南美洲拉丁音乐、美国黑人爵士音乐、我国民族音乐等。在倾听音乐的同时,还可以介绍与音乐相对应的人、环境等基本信息,通过音乐让幼儿接触不同文化以及不同文化中的人。比如欧洲古典音乐《水上音乐》《花儿圆舞曲》、南美洲拉丁音乐《桑巴舞曲》、印度音乐、非洲音乐。

3. 不同风格的音乐

幼儿的审美能力超过成人的预想,幼儿不仅喜欢听古典音乐,还可能喜欢听爵士音乐、拉丁音乐、乡村音乐、蓝调音乐、说唱音乐等。我们应该让幼儿从小就了解到音乐的丰富性,感受、欣赏不同风格音乐的魅力。如此较多地让幼儿有机会接触优秀、经典的艺术作品,不仅能美化和丰富幼儿的心灵,也能拓宽幼儿的视野,提升幼儿的艺术修养。

4. 不同乐器演奏的音乐

可以选择民族乐器和西洋乐器演奏的音乐,也可以选择乐器独奏、乐器合奏等不同难易层次的音乐。多层次的音乐不仅让幼儿认识不同乐器及不同的演奏形态,同时也提高幼儿的听觉辨别能力和音乐审美能力。

当幼儿广泛接触表现不同民族、风格、情感、内容的音乐时,他们的心灵世界将逐渐变得更加丰富、充实与和谐,并潜移默化地懂得世界的多样性和文化的多元性。所以,当幼儿听过一段时间的某种音乐之后,教师要更换其他类型或风格的音乐。可以尝试播放爵士乐、乡村音乐、民族音乐等,并邀请幼儿说说不同类型的音乐带给他们什么感受。当然,在一天中的任何时候,为了给幼儿营造一个积极的学习环境,教师都可以播放各类与生活相匹配的音乐。

当幼儿熟悉了之后，可以让他们参与讨论并投票选择播放什么类型或风格的音乐、具体选用哪个音乐家的曲子等。

（二）随着幼儿年龄的不断增长，音乐的选择要有梯度

不同年龄段的幼儿对音乐情绪性质的感受、音乐基本表现手段的感受、音乐的记忆能力等都是有差异的。3岁幼儿还不容易理解音乐的情绪性质，但能用动作反映音乐性质上的差别，4~5岁的幼儿可以借助图片选择或动作选择做出反馈，5~6岁幼儿则不需要图片或动作，可以直接用语言来表达它们对音乐情绪的体验和感受。音乐的记忆能力方面，3~4岁幼儿最容易记住的是象声词，其次是形象具体、内容浅近的歌词，4~6岁幼儿头脑中积累的音乐作品越来越多，他们能明确表示喜欢或不喜欢的音乐作品，并说出简单的理由。基于幼儿诸如此类的纵向发展特点，应该有梯度、渐进式地带领幼儿感受和欣赏音乐，从大众化经典的到有特色小众化的、从结构简单到复杂的、从单一器乐到交响乐。

（三）更换音乐的频率依据幼儿的年龄特点和兴趣需要而定

每学期放在一日生活中用来感受和欣赏的音乐，更换频率太高会让幼儿听觉混乱，更换频率太低则导致听觉疲劳，具体音乐更换的频率还要视幼儿年龄特点和兴趣需要的情况而定。比如，3~4岁幼儿正处于适应幼儿园集体生活的阶段，过渡环节的提示音乐不宜频繁更换，各年龄段可以一学期更换一次，以发挥出音乐的信号功能，快速有效地安定幼儿的情绪。每学期开学前，可以根据本班幼儿的年龄特点，分别选择入园和离园的音乐3~5首，每天循环播放，帮助幼儿形成听觉习惯。当幼儿熟悉了一些音乐之后，可以让他们参与讨论并投票选择播放什么类型或风格的音乐、具体选用哪个音乐家的曲子等。依据幼儿的年龄特点和兴趣需要更新、替换音乐。

（四）尊重和鼓励幼儿的自发音乐活动

一日生活的各个环节中，我们经常会看到幼儿的自发音乐活动，有个体的、有小组的，有时室内、有时室外，有歌唱类的、有节奏类的，这些自发的音乐活动完全是幼儿自己发起和组织的，他们天生就是艺术家。就像陈鹤琴说的，"大凡健康的儿童，无论是游戏、

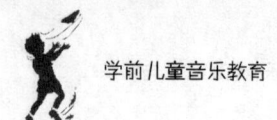

走路或是休息,都本能地唱着歌,表现出音乐的律动。"对幼儿这类自娱自乐类的音乐活动,"支持"就是教师所能给的最好的教育。一方面,理解、尊重和欣赏幼儿的自发音乐活动。在幼儿自发的音乐活动中,可能歌声不那么动听、动作不那么熟练,但那是他们表达内心情感和认识的重要方式,所以,不要用成人的标准去评判幼儿,只要不影响正常秩序,就不要轻易阻止和干涉,以免扼杀幼儿的想象和创造。另一方面,创设宽松的一日生活环境,鼓励幼儿自发的音乐活动。基于幼儿具有音乐表现的本能,教育在支持的基础上就要为幼儿营造一种良好的音乐氛围、创设音乐化的环境,以便激发幼儿更多的自发性音乐活动。

(五)充分发挥音乐的信号功能

幼儿享受着美好音乐的熏陶,会逐步知道听到某一乐曲时就该干什么了,随之也会产生相应的积极情绪。当一组乐曲幼儿熟悉一段时间后,再换一组,那么幼儿在三年生活中即可接触到大量的歌曲和乐曲,从而从量的积累过渡到质的飞跃。同时,幼儿在园生活、学习、游戏时的各项常规,我们都尽可能用音乐指挥,起立、坐下、搬椅子、排队形都用不同的旋律和节奏来给出信号。随着音乐的律动,幼儿在欢乐、自由的氛围中体会、欣赏、接受特定的信号,井然有序地完成教师的指令,从而大大提高了生活的效率和生命的质量。因此,教师需要用心设计和精心安排,使幼儿的一日生活沐浴着音乐的光辉,舒展着身心的愉悦。

二、一日活动中音乐教育的渗透与组织

一日生活包括入园环节、如厕与喝水环节、两操活动、进餐环节、午睡环节、自由活动、过渡环节、离园环节等。通过在生活活动中音乐教育的渗透与组织,来辅助幼儿认知、情感、技能的获得与发展,让他们在音乐的节奏与旋律中感受生活与学习的快乐。

(一)入园环节

入园环节是幼儿一日生活的开始。播放轻快的音乐迎接幼儿的到来,让幼儿一入园便感受到扑面而来的音乐气息,不仅可以稳定情绪,也可以愉悦快乐地开始崭新的一天。

(1)各种古典音乐,如巴赫、莫扎特、海顿、贝多芬、舒伯特等大师创作的音乐,让音乐之声缓缓流淌在幼儿的心间。

（2）舒缓、欢快、悦耳的轻音乐，如班得瑞的自然音乐《清晨》《春野》《寂静山林》《安妮的仙境》等，这类音乐所营造的唯美宁静的氛围以及宁静中缓缓飘来的流水声、雀鸟声、虫鸣声，能把幼儿带入大自然的意境。

（3）旋律轻快的歌曲，例如《大手牵小手》《快乐的一天开始了》《早上好》，以及彭野老师的新儿歌《清早听到公鸡叫》等，为幼儿创设一个良好的入园氛围。用一个欢快的音乐氛围来迎接幼儿，可以使幼儿感受幼儿园活泼亲切的氛围，以一种愉悦的情绪与家人告别，尽快投入幼儿园的生活之中。

音频：
《清晨》
《春野》
《寂静山林》
《安妮的仙境》

（二）盥洗与喝水环节

对于成长中的幼儿来讲，每天周而复始的吃喝拉撒正是他们学习独立生活的开始。小便、洗手、喝水等盥洗环节也正是保障幼儿身体健康的重要环节。但由于个人生理需要和习惯的不同，常常会出现一些幼儿还在盥洗室，一些幼儿已经盥洗完毕回到教室的情况。这一阶段，可以巧妙利用音乐来组织。

1. 唱做一体

为幼儿洗手、提裤子等编制一些顺口的小儿歌，幼儿可以边唱儿歌边进行盥洗活动，在为单调的盥洗活动增加乐趣的同时，帮助幼儿熟记盥洗过程和要求，尽快掌握正确的盥洗方法。比如在洗脸活动中，可以选择《小毛巾》这首儿歌，"小小毛巾爱玩水，洗了眼睛鼻子嘴，还跟耳朵亲亲嘴……"，简单的旋律，重复的歌词，让幼儿很轻松就能边唱边做，帮助他们养成正确的洗脸习惯。再比如擦屁股时可以创编这样的童谣："卫生纸，手中拿，从前向后轻轻擦，叠一叠，再擦擦，小屁股，干净啦。"

2. 视听并重

当有幼儿盥洗完毕回到教室后，播放事先准备好的视听素材，当全体幼儿盥洗结束后，询问幼儿听到或看到了什么，并引导幼儿交流和讲述。可以根据不同年龄段幼儿的特点，选择自我服务类的视听内容。每周设定一个主题，请幼儿根据画面中看到的进行练习，掌握正确洗手、使用厕纸等基本生活技能。也可以采用纯娱乐的方式，播放幼儿喜爱的动画片段，比如《猫和老鼠》《汪汪队》《小猪佩奇》等。这样做一方面是为了尽量减少消极等待的时间，另一方面是为了避免幼儿长时间在盥洗室里磨蹭。借助多媒体手段，利用零星的时间，将幼儿浸润在音乐的氛围中。

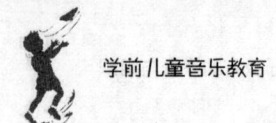

3. 盥洗交响乐

如厕对幼儿来说是具有挑战性的一个活动,很多小班幼儿,因为不能顺利地脱下裤子,着急地尿在裤子里。还有些大班的幼儿,因为不会擦屁股,而委屈地哭起来,这些经历都会让幼儿对如厕产生了一定的心理压力。舒缓的音乐可以缓解幼儿盥洗活动时的焦急心理,让盥洗活动变得轻松、快乐。比如播放一段舒缓的班得瑞的音乐或者交响乐,乐曲的开始和结束,暗示幼儿盥洗活动的开始和结束,辅助幼儿按需、分组、有序、轻松地盥洗。音乐的选择,以确保幼儿有良好的心理氛围为原则,音乐的范围可以适当拓宽,中大班幼儿可以自由选择他们喜欢的背景音乐,教师也可根据实际需要做定期地调整与更换。

(三)两操活动

幼儿园的两操活动是幼儿跟着音乐有节奏地做运动、锻炼身体的一种活动,它包括早晨的韵律操和下午的花色操,这里音乐的重要性不言而喻。一般来说,两操活动的音乐都是比较欢快活泼的,例如《彩虹的微笑》《加加油》《香水百合》《跟我做操》《虫儿飞》《亲亲美人鱼》等,两操活动不仅能够锻炼幼儿的身体,而且能够在欢快的旋律中,为幼儿带来一天的好心情。音乐选择需注意:

1. 节奏感强、内容活泼有趣

比如《西班牙斗牛士舞曲》中,小号用高亢、嘹亮的音色表现出斗牛士英勇、威武的英雄形象,这种节奏感强的音乐令幼儿一听就精神抖擞,特别适合用来做操。

2. 歌词有趣,内容形象适合动作模仿

歌词易懂、趣味性强的歌曲,不仅容易激发幼儿做操的欲望和激情,而且还特别适合儿童展开即兴晨间操动作创编活动,促进幼儿自主能力的发展。比如歌曲《动物模仿操》,歌词内容为:"小金鱼游呀游,摇摇尾巴点点头;小孔雀真漂亮,张开羽毛转一转;小小象鼻子长,摇小铃,叮叮当;小白马劲儿大,跑得快,得儿驾;小青蛙水里划,跳上跳下呱呱呱;小鸽子飞呀飞,飞来飞去咕咕咕。"这首歌歌词内容简单且形象鲜明,很适合小班幼儿随乐运动。再如歌曲《世界真奇妙》,歌词为:"亲爱的同胞,早上好,GOOD MORNING,世界健康操,预备。美国美国大老鹰,英国英国庞克头,韩国韩国吃泡菜,泰国泰国泼水节,日本日本SAKURA,意大

利我要吃 PIZZA。"这种具有多元文化气息、世界视野、但语言又简单易上口的内容，对大班幼儿就非常有吸引力。

（四）餐点环节

一日三餐中，幼儿要在幼儿园吃一餐两点或两餐两点，所以，餐点环节是一日生活中备受家长和教师关注的环节，它直接影响着幼儿的身体发育。医学证明，人边用餐边欣赏优美的音乐，不仅能增进食欲，更有利于消化和吸收。因此，在餐前可以向幼儿介绍今天吃什么菜、喝什么汤，这些饭菜对身体有什么好处，并适当让幼儿参与交流。用餐时则让幼儿听听舒缓轻快的音乐，使情绪趋于稳定，把大脑皮层的倦意驱散，让他们在轻柔的音乐中慢慢细细地咀嚼、品味饭菜的香甜，对音乐的热爱和对食物的喜爱之情油然而生。

比如，幼儿在喝水时通常会因为玩耍而耽误时间，教师就可以用音乐的方式进行"提醒"，或是一首学过的歌曲，或是一个简单的手部操旋律。中午吃饭前，幼儿在等待时，可以进行一些游戏歌或问答歌，让幼儿以一个好心情进餐。

经过一个上午有序的学习和游戏后，教师和幼儿可以在悠扬抒情的《蝴蝶找花》中，进行午餐前的准备工作，动静交替，符合幼儿身心发展的规律；进餐时，可以播放一些能营造良好进餐环境的音乐，例如小约翰·施特劳斯的《蓝色多瑙河》、钢琴曲《天鹅》等，既能使幼儿愉快平静地进餐，又有助于幼儿审美情趣的提高。

（五）午睡环节

午睡环节的时间比较长、比较安静，是幼儿一日生活中恢复体力的一个环节。入睡前播放音乐注意两点：第一，严格控制音量，要调到能促使幼儿快速入睡的、比较轻的音量，这种音量是教师通过多次尝试后确认的，一旦确认这种音量，需要在音量键上做出标记。第二，严格控制音乐播放的时间长度，当大部分幼儿入睡后就需要关掉音乐，确保一个安静的午睡环境。

1. 入睡前

（1）慢动作。教师说口令，或轻轻敲击乐器，让幼儿随音乐节奏做动作，使身心都逐渐平静下来，做好餐后到午睡间的有效过渡。

准备：柔和的灯光、优雅的音乐、声音清脆的乐器（碰铃、铜碰钟）。

实施：幼儿倾听教师敲击的节奏，用肢体做慢动作。幼儿慢慢

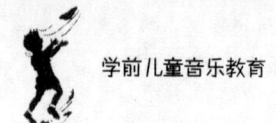

地移到床边,脱衣裤,准备入睡。

建议:教师所敲击的节奏要缓慢,声音要柔和。针对小班幼儿,也可以营造"小猫睡觉"的氛围,设计"小猫走路的动作",让幼儿在游戏情境中放慢动作。

(2)配乐文学欣赏活动。睡前故事是很多幼儿园都会组织的活动,如果选择与主题相吻合的背景音乐,可以极大提高文学作品意境的渲染力度,激起幼儿对作品的共鸣,引发他们积极的情绪体验。例如,诗歌《梦》选用了《梦幻曲》,故事《桃花瓣》选用《爱的礼赞》等,声音由强到弱,幼儿放松在曼妙的艺术享受中,安然进入甜美的梦乡。

(3)摇篮曲。音乐对神经结构,特别是大脑皮层,有直接影响。不同的乐曲作用于人的不同感觉器官,可使人产生安静、悲伤或兴奋等不同的情绪。睡前播放轻音乐,能稳定幼儿的情绪,起到安定催眠的作用。例如舒伯特的《小夜曲》、爱德华·格里格的《催眠曲》、勃拉姆斯的《摇篮曲》,还有彭野老师新儿歌系列中的《摇篮曲—舒伯特》《摇篮曲—勃拉姆斯》《摇篮曲—莫扎特》《摇篮曲—宝贝》《摇篮曲—月儿明》《以色列摇篮曲》《印第安摇篮曲》《东北摇篮曲》《德国摇篮曲》等,来自世界各地、使用各种语言的摇篮曲都可以选用。这些抒情缓慢的摇篮曲,既可以为幼儿创设一个宁静的睡眠环境,也有助于提高幼儿的睡眠质量。

2. 起床时

在幼儿起床时,可以播放音量适中、轻松欢快的音乐,帮助幼儿尽快清醒过来,以饱满的热情投入下午的活动中。活泼有力的《哆来咪》响起,幼儿伴随着欢乐的节奏穿衣下床,以饱满的情绪开始新的活动。也可以选择小约翰·施特劳斯的《拨弦波尔卡》、肖邦的《小步舞曲》、中国唢呐名曲《百鸟朝凤》等音乐,还可以做几分钟的起床韵律操,帮助唤醒幼儿的身心。

(六)自由活动

自由活动主要是指幼儿自己选择活动材料及玩伴的环节,包括早晨入园后幼儿自己玩玩具的时间,也包括活动环节之间的衔接时间和户外自由活动时间。这是幼儿最喜欢的一个环节,在这样一个活动环节中,给予音乐的渗透,会进一步激发幼儿自由活动的兴趣,并在不知不觉中享受到音乐之美。例如,在早晨入园到吃早饭的时间段里，幼儿园一般会让幼儿自己玩玩具，这时候就可以给他们播放最近学习的歌曲，让他们在游戏的过程中巩固所学内容。在幼儿收拾玩具时播放《玩具兵团要回家》这首歌，通过歌曲中的榜样，引导幼儿养成玩完玩具要放回原位的好习惯；在幼儿户外自由活动时，也可以选用一定的背景音乐，为他们的活动增光添彩，如《快乐的游戏》等。

在户外自由活动中，在引导幼儿感受并探索大自然的过程中，引导幼儿放耳听世界，把他们的审美感受带到大自然，回归到生活。可以有意识地引导幼儿聆听大自然的风声、鸟声、树叶声等，引导幼儿聆听生活中汽车的喇叭声、走路的声音、跑步的声音，感受声音的长短、高低、强弱以及不同的音色，丰富幼儿对声音的各种感性经验，培养幼儿对声音的敏锐感受和丰富细腻的表达能力。在户外自由活动中，幼儿还经常产生自发的音乐表演行为，如敲敲草地上的石头，自由探索节奏；自由哼唱歌曲，边唱边扭动身体；还有的幼儿甚至会自发组织音乐游戏。教师要欣赏并支持幼儿自发性的音乐活动。

（七）过渡环节

1. 听一听，唱一唱

在一个高强度的集体活动后，幼儿更需要放松的片刻，音乐无疑是非常好的放松方式。集体活动后，可以让幼儿欣赏一些舒缓或轻快的音乐，让幼儿跟着音乐自发唱唱歌，让音乐之声，自然而然地流淌在幼儿的心间，帮助幼儿以饱满的精神状态进入下一个活动，也间接提升了幼儿的音乐素养。

准备：幼儿已学过的或感兴趣的歌曲、适合幼儿欣赏的乐曲或名曲。

实施：选择性播放幼儿熟悉的歌曲或喜欢的音乐，可以是幼儿会唱的歌曲，也可以是适合幼儿欣赏的名曲。在聆听歌曲的时候，幼儿可以跟着哼唱，或者静静聆听，感受音乐的特质；抑或跟着音乐做做律动，用肢体表达内心的快乐。问问幼儿："你最喜欢哪首歌曲或者最喜欢哪段音乐？给你什么样的感觉？你想试试表演出来吗？"可以请幼儿推选代表带领小组或集体一起唱唱、做做、演演，丰富幼儿的音乐体验。对于一些名家名作，可以适时地介绍，提升幼儿的音乐素养。各种类型的音乐轮次播放，幼儿也可以自主点歌。

建议：让幼儿演唱的应该是幼儿熟悉且适合幼儿年龄的歌曲。供幼儿欣赏所选的音乐要根据上一个活动来确定，如果上一个活动比较热闹，可以选择安静抒情的音乐；如果上一个活动比较安静，则可以选择活泼欢快的音乐，起到调节幼儿身心的作用。对于幼儿听到音乐后的各种情感表现，如语言、肢体的表现等，应该鼓励、支持，让幼儿能更大胆地表现自己的情绪、情感。

2. 改编歌曲增加过渡环节的趣味性

为了吸引幼儿主动参与活动，丰富环节内容，可以依据幼儿的年龄特点和各活动环节的内容要求，对幼儿喜爱的歌曲内容进行改编，在每个活动环节开始时，可以一起唱一唱，使每项活动都充满了情趣。如《快乐拍手歌》，可以巧妙地将歌词置换为环节要求：洗手时唱"好朋友，好朋友，我们一起来，一起快来洗洗手"；游戏时唱"好朋友，好朋友，我们做准备，准备好一起做游戏"；散步时唱"好朋友，好朋友，我们拉拉手，拉着手一起去散步"……幼儿一边唱着与活动内容相关的歌曲，一边自觉地开展活动，自然而然地养成了良好的行为。

3. 音乐游戏避免过渡环节的消极等待

德国诗人歌德曾经说过："生活的秩序要在游戏中建立。"音乐游戏作为游戏的一种，也有游戏规则。它不仅具有游戏的趣味性，也可以培养幼儿良好的秩序感，还可以发展幼儿音乐方面的能力。给予幼儿美的熏陶，赠予幼儿快乐的源泉。

（1）幼儿熟悉的音乐游戏

准备：幼儿比较熟悉的一些音乐游戏，如"石头、剪刀、布"、"头发、肩膀、膝盖、脚"、"套圈"等。

实施：玩"头发、肩膀、膝盖、脚"的音乐游戏，先从慢到快做音乐律动，让幼儿在加快节奏的过程中，锻炼手眼协调并获得愉悦。当幼儿全部回到位置上的时候，放慢歌词速度并适当改编歌词，最后加上一句"快快坐好"，省去了"让幼儿坐好"这样课前规则的讲解步骤。

建议：选择音乐游戏时，要考虑这个游戏适合在课间活动时使用，还是适合在集体活动等待环节使用。有些音乐游戏适合幼儿在课间活动进行，如"游公园"，有些音乐游戏稍加改编就可以服务于集体活动。这就需要教师善于分析、利用、选择与创造音乐游戏，从而更好地使用它们。

（2）问答歌

比如问答歌《邮递员》："咚咚咚""谁呀？""我是邮递员啊！""哪里来的信啊？""……来的信啊！""送给谁呀？""送给……啊"这样的游戏不仅能够很好地衔接各个活动环节，也能够充分利用零碎时间对幼儿进行音乐的陶冶，是幼儿园中必不可少的一种渗透式音乐教育。

（八）离园环节

离园环节是幼儿一日生活的结束，幼儿一般会心情愉快而又有些焦急地等待家长的到来。为稳定幼儿的情绪，应该让幼儿在平静有序的氛围中度过。

1. 离园之声

播放《天黑了回家吧》《天黑黑》《红蜻蜓》等主题为"放学回家"或"天黑"的音乐，或者《单簧管波尔卡》《啤酒桶波尔卡》《闲聊波尔卡》等节奏明快、情绪愉悦的经典乐曲。

2. 自由点歌

将幼儿会唱的歌曲全部放在电脑里，让幼儿按学号依次自由点歌，教师在轻松、优美的歌曲声中，整理幼儿的穿戴，发放物品，处理特殊情况。这是一天中幼儿最自由、最快乐的时刻。

3. 我的小舞台

在离园前的短暂时间为幼儿搭建展示的舞台，让幼儿在集体面前展示自己当天学习的儿歌、故事、探索发现、歌曲等，在歌声、书声、笑声中结束一天的幼儿园生活，对幼儿来说肯定别有一番意义。

准备：展现自我的小舞台和小话筒，必要时还可让幼儿自制表演所需的道具。

实施：师幼讨论今天学了什么，鼓励幼儿展现才艺，到小舞台上表演。

建议：幼儿展现的形式可以是一个人，也可以是自由结伴、小组、集体等多种形式。教师要特别调动那些内向不爱表现的幼儿的积极性，鼓励每个幼儿都能参与到"小舞台"的表演中来。

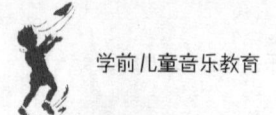

拓展链接

1.《儿童古典音乐欣赏》（CD& 解读手册）

　　分纯音乐版和加入人声解读版。200 余首古典曲目，按诱导期、萌芽期、体验期、欣赏期四个阶段呈现在 20 张 CD 上，同时配有 354 页的解读手册，是国内首套为幼儿量身定做的音乐学习与能力训练的专业宝典，中国音乐学院音乐研究所音乐与智能研究中心承担的国家十五规划教育部重点课题成果。

2.《幼儿教师音乐素养》附录二 "欣赏什么音乐"

　　德国学前幼儿音乐学校 MOMU 音乐教师郑少文将古典名曲从结构简单的大众化名曲到和弦复杂、结构庞大的音乐，按入门阶段、中级阶段、高级阶段三个层次作了分类呈现。（郑少文.幼儿教师音乐素养[M].上海：复旦大学出版社，2015.）

3.《幼儿教师音乐素养》附录三 "国际网络音乐电台"

　　德国学前幼儿音乐学校 MOMU 音乐教师郑少文分享了一些德国、英国、法国、美国等欧美国家儿童电台、古典电台的二维码和网址链接。

4.《幼儿园一日生活音乐素材宝典》（CD& 图书）

　　根据一日生活不同环节的特点和需要，改编、创编了 100 余首与愉快入园、健康操练、快乐学习、温馨进餐、甜蜜午睡、轻松盥洗、开心游戏、幸福离园相配的乐曲。（李凤莲主编.幼儿园一日生活音乐素材宝典[M].武汉：长江出版传媒湖北美术出版社，2017.）

5. 幼儿园常用的音乐游戏

　　北师大学前教育系教授王懿颖译配的 18 个常用音乐游戏。（王懿颖.幼儿园教师音乐技能[M].北京：高等教育出版社，2014，250-264）

第二节 学习与游戏活动中音乐教育的渗透与组织

> 问题导入

生活活动之外,学习和游戏活动是幼儿在园一天的重要组成部分。学习与游戏中也能进行音乐教育的渗透吗?跟生活活动中音乐教育的渗透有什么区别呢?本节重点介绍学习与游戏活动中音乐教育的渗透与组织。这里学习活动中渗透的音乐教育主要指专门的音乐活动以外其他集体教学活动,游戏活动主要介绍区域游戏中音乐区的设计与组织。

一、集体教学活动中渗透式音乐教育的设计与组织要点

音乐教育不再是每周开展 1～2 节专门的集体教学活动,而应融入主题教育活动里,整合到其他领域的教学活动中,潜移默化地给幼儿渗透式音乐教育。

这里的集体教学活动除了专门音乐教育活动,更多是指其他领域活动中音乐元素的渗透。在强调课程综合化的今天,基于幼儿全面发展的认识,很多活动都同时涉及几个领域,不同领域之间可以相互补充、相互促进,将音乐融会贯通于环境和各种活动中。充分发挥音乐的感染力和鼓舞性,以及表达、表现的作用,借助音乐开启幼儿智慧之门,使他们更充分地感受、表达与创造。

(一)借助音乐,使枯燥的学习趣味化

将音乐渗透学习中,可以让枯燥的学习活动变得有趣。如在数学活动"有趣的图形"中,教师在活动的开始、转换及结束部分均插入了音乐活动,使得整个教学动静交替,充满吸引力。在巩固阶段,教师借助《找朋友》的旋律,将最后一句歌词改编为"相同的图形握握手",幼儿根据自己手中图形去找拿相同形状的幼儿握握手,幼儿在游戏中完成活动的既定目标。

(二)注入音乐,把无形的情感有形化

情感是先于知识的,可以说,幼儿期的情感体验能力的培养,影响着幼儿的一生。音乐多元化的音响效果可以形象地展示情感世

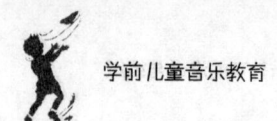

界的丰富性，帮助幼儿理解和体验。在综合活动《相亲相爱的一家人》中，在幼儿欣赏动物一家之间相亲相爱的情景时，教师配上了动画片《狮子王》的音乐，借助缠绵而舒缓的音乐，动物之间的爱深深地印在了幼儿的心头，幼儿在音乐中具体感受了"爱"这一抽象的、无形的、只可意会不可言传的情感。

（三）音画结合，让抽象的音乐具体化

我们发现，幼儿在纸上涂鸦、玩捏黏土或进行其他美术创作时，常伴随轻浅的哼唱，表现出一定的通感能力。因此，在美术教学中，教师可以有意识地引导幼儿运用多种感官参与学习。如进行涂色训练时，准备一些幼儿喜爱的、体形悬殊的动物卡片，幼儿听到高音时就给小鸟涂色，听到低音时就给大狗熊涂色；也可以准备一些速度悬殊的动物卡片，听到快音时可以给小兔涂色，听到慢音时就给乌龟涂色；也可以准备一些发音长短的动物卡片，听到长音时就给老牛涂色，听到短音时就给小猫涂色。幼儿非常喜欢这样的活动，音画结合，把抽象声音具体化，既增添了活动趣味，也培养了幼儿用多种感官去欣赏音乐、表现音乐的能力。

集体教学活动中的音乐，是背景、是信号、是静态教学活动的点睛之笔。例如，健康领域中，在认识自己的身体时，就可以让幼儿跟着《我的身体都会响》的旋律，边唱边做不同身体部位的动作，知道不同身体部位发出的声音是不一样的；在语言领域中，也有一些蕴涵着音乐元素的诗歌，例如《说电话》《过大年》等，这些诗歌都是加入快板的元素进行说唱。幼儿在学习古诗的时候，同样可以以歌唱的方式进行。谷建芬老师创作的《新学堂歌》系列，里面收录了20首古诗词歌曲，包括《春晓》《咏鹅》《悯农》《静夜思》等幼儿园时期学习的古诗词，这些歌曲的歌词就是诗歌内容本身，配上优美的旋律使其具有了音乐性。通过观察发现，相比普通形式的诗歌教学，幼儿按这样的方式能较快地掌握诗歌的内容和节奏，对于学习古诗的兴趣也大大增加。户外体育活动时，开始的热身环节与结束的放松环节，一般都会加入音乐的元素。在这两个环节，教师带领幼儿在音乐中，跟随音乐的拍子与节奏进行身体的伸展和收缩，为游戏做好准备或结束，这其中音乐教育的审美功能也在悄悄地进行着。

二、区域游戏中音乐教育的设计与组织要点

《指南》指出,"应充分创造条件和机会,萌发幼儿对美的感受与体验,丰富其想象力、创造力,引导其用自己的方式表现美、创造美。"区域活动作为幼儿个性化发展的主要阵地,为幼儿充分感受和欣赏美、表现和创造美提供了得天独厚的机会和舞台,尤其是其中的表演区和专门的音乐区,有效拓展和延伸了集体教学形式。区域的设置和安排包括了环境、空间的规划、材料供给等。

(一)环境创设

3~4岁幼儿独立自主意识开始萌芽,表现出明显的好奇、好动、好想象、好探索等特征。随着对环境中人、事、物的逐步适应,他们开始能逐渐摆脱对成人的依赖,并尝试自主地参与活动。随着身体各部位技能的逐步发展,他们运用环境中的材料进行创造性表达的能力也逐步提高。生动形象、富有趣味的环境,不仅能吸引他们的注意力,还能激发他们与环境中的事物进行互动的兴趣,丰富感性经验,提高认知能力。

4~5岁幼儿对集体生活的适应性、对周围事物敏感度及好奇心在不断增强,在低龄阶段用以安抚情绪,引发"假象"的卡通形象式的墙面环境,不再能满足他们互动交流的心理需要。他们更渴望通过探索环境中的各类材料,和不同伙伴进行交流沟通,以获得较为丰富的生活经验及情感体验。创设环境时,既要考虑装饰风格的协调性,选择的点缀物应尽可能与周围的橱柜、墙面色彩统一,又要考虑给环境适当的留白,勿追求多而满的装饰,让环境在凸显可变性与完善性的同时,有渐进发展的空间。

随着5~6岁幼儿思维复杂性、活跃性的提升,不仅要考虑利用环境中的材料与幼儿互动,还要利用环境中的材料让幼儿感受不同地域的文化及风格特点,以拓展他们多元地认识事物的视角。随着幼儿各方面能力的迅速发展,他们更需要通过多元化的材料与内容,满足自我创造、自我表达、自我挑战的需要。所以,选择材料与内容时,既要从幼儿的兴趣出发,又要从拓展、提升能力的角度思考,选择能满足幼儿自主学习、自主发展需要的内容。

1. 区域设置

在区域活动中设置音乐区,满足幼儿初步探索音乐、感受音乐、享受音乐、理解音乐的需求。在区域设置上,音乐区既是一个整体,

又可分隔成"三立方"的小区域,"音乐欣赏区"让幼儿能充分欣赏不同的音乐作品;"音乐表演区"为幼儿提供一个表现、表演音乐的平台;"音乐创作区"应让幼儿自由进行创作。教师和幼儿可以在音乐创作区一起制作乐器、服装、各种头饰。幼儿在自由选择、自由探索、自由操作中,既享受快乐,发展对音乐的兴趣,又建构音乐知识经验。在区域设置与划分上,很重要的一个原则是"动区"和"静区"之间不能相互干扰,所以作为"动区"的音乐区尽量靠窗而设,条件允许的情况下,放在阳台或走廊相对独立的空间,尽量不对其他区域造成干扰和影响。此外,尽量创设开放或半开放的形式,给幼儿提供一个宽敞的、便于幼儿自主表现的场地。

2. 背景、舞台创设

环境创设都应在后期区域活动推进中逐渐更新和完善,幼儿在其中,既能在熟悉的环境中驾轻就熟地活动,也能对微调的环境产生新鲜感。具体而言,应注意:3~4岁:音乐氛围鲜明且要富有童趣;空间位置明显且场域开放。4~5岁:要利用自然物、废旧物,借助区域记录单、节目单创设互动式的区域环境。5~6岁:结合主题教育或班级近期特色活动创设环境,适当利用图谱等材料营造互动式的环境。而且5~6岁的幼儿,自我表达与合作表演的需求越来越强烈,在舞蹈表演中,他们开始逐步关注队形的变化与造型的设计。有条件的幼儿园,可以在音乐区中给幼儿提供镜子,帮助他们自我监控动作美感、空间距离等,从而体验自我尝试、自我调整、自我完善的乐趣。

(二)材料投放

1. 材料的收集

基本材料:放音设备、表演用的音乐、各种表演服装、头饰、话筒、道具、背景等材料。

家具:添置开放式的三层柜,可以有序地摆放各类乐器和操作材料。添置适合幼儿身高尺寸的桌椅,最好有不同高度的尺寸,方便不同身高的幼儿选用。在不同音乐功能的区域摆放不同大小的桌子,音乐欣赏区摆放个别桌,让一个幼儿安静地欣赏音乐;音乐创作区摆放大桌子,供幼儿小组合作。添置藤筐、木质托盘等器皿,分类摆放各类小乐器。添置CD架,有序摆放音乐封套。添置软木板,方便张贴各类图谱。

设备：最重要的是播放音乐和视频的设施设备，比如CD机、电视、电脑。

乐器：沙锤、小快板、方梆子、卡巴撒等打击乐器。

道具：为了支持幼儿自发的音乐表现和创造，更生动有趣地进行表演，可提供纱巾、各种帽子、丝带、服饰、面具等各种道具。

提示性材料：为了帮助幼儿更好地理解和表现音乐，可提供图谱、图片等提示性材料。

投放原生态材料：为了支持幼儿的音乐探索和体验，可提供幼儿生活中随处可见的物品，比如杯子、陶罐、纸张等，还可以在生活中寻找一些会发出不同声音的材料，投放在音乐区供幼儿天马行空地探索，只要物品能发出声音，幼儿就能用它们创作出属于自己的独特音乐。

2. 各年龄段材料投放的特点

在音乐区域中，同一个音乐核心关键经验，在不同的年龄段要提供不同难易程度的操作材料。

3～4岁幼儿音乐区的材料投放注重趣味性。可以提供便于幼儿演奏的打击乐器；提供简便易行的PPT节目单；增加类型多样的音乐作品。因为幼儿年龄越小，越需要熟悉和重复，所以在更新和调整游戏材料时，不要将所有内容和材料全部更换，应循序渐进地替换。尤其3～4岁初期，仍可延续2～3岁时的游戏。

4～5岁幼儿音乐区的材料投放侧重互动性。可以选择教学中的"合作性游戏"为内容，满足互动需要；通过幼儿推荐拓展音乐内容，满足幼儿自我展示的需要；提供不同类型的节目单，满足自选活动需要。

5～6岁幼儿音乐区的材料投放考虑多元化。材料投放不仅要考虑利用环境中的材料与幼儿互动，还要利用环境中的材料让幼儿感受不同地域的文化及风格特点，以拓展他们多元地认识事物的视角。可以利用生活中的自然材料作为打击乐演奏材料，选择能满足男女生不同性别需求的经典作品，提供适于幼儿自主排练节目的视频与图谱，提供可提升个体经验的优秀榜样视频，依靠多媒体技术的力量，满足幼儿个性化发展。

（三）规则建立

区域活动中音乐教育的效果，少不了规则的遵守和执行。区域活动中，良好规则的养成是一个持续的过程。

幼儿在适应规则的初期，教师除了在一旁观察他们遵守规则的情况，还要及时针对他们发生的具体问题给予明确的帮助，让他们在不断运用规则解决问题的基础上逐渐顺应规则，达成共识。

3~4岁：巩固挂牌进区规则；巩固拿放材料规则；建立空间位移规则；建立根据提示语活动的规则。3~4岁幼儿已经初步建立了一定的规则，但因其规则意识发展还不够稳定，仍需要在活动中不断地巩固与加强。随着幼儿年龄、能力及水平的不断发展，我们须从幼儿现有水平出发，不断地调整与完善规则。3~4岁是建立稳定规则的关键期，规则一旦建立，不要轻易改变，应让规则实施一段时间后，根据幼儿的活动需要再做调整。

4~5岁：巩固"找空处"的空间共享规则；建立"我的节目我做主"的规则（节目内容可自选、表演顺序可自选）；建立"轮流活动"的规则；建立"区域记录"的规则。4~5岁幼儿的交往需求日益增强，他们不再满足于个体独立地参与活动，更倾向于通过与他人的结伴或共同游戏的方式，获得人际互动的乐趣。此阶段由于幼儿独立自主意识的初步发展，比起低龄阶段，他们在活动中会表现得更有主张、更有想法，随着区域环境、内容、材料及人际交流方式的改变，区域中的规则也将随之发生变化。

5~6岁：建立合作协商的规则；建立规划与练习的规则。5~6岁随着合作意识的日趋强烈，他们自发地组织、自主地邀请同伴共同合作的游戏日益增多，对规则的认同与运用能力也逐步增强。随着规则意识逐步发展，他们开始能以公平为前提，尝试履行集体的共同约定，并能运用约定好的规则调控自己的行为，监督他人的行为，从而让规则由他律逐渐向自律过渡。

（四）教师观察与引导

1. 区域活动观察与引导的一般性原则

区域活动是幼儿自主活动但不等于放任活动，高质量的或有效的区域活动与教师的精心设计和引导有关。教师需要拥有充分的关于幼儿学习和发展的框架性知识，能根据当下情境中幼儿出现的问题现场进行准确的判断，并及时给予适宜的支持和智慧的互动，进而真正发挥区域活动对每个幼儿发展的独特价值。教师要做到观察幼儿在前，判断幼儿在后；幼儿探索在前，教师引导在后；幼儿表

述在前，教师追问在后。这对教师的能力要求比较高，尤为是观察、诊断和互动的能力。区域现场的引导要注意以下几点：

区域活动的引导不仅体现在活动过程中，更多地体现在活动前和活动后。活动中，幼儿主要通过与材料互动来实现发展，通过亲身操作，尝试探索获得知识、经验。所以，教师的引导更多地体现在活动前，思考提供什么样的材料，通过提供多元化、多层次的材料满足不同兴趣倾向、不同能力水平的幼儿的发展需求，不断激发他们自主学习的内驱力，满足他们的成就感。同时，教师还要在活动后对幼儿学习过程中的记录和作品，进行观察、分析、评估，做出区域材料投放的调整方案。

（1）判断幼儿当下的发展处于何种状态

教师要判断造成幼儿出现某种状态的原因是什么、怎么解决。这需要教师不仅拥有音乐领域的框架性知识，还要拥有幼儿各个领域发展的框架性知识；不仅要了解当下活动对幼儿发展的核心经验，还要掌握围绕此活动前后发展的相关活动和策略，即幼儿全面发展的方向和路径。

（2）判断何时需要介入

教师要准确判断幼儿的困难在哪里，是不敢尝试、坚持不了，还是不清楚活动的规则或不清楚活动流程，还是操作方法错误或是思维能力的限制等。对幼儿来讲，在这些困难中，哪些是他自己能克服的，哪些是需要教师给予支撑的……教师要充分了解每个幼儿的学习特点、优势和弱势。

（3）判断何时是介入的最佳期

区域活动中教师的引导可以在幼儿活动前、活动中、活动结束时，教师要判断对幼儿个体来说，在哪一个环节介入是最佳时刻，以提高介入的有效性。

（4）判断何种方式的介入最恰当

教师要明确用怎样的方法介入最有利于此幼儿的发展，是通过语言追问、动作示范直接介入，还是间接介入。

2. 音乐区观察与引导的具体策略

随着幼儿自主意识及人际互动意识的增强，他们在面对新环境、新材料、新规则时，必然会出现新问题。教师引导时，一方面可以借助环境创设、材料提供、规则商榷本身的提示性、暗示性来引导幼儿解决自主选择、角色分配等问题，另一方面还可以从幼儿实际活动中的问题入手，帮助幼儿学会具体问题具体对待。观察引导要因人而异，对于不参与音乐区或参与频率较少的幼儿，不要急于督促，要在观察的基础上分析原因，找准对策；对于有音乐天赋、热衷音乐区表演的幼儿，应巧用评价环节放大优势，肯定其表现力，发挥他们榜样的作用，促进其更好地展现自我；对于性格内敛、不擅长自主表达的幼儿，可以用"假装没看到"的方式，观察这类幼儿的表现，发现其个体差异与优势。有时，教师还可以装傻，询问幼儿活动参与情况，让幼儿积极主动地表达自我。

有些幼儿在表演区仅仅满足于装扮活动，缺乏角色表演的意识和能力，所以，引导幼儿用丰富的表情、动作、语言进行表演是表演区引导的重点，但应凸显游戏性，避免成为刻板的表演活动。具体引导上应注意：3～4岁幼儿：引导其学习正确使用打击乐器的方法，逐步建立看节目单选活动的意识。4～5岁幼儿：主要包括自主选择节目、角色分配（静观其变、先退后进的引导；预知问题，先进后退的引导）和及时反馈的引导（活动前、活动中、活动后）。引导5～6岁幼儿时，可以借助图谱支持幼儿自主探究（队形图谱和动作图谱），借助区域记录单发展幼儿自我规划意识，借助反思评价激励幼儿自我调整与完善。当然，引导因人而异，对能力较强的组合以放为主，对能力强弱组合以引为主，对能力偏弱的组合以扶为主。引导的同时，要给幼儿提供自我发现及解决问题的空间。

案例分析

歌唱类区域活动《走走唱唱》（3～4岁）

一、核心经验

通过倾听音频中教师模仿的小动物叫声，尝试有节奏地模仿小动物走和叫。

二、活动准备

1. 选择在集体活动中学习过的歌曲，如《小动物走》。

2. 数码播放器一台。

3. 录制音频：歌曲开始前教师用声音模仿某种小动物的叫声，引导幼儿知道即将表现的小动物，并做好准备。在间奏处换一种小动物的叫声，如此循环两遍，钢琴完整伴奏（即表现三种小动物）。录好的内容保存于U盘中。音频中教师的提示语："喵喵喵，谁来啦？小动物们都来和我们玩游戏啦！它们是怎样走路、怎样叫的呢？我们一起来学一学！"音频中间奏处教师的提示语："呷呷呷，还有谁来啦？请宝宝们快做好准备！"（小动物的叫声可以替换）

三、玩法说明

幼儿倾听音频，根据音频中教师的提示，尝试模仿相应小动物的走路姿势，在钢琴伴奏下一拍一步，并在每一乐句的后半句演唱出相应小动物的叫声，走动过程中知道"找空地"。

四、活动引导

1. 观察幼儿是否注意倾听音频，并愿意模仿小动物走和叫。如果幼儿不注意听，教师用语言、眼神提示幼儿注意倾听。如果开始时幼儿不愿意参与，教师可等待一段时间，给幼儿适应的过程，如幼儿仍不愿参与，教师可陪伴鼓励幼儿模仿小动物走和叫。

2. 观察幼儿合乐情况，针对合乐做动作有困难的幼儿，教师可运用体态或语言进行带动。

3. 提醒幼儿在走动中找空地方，并注意避让同伴，和同伴保持一定距离。

五、活动延伸

为了增加幼儿的活动兴趣，可以用同样的音乐替换不同种类的小动物。

表演类区域活动《袋鼠妈妈》（3~4岁）

一、核心经验

学习两两结伴歌表演，模仿袋鼠跳时动作较合拍。

二、活动准备

1. 学习过歌曲《袋鼠妈妈》。

2. 教师在钢琴伴奏下演唱歌曲，并录制成音频，保存于U盘中。歌曲开始前教师提示语：教师1说："我是袋鼠宝宝。"教师2说："我是袋鼠妈妈。"两位教师一起说："让我们一起跟着音乐唱唱、跳跳，相亲相爱。"歌曲演唱一遍结束后，可以请幼儿交换角色再次表演。

3. 数码播放器一台。

三、玩法说明

幼儿两两结伴，扮演袋鼠宝宝和妈妈，一前一后同方向站立，

"妈妈"双手扶住"宝宝"的肩膀，共同跟随歌曲边唱边有节奏地跳，最后一句互相拥抱。

四、活动引导

1. 观察幼儿倾听提示语的情况，是否能两两结伴，准备好开始游戏。

2. 观察幼儿结伴游戏的情况，适时提醒幼儿注意控制与同伴的距离，保持舒适的活动空间。

3. 如果幼儿在选择角色时发生矛盾，教师可适度调解，引导幼儿知道在接下来的环节中可以交换角色进行游戏。

4. 教师引导幼儿做"相亲相爱"的动作时注意控制力度。

5. 待幼儿比较熟悉该游戏后，教师用手势、体态、语言提示幼儿两人协调地跟随节奏跳。

6. 邀请幼儿表演，引导其他幼儿欣赏。

节奏类区域活动《大雨小雨》（3~4岁）

一、核心经验

尝试探索乐器的不同演奏方法，如摇奏、拍奏、轻轻地敲击、重重地敲击等，表现不同的雨声。

二、活动准备

1. 铃鼓、串铃等乐器4~6个（数量与音乐区可容纳幼儿人数相等）。

2. 学习过歌曲《大雨小雨》，教师在钢琴伴奏下，边演唱边奏乐器，录制成音频，保存在U盘中。歌曲开始前教师的提示语："下大雨啦，下小雨啦，请宝宝们选择一件自己喜欢的小乐器，为歌曲《大雨小雨》伴奏吧！（给幼儿一定的时间拿乐器）准备好了吗？我们的游戏要开始啦。"歌曲结束时教师的提示语："请宝宝们看好标记，把小乐器送回家！"

3. 数码播放器一台。

三、玩法说明

幼儿自选一件乐器，如铃鼓，跟随音频演唱歌曲，在歌曲唱到"哗啦哗啦"处，随乐摇奏铃鼓，表现下大雨的音色和节奏；在歌曲唱到"滴滴答答"处，随乐轻轻敲击铃鼓，表现下小雨的音色和节奏。在歌曲的其他部分，小乐器不发出声音。

四、活动引导

1. 观察幼儿倾听音频选择乐器的情况，提醒幼儿每次只拿一件乐器。

2. 观察幼儿倾听音频演奏的情况，如演奏的合乐性、乐器的抓握姿势等。如果幼儿合乐有困难，教师可提醒幼儿注意倾听音乐，并用动作带动提示。如果幼儿抓握乐器的姿势不正确，教师要示范引导，或帮助幼儿纠正。

3. 观察幼儿能否用不同的演奏方式表现不同的雨声。如果幼儿有困难，可引导幼儿边倾听音乐边观察同伴的演奏，明确大雨时和小雨时分别用摇奏乐器和轻轻拍乐器的方式演奏。如果幼儿仍有困难，可用动作带动幼儿演奏。

4. 音乐停止时，观察幼儿能否倾听提示语，看标记，将乐器送回家。

5. 鼓励幼儿换1～2种乐器试一试，观察幼儿换乐器的情况，并给予有针对性的引导。

配器类区域活动《只怕不抵抗》（4～5岁）

一、核心经验

愿意根据自己对打击乐作品的理解，尝试运用部分替换的方法为打击乐作品配器，感受不同的音响效果。

二、活动准备

1. 选择幼儿在集体教学活动中学习过的打击乐作品，如《只怕不抵抗》，制作成乐器图片可以替换的图谱。

2. 该打击乐作品的音频资料（保存于U盘中），数码播放器。

3. 作品中需要使用到的铃鼓、小铃、圆舞板等（每种4～6个即可）。

4. 音频中教师提示语。活动开始前，"小朋友们，你们想换一种方式来演奏《只怕不抵抗》吗？谁愿意来试一试？"（等待适当时间，让所有人将新的配器方案调整好）"调整好了吗？今天谁是小指挥？（等待适当时间，确定小指挥）请其他小朋友看好图谱，在乐器架上选一件乐器，我们的演奏就要开始啦。"活动结束时，"新的演奏方式好听吗？（等待片刻，给幼儿思考、回应的时间）别忘了把小乐器送回乐器架上哦。"

三、玩法说明

幼儿在音频中提示语的提示下，先尝试将图谱中的某一种乐器用其他乐器图片替换，再手拿乐器，在小指挥的指挥下，按照新的配器方案进行演奏，感受不同的音响效果。活动结束时在提示语的提示下将乐器送回乐器架上。

四、活动引导

1. 集中介绍

教师出示大图谱及可以替换的乐器小图，让幼儿了解活动内容。

鼓励幼儿思考想用哪种乐器替换原来的哪种乐器，并让幼儿演示操作替换的方法。

提示幼儿操作的过程中要爱护大图谱和乐器小图，避免损坏。

2. 观察引导要点

观察幼儿在音频提示语的提示下，替换乐器图片的情况。

如果没有幼儿愿意尝试，教师应鼓励能力较强的幼儿进行尝试。

如果有较多幼儿想尝试替换乐器，教师先观察幼儿之间是如何解决这一问题的，如果幼儿无法解决，教师再提议运用猜拳或黑白配的方法决定由谁操作，并让幼儿知道大家可以轮流。

观察幼儿配器时是否有困难。如果幼儿一直犹豫不决，教师需询问幼儿的想法，鼓励幼儿大胆选择一种乐器替换。活动初期，幼儿可先只替换一种乐器进行演奏尝试，待熟悉了后再运用部分替换的方法进行替换演奏。

幼儿观察新的配器方案，手拿小乐器，在小指挥的指挥下进行演奏。教师观察幼儿演奏情况，能否运用新的乐器合乐地演奏，如果有困难，可引导幼儿共同讨论解决，重新演奏。

演奏结束后教师观察幼儿是否将乐器送回乐器架上。

3. 分享交流

教师根据幼儿活动情况，请1~2组尝试过打击乐活动的幼儿在全班面前表演。教师带领全班幼儿观看改编后的图谱，理解新的演奏方法。教师请幼儿表演、展示，全班幼儿欣赏。

根据幼儿表演情况进行交流。教师关注幼儿是否按照新的配器方案进行演奏。教师关注幼儿演奏中是否合乐。

五、活动延伸

随着幼儿对乐曲节奏、结构的不断熟悉，演奏乐器的不断熟练，教师可以适当增加替换乐器的种类。

《餐具交响曲》(5~6岁)

一、核心经验

在熟练使用筷子敲击餐具（如搪瓷碗、塑料饭盒、不锈钢碟子）为乐曲伴奏的基础上，尝试为乐曲的部分乐段配新的演奏方案，感受用生活物品演奏音乐的乐趣。

二、活动准备

1. 4~6套餐具，每套餐具可以包括一双筷子（用于敲击其他餐具）、一个搪瓷碗、一个塑料饭盒、一个不锈钢碟子。

2. 便于幼儿替换配器方案的底板若干张。

3. 在集体教学中，幼儿已经熟悉的用餐具为其伴奏的乐曲。

三、玩法说明

幼儿在熟练地用餐具为乐曲伴奏的基础上，利用操作底板为乐曲的A段设计新的配器方案，并根据新的配器方案为乐曲伴奏。

四、活动引导

1. 幼儿看原先的图谱听音乐进行演奏。

2. 幼儿尝试自己摆图谱，教师重点关注幼儿是否能协商确定配器的方案，当幼儿意见出现分歧时，教师适当提供帮助或建议。

3. 当配器方案确定后，教师观察幼儿的练习情况，引导幼儿注意倾听声音效果是否需要调整。

4. 幼儿进行演奏，演奏结束后，教师适时给予肯定和鼓励，并与幼儿共同就演奏中出现的问题进行讨论。

五、活动建议

1. 该活动可以让幼儿感受到运用生活中的物品进行演奏的乐趣，乐器配置上可多重复，节奏要趋于稳定，有助于幼儿较好地掌握用生活用品演奏的方法。

2. 幼儿在演奏生活物品的过程中，教师可以鼓励其尝试敲击这些物品的不同位置，感受不同的音色，丰富幼儿对音色的体验。

不管是学习还是游戏中的音乐教育，都要求教师要为幼儿尽可能多的提供参与和实践的机会，把更多的时间和机会留给幼儿操作，而不是教师讲授。因此，在音乐区中，要为幼儿提供各种各样的材料和工具，引导他们根据自己的需要选择材料进行表演。他们可以用各种打击乐器进行节奏乐的练习，也可以穿上不同的角色服装进行舞台剧的表演，还可以学习与欣赏不同风格的乐曲……在这样的区域活动中，幼儿多是以小组或同伴合作的形式进行游戏。这时，教师可以引导幼儿运用一些对话性的歌曲进行表演和游戏，让两名幼儿边唱、边表演、边游戏。当然，在进行其他区域的活动时，也可以用音乐的方式让幼儿更好地投入其中。比如在阅读区和建构区这些相对安静的区域活动中，可以播放班得瑞的钢琴曲《日光海岸》、德彪西的钢琴曲《棕发少女》等，让幼儿在一个舒适的音乐氛围中，完成对区域活动知识的掌握。总之，音乐是一门实践性很强的学科，在音乐教育活动中，要让幼儿亲自用口、手、身体等进行练习与实践，才能获得对于教育内容的最直接的感知与体验，切实感受到音乐的魅力。

技能训练

根据幼儿年龄特点，分别设计小、中、大班各一个音乐区域游戏。

第三节　大型庆典活动中音乐教育的渗透与组织

情境导入

随着本土文化和多元文化的多轨并行发展，幼儿园开始借助各种各样的节日，进行文化的传承和启蒙，在六一、端午、中秋、春节、元宵、国庆、圣诞节、毕业会演等各类具有典型生活化气息的节庆中，有文化和传统的熏陶，也少不了音乐的配合。比如，元宵节是中国的传统节日，很多幼儿园会开展赏灯猜灯谜、吃汤圆、做香囊等活动，有的邀请舞龙舞狮队来园进行表演，让幼儿近距离接触民间传统艺术，有的用听觉感受中国古老的鼓声伴奏，还可以让幼儿听着《金蛇狂舞》，一起参与舞龙表演，一起喜气洋洋闹元宵。六一儿童节是属于幼儿自己的节日，多数幼儿园会举行隆重的庆祝活动，一起唱响《快乐的六一》《六一儿童节》等经典欢快的歌曲，有的会围绕某个主题开展区域综合活动，如表演区、创意美术区、科学探索区、运动区、美食区等,还有的可能围绕某个主题开展专题活动,如音乐节、童话节、亲子游园、玩具义卖等。端午节的时候,会借助歌曲《过端午》和民间童谣《五月五》让幼儿了解端午节的风俗习惯。当圣诞节遇上元旦时,可以一起欢欢喜喜迎新年,在《新年乐陶陶》《铃儿响叮当》等歌曲中感受新年的欢乐氛围。庆典活动是幼儿园在节日、纪念日、重大事件发生时所举办的各种大型活动,包括节庆活动、纪念活动、典礼仪式和其他活动。

幼儿园庆典活动中的音乐活动特指在各种庆典活动中组织的音乐表演和娱乐活动。这里主要介绍节庆活动中音乐教育的渗透与组织,以及专门的音乐表演类活动中,音乐教育的设计与组织。

一、节庆活动中音乐教育的渗透与组织

随着各类节日资源的挖掘,幼儿园平均每个月至少一次大型节庆活动。九月开学教师节、中秋节,十月国庆节、重阳节、万圣节,十一月,十二月庆圣诞迎元旦,下学期过完春节开学后二月元宵节,三月三八节、植树节,四月清明节,五月劳动节、端午节、母亲节,六月儿童节、父亲节,再加上如今特别重视的森林日、水日、气象日、地球日、环境日等资源与环境保护方面的节日,各种节日资源正如火如荼地被幼儿园教育开发利用着。也就是说无论哪个幼儿园,一学期之中都会根据自己的价值取向和特色发展组织几次大型的节庆活动,儿童节、国庆节、中秋节、重阳节、三八节、端午节等传统节日自不必说,幼儿的毕业典礼、运动会、亲子游园等也是每个幼儿教师必须设计和组织的。在所有这些节庆活动中,不管是全园性的庆祝活动,还是以年级或班级为单位的小范围的庆祝活动,音乐元素都是串联整个活动的那根线,不仅有开场、离场、过渡环节等音乐的暖身与烘托,还有各类文艺节目中音乐的选择、舞蹈的编排等。设计与组织的时候应注意以下几点:

(一)时间安排

艺术类的节目排练要与音乐教育教学融合在一起,融合在集体活动、区域游戏、一日生活中,而不是挤占幼儿的游戏与自由活动时间。接触过幼教一线的人可能都有一个印象,每逢遇到元宵节、三八节、儿童节、国庆节、重阳节等大型节庆活动时,一日活动的

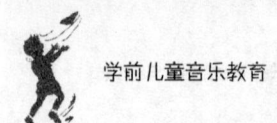

常规和秩序总会被破坏和打乱，一切能利用的时间都用来一遍遍地排节目，结果老师忙乱、幼儿疲乏，本该用来促进生命成长和情感体验的音乐教育也随之消失殆尽。基于节庆活动中的音乐教育偏重于幼儿艺术领域的发展，所以，幼儿园在安排本学期课程内容时，可适当减少艺术领域的一些内容。另外，改变"艺术节"花费大量时间来排练节目的固有思维方式，要把"艺术节"的内容通过一日生活中集体、小组、个别的时间来完成。比如，合唱、集体舞、韵律表演等全员参加的音乐活动，可以在音乐集体教学时间新授、复习、巩固，间隔穿插在餐后、离园前等安静活动之间，不仅达到动静结合的调剂作用，更让幼儿在短而精的 5~10 分钟之内体验音乐活动的乐趣、收获集体表演的成就感，有效避免 20~30 分钟整块游戏时间内因重复机械练习而导致的无趣感。

（二）人员分配

全体参与的前提下，尊重幼儿个体差异，促进幼儿音乐素养的个性化发展。在音乐活动中，幼儿存在一定的性别差异，就算是同一性别的幼儿，也有的喜欢唱歌，有的擅长舞蹈，有的热衷表演，那在大型节庆活动中，除了合唱、歌表演、韵律操展示之外，小组音乐活动就要为幼儿提供个性化发展的机会和舞台，让幼儿充分发挥所长，享受音乐，增强自信。

（三）家长参与

大型活动是幼儿园培训家长、资源共享、家园沟通的最好方式。比如六一庆祝活动中幼儿表演和亲子游园之间"小苹果""大王叫我来巡山"这些大众化的热身舞，可以发视频链接在家长群，邀请家长和幼儿一起唱唱跳跳，不仅可以帮幼儿强化在幼儿园的学习成果，也让音乐连接亲子互动，将节庆活动推向高潮，把音乐的情感性、愉悦性辐射到家庭。

（四）建素材库

幼儿教育是一项比较庞杂的事业，需要我们关注的面很多，每每遇到大型活动时，会苦于脑洞不开、资源不够，需要绞尽脑汁、费尽周折地搜罗与之相匹配的素材，运气好能从网络或者同学那里获得现成的，运气不好只能无功而返、焦急上火。所以，从现在开始，就应眼观六路、耳听八方，将生活中遇到的跟各类主题节庆活

动相关的音乐、视频、图片、文字等都收集在案，分门别类地放在相应文件夹里，在日积月累中建构自己的节庆活动音乐素材库。

二、专门的音乐表演类活动设计与组织

专门的音乐活动在前一章已经做了很好阐述，在此不再赘述。除了前一章提及的歌唱活动、韵律活动、打击乐活动、音乐欣赏活动，越来越多的幼儿园开始组织专门的音乐表演类活动，比如音乐欣赏会、合唱表演会、乐器演奏会、音乐剧表演会等。音乐欣赏会是让幼儿观看和欣赏各种形式的音乐作品，属于欣赏类的专题音乐会。幼儿园可以每年组织不同主题和形式的音乐欣赏会，如"民乐欣赏会"时可邀请家长或社区中的专业人士，走进幼儿园为幼儿表演民族歌曲、民族舞蹈、民乐演奏等，让幼儿对民族音乐有整体而感性的了解。合唱表演会就是以班级为单位进行的合唱表演。组织的过程中，让幼儿一起参与选歌，一起讨论表演的形式，可多声部合唱，也可表演唱，重点是幼儿能愉快而自信地歌唱。合唱表演会要鼓励每个幼儿都参与，没有比赛，没有竞争，只是让幼儿感受合唱的艺术魅力和团队合作的快乐。第三类是乐器演奏会。如今，很多幼儿都有演奏乐器的才能，乐器演奏会就是让全园有乐器才能的幼儿上台表演。演奏的乐器不限，钢琴、古筝、口琴、扬琴、葫芦丝、非洲鼓等都可以；表演形式和人数也不限，可一个幼儿表演，也可与同伴或家长合作表演，主要是为幼儿提供一个展示自己乐器特长的机会。还有一类是非常综合化的幼儿音乐剧表演，很多地方也叫创造性戏剧表演。下面重点介绍一下幼儿音乐剧的设计与组织。

三、幼儿音乐剧的设计与组织

音乐剧（Musical theater，简称 Musicals），早期译为歌舞剧，是一种舞台艺术形式，结合了歌唱、对白、表演、舞蹈，通过歌曲、台词、音乐、肢体动作等元素，把故事情节以及其中所蕴含的情感表现出来。经典作品有《音乐之声》《猫》《巴黎圣母院》《悲惨世界》等。

幼儿音乐剧是集音乐、舞蹈、表演、制作于一体的一种艺术形式。以幼儿音乐剧作为教育的载体，引导幼儿通过参与这种综合性的艺术活动，使其学会合作，抒发情感，感受到美，并根据自己的认识与感受，尝试表现和创造美。著名作品有《音乐之声》《美女与

野兽》《狮子王》《歌舞青春》等。

（一）幼儿音乐剧各年龄段教育目标

《指南》的"说明"部分明确指出"关注幼儿学习与发展的整体性"，综合化的幼儿音乐剧恰好符合并能满足幼儿整体性学习与发展的特点，各年段幼儿都能在综合化的音乐剧中获得相应的学习与发展。以下是赵红和冯桃在《幼儿音乐剧——主题活动方案设计与实施》一书中提出的"幼儿音乐剧主题活动各年龄段教育目标"。

表 7-1　幼儿音乐剧主题活动各年龄段教育目标

小班	中班	大班
健康： 　　初步建立良好的行为习惯和健康的生活方式。	语言： 　　喜欢欣赏故事，理解故事内容，体会故事所表达的情绪情感。 　　能够在人多的场合下，自然大方地表达。	语言： 　　能够大胆地当众表达，表达时自然、从容、自信。
语言： 　　愿意用语言与别人交往，喜欢应答。 　　喜欢听故事，能够用简单的动作、语言表达自己的想法。	社会： 　　能与同伴分工合作，轮流分享，尝试解决困难。	社会： 　　能关注别人情绪需要，并给予力所能及的帮助，主动关心他人。 　　能够勇敢面对困难并想办法解决。 　　掌握交往技能，体验分享互助和合作的快乐。
社会： 　　喜欢参加集体活动，愿意与老师和同伴互动，对集体生活产生初步的归属感。	科学： 　　知道环境保护对人类的重要性，有初步的环境保护意识。	艺术： 　　在欣赏、理解艺术作品的基础上，自发自主地进行艺术表现，乐于与他人交流表演中的体验，并做出简单评价。 　　大胆运用绘画、手工制作等艺术手段制作简单的服饰、道具、布景等，并能运用于表演中。

（续表）

小班	中班	大班
艺术： 　　愿意用自己喜欢的方式进行艺术表现和创造。 　　喜欢参与艺术活动，感受参与的乐趣。 　　喜欢倾听优美动听和形象鲜明的歌曲，能初步理解和表现歌曲的内容和情感。	艺术： 　　喜欢欣赏多种艺术形式的作品。 　　喜欢参与艺术活动，能用自己的方式大胆进行艺术表现。	思维： 　　能根据需要制定简单的计划并执行。 　　能运用简单的数字、符号、图画、图表等方式进行简单记录和提示，发展幼儿解决问题的能力。

（二）各年龄段幼儿音乐剧特点

依据各年段幼儿音乐剧的教育目标，各年龄段幼儿音乐剧在剧幕、角色、主题、剧情、台词、音乐等外显要素方面都有着各自的特点。比如，小班剧本剧情简单，台词多重复，角色较少，角色形象多为活泼可爱的小动物，主题承载的功能重在帮助幼儿养成良好的行为习惯和良好的礼仪，以再现幼儿的生活为主。中大班剧本情节相对较复杂，角色较多，剧情冲突明显，主题多变，剧情融入幼儿很多的想象，台词复杂，也更注重幼儿的艺术表现。以下是赵红和冯桃在《幼儿音乐剧——主题活动方案设计与实施》一书中提出的"小、中、大班音乐剧特点对比图表"①。

表7-2　小、中、大班音乐剧特点对比图表

年龄类别	小班	中班	大班
剧幕	1、2幕	2、3幕	3、4幕
角色	2~4个	3~6个	4~8个
主题	突出爱的教育和健康教育	关注科学现象及良好行为习惯培养	突出幼儿的兴趣点以及发现问题和解决问题的能力

---

① 赵红、冯桃.幼儿音乐剧——主题活动方案设计与实施[M].北京：电子工业出版社，2017,17

（续表）

年龄类别	小班	中班	大班
剧情	浅显、易懂	情节变化多，角色较丰富，故事性增强	情节跌宕起伏，故事充满了悬念和转折
台词	简洁、多重复，符合小班幼儿的表达特点	多以对话的方式体现，故事性增强	台词对白增多，句式较长和复杂，逻辑性强
音乐	乐段简单、歌词重复多，音域适合小班幼儿，多以2/4拍音乐为主	音乐节奏鲜明，歌词唱段增加，并体现音乐的强弱、快慢、音调高低和音色变化	音乐性质鲜明、结构适中，并体现不同风格的音乐体裁，如进行曲、舞曲、摇篮曲等

（三）幼儿音乐剧的设计与组织要点

1. 让幼儿做音乐剧的主人

让幼儿做音乐剧的主人，首先意味着幼儿主动参与、亲身实践，在整个活动中处于主体地位。其次，幼儿可以根据自己的需要、爱好和兴趣自主构思，自主选择表现材料和方法，自我评价。在音乐剧的组织实施中，只有充分调动了幼儿的积极性、主动性和创造性，才能使幼儿较好地运用语言、肢体等艺术表达方式表现出对音乐剧的感受与理解。考虑到幼儿思维的特点是具体、形象，所以需要引导幼儿在多感官充分感知的基础上，运用多种艺术形式大胆表现、自由创造。

2. 将音乐剧融入幼儿的一日生活

幼儿是完整的人，他们的发展不是独立的，是在一日生活的各个环节中完成的，所以教育也应该整体式地推进，而不能彼此割裂。音乐剧的最终目的也是以音乐剧为载体，通过幼儿一日生活的各个环节，引导幼儿理解音乐剧内容，并根据自己的理解表现剧情、角色，学会大胆、自然地表现自己，从而获得完整的发展。因此，音乐剧的组织与实施不是让幼儿进行简单、枯燥的排练，而是要综合利用多种教育资源，将音乐剧融入幼儿的一日生活，让他们了解剧情、表现剧情、创造剧情，让幼儿成为音乐剧的主体，以他们的理解，用他们的语言，表现他们的见解，使用他们的道具进行表演，充分发挥家园共育的力量，使幼儿走进音乐剧，成为它的朋友和主人。

（1）充分利用区域游戏

幼儿音乐剧中诸如歌唱、台词、表演、舞蹈、道具等很多内容跟区域游戏是不谋而合的，完全可以充分利用相关联的区域游戏促进幼儿艺术表现力的提升。比如，可以将音乐投放到表演区，引导幼儿在感受歌曲性质、理解歌曲内容的基础上，通过自己的情绪情感将歌曲表现出来，从而逐步提高歌唱的表现力；可以将剧本投放在语言区，引导幼儿理解故事情节、感知人物性格、揣摩角色心理、体验角色扮演等；可以将角色、剧场、站位等融进表演区，引导幼儿模仿剧中的人物和动物，对基本舞步、韵律及律动进行练习和表演。道具方面则可以充分发挥美术区的作用，引导幼儿利用多种材料制作服装和配饰。

（2）巧妙利用过渡环节

过渡环节是一日生活中最自然的环节，将幼儿音乐剧中的歌曲或剧情情境化是在过渡环节中提升幼儿艺术表现力非常有效的一种方式。如为了帮助幼儿更真实地了解情绪的变化，可以创设一面"表情墙"，引导幼儿感知笑、哭、生气、发怒时眉毛、眼睛以及嘴角的一些变化，从而增强对人物情绪变化时的表情把握。

3. 全面考量音乐剧的核心要素

（1）剧本

剧本是一台音乐剧的灵魂，音乐剧的选材要恰当，突出人物艺术形象。声音效果的配合要即兴、紧凑，源于生活，具有现场立体感。音乐要短小，对白要精练，通俗易懂、言简意赅。但是当把成人创编好的剧本用于幼儿音乐剧的排练时，往往发现成人的对白不一定适合幼儿的表达方式和习惯。所以，剧本的二次创作要根据幼儿的说话习惯、思维习惯、接受能力不断地进行调整和完善，不强求幼儿准确地死背台词，而是让他们根据剧情说出类似的台词即可。同时，也可以增加旁白的数量，用旁白贯穿剧情，对小演员起到提醒作用，从而不漏痕迹地帮助幼儿顺利完成演出。

（2）角色

在音乐剧开展过程中，每个幼儿没有自己固定的角色，从最初的角色选择到过程中的角色调换，可以为幼儿提供充分体验每一个

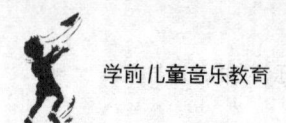

角色的机会，然后通过角色卡配对的游戏帮助幼儿选到最适合自己的角色。但是当多名幼儿抢演同一角色时，可采用竞演的方式确定人选，最终通过公平竞争的方式选出最符合人物性格的角色人选。此外，当幼儿找不到最适合自己或感觉都不是自己最满意的角色时，可根据幼儿的需要灵活调整角色，或者增加角色。

（3）舞台

舞台可以是班级的表演区，可以是幼儿园的舞台，也可以是专业的演出舞台。教师需要灵活利用区域游戏时间、艺术活动时间或者幼儿园阶段性的展演，给幼儿真正演活角色的空间和机会。

4. 灵活运用多种策略对幼儿音乐剧表演予以引导

幼儿是天生的表演家，但表演也是一门技术，更是一门艺术，所以当幼儿在表演"术"的层面欠缺一些方法和技巧时，教师需要灵活运用多用策略有效地帮助幼儿丰富艺术体验，提升艺术表现能力。当幼儿在表演中遇到困难时，不仅教师可以利用动作、表情、眼神等对幼儿进行提示，还可以发挥同伴的互助作用、环境的支持作用、相似优秀作品的引领作用。此外，从幼儿的主体出发，引导他们以生活经验带动表演技巧显得尤为重要。比如，当幼儿无法表现惊慌失措的状态时，可以问问幼儿：你有没有害怕的时候？你害怕的时候是什么样子的？会怎么做？也可以让幼儿进行小组和集体讨论，用动作表现出来，从而让生活经验真实有效地带动起表演技巧。

案例分析

大班毕业典礼《感恩成长　放飞梦想》

童年是香甜，童年是快乐，童年是大家在一起的幼儿园美好时光。经历三年的幼儿园学习和生活，大班幼儿即将告别老师和同伴，进入下一阶段的小学生活。为了全面展示毕业生的风采，激发大班幼儿的自豪感，体验离园时的惜别之情，萌生对小学生活的向往之情，在大班幼儿即将毕业之际，组织一场毕业典礼，为幼儿园三年的美好时光画上一个圆满的句号。

一、活动目标

1. 在积极参与毕业典礼的排练和演出过程中，勇敢展示三年来的学习、成长与进步，感受毕业典礼的欢乐气氛和同伴间的团结协作精神。

2. 体验毕业离园时的惜别之情，大胆表达对老师和同伴的留恋与不舍，珍惜离别，学会感恩。

3. 为自己成为幼儿园毕业生而感到骄傲和自豪，萌生对小学生活的向往之情。

二、活动准备

1. 联系场所，做好走台、彩排、正式演出三场的场地准备。

2. 布置毕业典礼会场。

3. 精心筹划节目，做好主持、家长和毕业生代表发言的排练及准备工作。

三、活动过程

1. 家长入场

播放暖场音乐，家长穿正装准时出席，凭票入场，依照观众席座位安排入座。为每个家庭发两张票，入口处张贴一张座位示意图。

2. 毕业典礼

引导——开场舞

（1）在欢快喜庆的开场舞中主持人亮相。

（2）园长寄语后，主持人宣布本届毕业典礼正式开始。

第一篇章——甜甜的回忆

（1）播放幼儿三年成长的视频，带家长走近幼儿三年的成长生活。

（2）情景节目《宝宝长大了》，幼儿用稚嫩到慢慢成熟的动作表现成长过程。

（3）合唱《友谊地久天长》。

第二篇章——感谢您

（1）真情表白：在抒情的音乐声中，一群女孩与自己的老师翩翩起舞，幼儿与家长代表在情境中真情表白，抒发师生离别、感恩之情。

（2）家长倾情表演《课堂ABC》：家长们为幼儿精心策划小学课堂情景，激发幼儿对小学的向往之情，表达全体家长的一片心意。

（3）幼儿真情流露《爱在人间》《朋友》：集体表演，表达对父母、师长的感恩之情，对小伙伴深深的友谊和爱。

（4）大合唱《毕业歌》：采用男女生对唱与合唱的方式，适当加入头部动作与手势,表达全体毕业生对幼儿园的不舍与感恩。

(5)园长颁发毕业证。

(6)家长代表献花。

第三篇章——明天更美好

(1)打击乐表演《喜洋洋》《大中国》。

(2)快乐体育《从这里开始飞翔》:以音乐为背景,将幼儿表演的呼啦圈、运球、跳绳等各种运动组合在一起,表现毕业生积极向上、朝气蓬勃的精神面貌。

(3)小中班舞蹈:弟弟妹妹为大班幼儿送上美好的祝福。

(4)男孩舞蹈《聪明一休》,女孩舞蹈《茉莉花》。

3. 珍贵一瞬间

教师、幼儿、家长在音乐声中道别、合影,留下永恒的美好回忆。

4. 家长携幼儿离场

大班音乐剧《小红帽》

剧本:
《小红帽》

一、分析剧本

故事《小红帽》是幼儿百听不厌的经典童话,很多幼儿在家就听爸爸妈妈讲过,但是,把这个经典故事排练成幼儿音乐剧,对他们来说却是全新的挑战。改编后的音乐剧,富有生活情趣,符合大班幼儿心理发展需要,对他们极具吸引力。同时,音乐剧的排演也是给他们提供充分展示表演能力和创编能力的机会。

在音乐剧《小红帽》中,穿插了诸多中外优秀音乐作品,如挪威作曲家格里格《培尔·金特》组曲中的《清晨》、中国儿童歌曲《小红帽》、俄罗斯作曲家普罗科菲耶夫创作的交响童话《彼得与狼》中的大灰狼主题、儿童歌曲《小松树》以及德国作曲家韦伯创作的歌剧《魔弹射手》中的《猎人合唱》等经典音乐作品。这些作品像清泉一样,滋养着幼儿幼小的心灵,让他们在美的音乐中陶冶性情。

二、确定目标

1. 通过欣赏音乐剧里的经典音乐作品,发展健康向上的审美情趣。

2. 在音乐剧《小红帽》的音乐实践中,提高表演、合作能力。

3. 增强自我保护意识,不轻信陌生人。

三、准备道具

红色帽子,灰色头巾,黑色眼镜框,篮子,制作大树、苹果等道具的报纸、硬纸板、剪刀、胶水、胶带等物品。

四、设计过程

1. 导入

(1) 出示封面:看,封面上有谁?她穿着什么颜色的衣服?戴着什么颜色的帽子?(引出主人公的名字——小红帽)

(2) 那只大灰狼在干什么?它为什么要跟着小红帽?它的嘴角流出了什么?

(3) 有人已经听过这个故事,谁能大概讲一讲这个故事?

(4) 最后小红帽有没有被大灰狼吃掉?

2. 分层次讲解,引导幼儿深入了解故事情节

(1) 教师对照画面讲述故事,同时引导幼儿观察画面细节。

(2) 教师戴手偶讲述故事,同时加入以下乐曲作为转场音乐或背景音乐:

《培尔·金特》之《清晨》

《清晨》是《培尔·金特》第一组曲的第一段,描绘了清晨日出的美丽景色。乐曲开始由长笛演奏田园风格的曲调,继而双簧管与之相呼应,好似牧笛在回应。在强音第一次奏出时,描绘了太阳冉冉升起,洒下金辉,万物都已苏醒的景象。

中国儿童歌曲《小红帽》

这首儿童歌曲在我国家喻户晓,由一首巴西儿歌翻译而来,这首歌曲形式简约活泼,内容浅显直观,旋律富有律动感,节奏明朗,生动活泼,这首儿歌能唤起幼儿的美感和愉悦感,深受幼儿喜爱。

《彼得与狼》中的大灰狼主题

大灰狼主题是由三只圆号浓重的和声效果烘托出来的,从音色、音量和音调上都有一种阴暗的色彩,它形象地刻画出阴森可怕、凶残贪婪的大灰狼形象。

儿童歌曲《小松树》

这首儿歌旋律明快,结构工整,句式整齐,富于朝气,歌曲中将儿童比作小松树茁壮成长,表现了儿童朝气蓬勃、一心向上的精神风貌。这首歌曲节奏富有动感,具有行进节奏的特点,朗朗上口。

《魔蛋射手》中的《猎人合唱》

这首男声小合唱节选于歌剧《魔蛋射手》中猎人唱段之一,这首

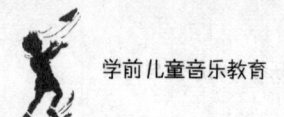

歌曲节奏欢快，旋律流畅，刻画出猎人扛着猎枪，迈着矫健的步伐，自豪地走向山林的情景。整首歌曲散发着自信、豪迈的艺术气息。

（3）引导幼儿讲述故事

幼儿戴手偶讲故事，教师展示书中的画面，同时播放相应的音乐。

3. 讨论角色形象，分组模拟动作

幼儿自由组合、分配角色、讨论创编动作。

（1）教师启发幼儿挖掘故事中主要人物的性格特征

小红帽：单纯、善良，但是对陌生人过于信任，缺乏警惕性。

大灰狼：凶狠、狡猾，而且还非常贪婪。

外婆：慈祥、亲切。

猎人：正义、勇敢。

（2）教师引导幼儿解决角色选择时的冲突

轮换法：让两个幼儿自行商量或是用游戏的办法，比如石头剪刀布或比高矮等方法确定谁先演、谁后演，两个小朋友轮换着表演。

发现法：帮助幼儿发现其他角色的独特和乐趣，引导幼儿自愿谦让表演其他角色。特别是像大灰狼、狐狸等总是被人打骂的反面角色，可以启发幼儿发现这些角色在表演上的趣味性和挑战性，鼓励幼儿大胆尝试，并在表演生动性上加大评价力度。

4. 选择相应道具，独立完成表演。

技能训练

结合幼儿年龄特点，设计一份小班或中班幼儿音乐剧的方案。

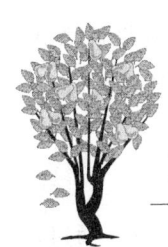

第八章 学前儿童音乐教育评价

学前儿童音乐教育评价是幼儿园音乐教育的重要组成部分，通过评价可以了解音乐教育活动设计和组织实施过程中的优点和不足，讨论改善、优化的方法，不断提高音乐教育活动设计、组织和实施的能力，具有导向性作用、诊断作用、反馈作用、激励作用。在学前儿童音乐教育评价时，应坚持客观性原则、全面性原则、针对性原则、科学性原则、量化和质性相结合的原则。学前儿童音乐教育活动评价的内容包括对幼儿"学"的评价和对教师"教"的评价两个方面，在对幼儿"学"进行评价时主要从幼儿对活动的参与度、幼儿在活动中的情感态度和幼儿的学习方式三个方面进行评价；对教师"教"评价主要从活动目标、活动内容、活动方法、活动过程、活动效果五个方面进行评价。学前儿童音乐教育评价的方法主要有观察法、访谈法、问卷法三种。

学前儿童；音乐；教育评价

第一节 学前儿童音乐教育活动评价的作用和原则

问题导入

学前儿童音乐教育评价是幼儿园音乐教育的重要组成部分，是评价主体根据一定的教育价值观或教育目标，运用可行的科学手段，通过系统的收集信息资料和分析整

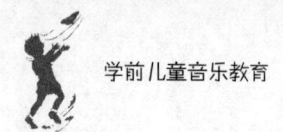

理，对音乐教育活动进行价值判断，为提高音乐教育质量提供依据。那么学前儿童音乐教育活动评价的作用、类型、原则是什么呢？

一、学前儿童音乐教育活动评价的作用

学前儿童音乐教育活动的评价是一种比较具体的评价，通过评价可以了解音乐教育活动设计和组织实施过程中的优点和不足，讨论改善、优化的方法，不断提高音乐教育活动设计和组织、实施的能力，对促进幼儿的发展、促进教师的专业成长、促进幼儿园的课程建设有着非常重要的作用。

（一）导向性作用

教育评价的导向功能是指教育评价本身所具有的引导评价对象朝着理想目标前进的功效和能力，这是由评价标准的方向性所决定的。在音乐教育评价中，评价者对被评对象所做出的价值判断，是根据一定的评价目标、评价标准进行的。这些评价的目标、标准、指标、比重等，对被评价对象起着"指挥棒"的作用，为他们的努力指引了方向。学前儿童音乐教育活动的评价一般以《幼儿园发展指导纲要（试行）》和《3~6岁儿童学习与发展指南》中对教育活动的要求、对艺术领域的要求和各年龄段的要求为评价的方向和标准。例如，曾有一段时期，我国学前儿童音乐教育倾向于重视儿童的音乐知识和技能，忽视幼儿在音乐活动中的情感体验；重视音乐教育活动的结果，轻视音乐教育活动的过程。而《指南》中对艺术领域的要求则倾向于幼儿情感的发展，倾向于音乐教育活动的过程。评价者依据《指南》要求对这种现象进行评价，指出其中存在的问题。这种以《指南》精神为评价标准去评价音乐教育活动，就可以引导教师端正教学方向，提高音乐教育活动质量，可以说是对整个学前儿童音乐教育工作起着导向性作用。

（二）诊断性作用

音乐教育评价的诊断作用是指，通过评价可以了解幼儿已有的音乐经验，可以诊断幼儿在音乐教育中的发展状况，并以此为依据制定音乐教育的目标，选择音乐教育活动的内容。通过评价，可以诊断幼儿在音乐教育活动中的情况，判断音乐教育活动的效果。也可以诊断幼儿在音乐知识能力、情感态度发展上的优势和问题，找出其中的原因，为教师采取措施提供信息。总之，通过评价可以诊

断幼儿在音乐方面的发展水平、音乐教育活动目标制定的准确性、音乐教育活动内容选择的适宜性、音乐教育活动方式设计的合理性，以便调整内容，改进方法。例如，某教师组织的音乐集体教学活动《五人新疆舞》中，其采用了示范模仿的方法，即教师示范一个动作，全体幼儿统一跟着其机械模仿，并要求幼儿动作标准、到位，且多次反复训练。而对照《指南》艺术领域的要求，则强调让幼儿"欣赏和感受"和"表现与创造"。评价者依据《指南》的要求对该音乐集体教学活动进行了评价，指出机械模仿的教学策略违反了《指南》的要求，背离了幼儿身心发展的规律。这种依据《指南》对教师的音乐教育活动存在的问题进行评价，便是评价的诊断性作用。

（三）反馈性作用

反馈作用是指将音乐教育活动中的信息及时而有效地返回给教师，从而调整和改进教育进程。反馈作用是学前儿童音乐教育活动评价的主要作用之一，通过对学前儿童音乐教育的评价，可以发现音乐教育过程中存在的问题，如音乐教育活动目标的制定、活动内容的选择、活动方法的设计、活动材料准备等是否符合幼儿的年龄特点和经验水平，是否能促进幼儿的音乐经验在原有经验水平上的提高，是否照顾到幼儿的个体差异等。对学前儿童音乐教育过程进行科学的评价，将教育活动的信息反馈给教师，从而使教师意识到自己在音乐教育活动中的优点和不足，一方面能够激发教师参与教育活动的积极性，另一方面也有助于教师改进工作、修正不足，以提高音乐教育活动的质量。

学前儿童音乐教育的评价作为一种反馈，有利于教师调整目标制定、改进教学策略、优化内容选择。在修正不足、强化优点中让音乐教育活动不断完善。如一位新手教师，在组织中班音乐活动《小蜻蜓》中，"教"幼儿学习三拍子的节奏，该教师在示范时，将三拍子拍成了力度一样的强—强—强的关系。评价者则发现了其中的问题，指出三拍子的节奏关系是强—弱—弱。评价者将这一问题反馈给教师，以便教师发现此问题并及时修正，这就是评价的反馈作用。

（四）激励性作用

音乐教育活动评价还具有激励作用。科学、有效的教学评价可

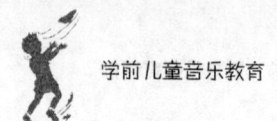

以调动教师教育教学工作的积极性，激发幼儿学习的兴趣，使教师和幼儿能在音乐教育活动中都有所进步。对教师而言，教师自身会有获得较高评价和实现自我价值的期望。良好的评价结果会对成功的经验起到强化作用，教师会因此得到激励，并以此为动力而更加努力；不好的评价结果会对教师来形成一种压力，使其产生不甘落后、改进工作的动力。对幼儿而言，恰当的评价能激发幼儿学习的兴趣，增强对学习音乐的积极性，提高学习的效果。例如，在中班音乐教育活动《大象和小蚊子》中，教师采用了视频导入，让幼儿在了解大象和小蚊子之间发生的故事情节的基础上，请幼儿欣赏、感知音乐，再呈现出《大象和小蚊子》音乐中的节奏图，幼儿借助图谱随音乐用肢体动作表现出大象和小蚊子之间有趣的情节。在领导、专家、骨干教师的评价中指出，幼儿的思维处于具体形象阶段，导入部分借助视频有助于幼儿理解大象和小蚊子之间有趣的情节，丰富幼儿的感性经验，为幼儿创造性地表演做好铺垫。第二部分图谱的呈现有助于幼儿理解音乐的节奏、速度，是幼儿合作表演的支架，活动中幼儿参与的积极性较高，能随音乐创造性地表现出大象和小蚊子之间的互动情节。领导、专家肯定性的评价能激励教师保持优点、积累教学经验，激发幼儿的学习兴趣。

拓展链接

《幼儿园教育指导纲要（试行）》中在教育评价部分指出："教育评价是了解教育的适宜性、有效性，调整和改进工作，促进每一个幼儿发展，提高教育质量的必要手段。""管理人员、教师、幼儿及其家长均是幼儿园教育评价工作的参与者。评价过程是各方共同参与、相互支持与作用的过程。""评价的过程是教师运用专业知识审视教育实践，发现、分析、研究、解决问题的过程，也是其自我成长的重要途径。""评价应自然地伴随着整个教育过程进行，综合采用观察、谈话、作品分析等多种方法。"《纲要》从评价的作用、评价的主体、评价的过程以及评价的方法等多个角度阐述了教育评价，这为学前儿童音乐教育评价指明了方向，提供了方法。

二、学前儿童音乐教育活动评价的类型

教育评价的类型因分类标准的不同而不同,以下介绍几种主要的分类方法。

(一)根据评价的主体划分

根据参与教育评价的主体不同,将教育评价分为自我评价与他人评价。

1. 自我评价

自我评价指被评价者依据指标或者参照一定的标准,对自己设计、组织的音乐教育活动进行评价。例如,某教师在组织音乐教育活动《快乐的小雪花》后,对自己设计和组织活动的情况,从内容选择、方法设计、幼儿学习等多个方面进行自我评价和反思,即"本次活动的亮点主要在于教师启发幼儿用肢体动作创造性地表现雪花飞舞的场景,教师始终跟随幼儿并提炼总结,让幼儿在前,教师在后,以克服传统的教师教、幼儿模仿学的音乐活动方式。"这样的评价便是教师的自我评价。

上述自我评价指的是教师的自我评价。但是在学前儿童音乐教育活动中,除了教师对自己设计和组织音乐教育活动的情况进行自我评价外,还常常会引导幼儿就其表现进行自我评价,例如,在音乐活动《小海军》中,教师请乐乐到集体面前表演,表演完毕,教师请乐乐说一说自己表演得怎么样,为什么要这样做等。这种教师引导幼儿对自己表现进行评价的方式便是幼儿的自我评价。幼儿的自我评价是幼儿学习能力发展的重要指标,有助于幼儿建立良好的自我评价的意识,帮助幼儿提高学习效率。

2. 他人评价

他人评价是指由被评价者以外的组织或者个人依照一定的标准对被评价者进行的评价。例如,教育主管部门对幼儿园音乐教育的检查和督导评价、教育专家评价、同事间的评价、幼儿园领导评价、家长对教师的评价、教师对幼儿的评价、幼儿同伴之间的评价等。这种评价的优点是评价结果比较客观,评价主体多元,可以为音乐教育活动的改善、教育决策提供可靠的依据。其缺点是给被评价者带来较大的压力。例如,在公开组织的半日活动中,某教师组织了音乐活动《找朋友》,参与观摩此音乐活动的人员有幼儿园领导、幼儿园音乐教育领域的专家、同幼儿园的教师、家长等,活动结束后,

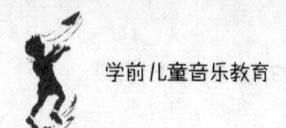

参与观摩的人员对此活动从教师教态、内容选择、方法设计、幼儿表现等多个方面进行了评价。

同伴评价也是他人评价中的典型类型,如某教师在组织小班韵律活动《小茶壶》时,该教师首先请奇奇来集体面前表演,奇奇表演完毕,该教师说:"苗苗,你来说一说奇奇表演得怎么样?"苗苗站起来说:"他有点害羞。"苗苗对奇奇的评价就是同伴评价,这种同伴之间的相互评价不仅能帮助幼儿获得评价的积极体验,还能不断提高幼儿的评价能力。

(二)根据评价的功能划分

根据评价的功能,可将评价分为诊断性评价、形成性评价、终结性评价三种。

1. 诊断性评价

为了使音乐教育计划更有针对性,在音乐教育活动开始之前实施的评价称为诊断性评价。例如,在新学期或新学年刚开始时对幼儿实施的关于音乐素养和能力方面的测验,以便了解幼儿在音乐知识和能力方面的准备情况。

2. 形成性评价

为控制和调节教育活动的方向、速度和内容等而在教育活动进行过程中实施的评价称为形成性评价。例如,在一学期的期中阶段对幼儿音乐能力发展水平进行评价,以了解一段时间来幼儿在音乐能力、音乐素养等方面的发展情况。其特点是能够及时提供反馈信息,为修改或调整音乐教育活动提供依据和参考,从而保证教育目标的实现。

3. 终结性评价

终结性评价是指教育计划实施到快结束时,为检验教育的效果而进行的评价。例如,在学期或者学年结束时给幼儿实施的测验,以了解预先设定的学期或学年目标是否已经实现。其特点是能够了解幼儿掌握音乐领域的知识和技能情况。

三、学前儿童音乐教育活动评价的原则

(一)客观性原则

客观性原则是指对学前儿童音乐教育活动进行评价时必须客观公正、实事求是,而不能主观臆断或掺杂个人的情感色彩。贯彻这

个原则应该做到：深入音乐教育活动的现场收集信息，确保评价信息来源的客观性；在整理资料时，不随意夸大或缩小客观事实，如实呈现资料；分析资料时，要努力排除个人的主观偏见，保持清醒和冷静的头脑，洞察音乐教育活动的背景和相关因素，以客观存在的事实为基础来分析问题；做评价结论时，要以客观存在的事实为依据来做出符合事实真相的结论。例如，要评价某一个幼儿园开展音乐教育活动的现状，首先，研究者要深入该幼儿园，对一学期或一学年该幼儿园开展音乐教育活动的数量进行统计，对音乐教育活动开展的过程进行详录。在整理和分析时，要真实地呈现原始的数据资料，不得增加或删减。在评价时，要基于幼儿园音乐教育活动开展的实际进行评价。

除了对音乐教育活动评价时坚持客观性原则，教师在组织音乐教育活动时对幼儿的评价也应该坚持客观性原则，教师不得因为个人的情感如对某幼儿的偏爱或厌恶而随意地评价幼儿。

（二）全面性原则

在进行学前儿童音乐教育活动评价是要坚持全面性的评价原则，不能片面强调某一项，更不能偏听偏信。全面性原则是指对学前儿童音乐教育活动的各个构成要素进行全面的评价。当前学前儿童音乐教育活动评价存在的问题是：过度关注幼儿音乐学习的结果而忽视音乐学习的过程，评价时只关注幼儿演唱的声音是否好听、歌词是否正确、表演的动作是否优美，而忽视幼儿在音乐教育活动中的情感体验，创造性表现和想象力的发展等，且把音乐教育活动的结果，即一学期会唱几首歌，会表演几个动作作为评价音乐教育活动的唯一标准，这种片面的评价标准势必导致教师在教学过程中只关注教学内容，而不顾幼儿的兴趣和需要。

全面性原则不仅关注评价的内容涉及幼儿的全面发展，还包括评价者所搜集信息渠道的全面性和评价主体参与的全面性。评价者搜集信息渠道的全面性是指通过幼儿园领导、幼儿园教师、家长等多种渠道获取信息，通过观察、访谈、问卷等多种方式收集资料。评价主体参与的全面性是指倡导专家、教师、幼儿、家长以及教育行政管理部门等共同参与。不能只听取领导和专家的意见，还应听取教师群体的意见、家长的意见，更要考察所评班级幼儿已有的发展水平，收集多种信息进行分析、整理，最后做出恰当的评价。

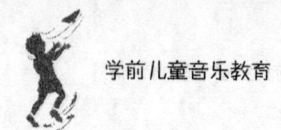

（三）针对性原则

对学前儿童音乐教育活动的评价应坚持针对性的评价原则，即评价可以针对音乐教育活动开展，也可以针对教师或幼儿开展。通常都是以发现问题、解决问题或改善、提高为目的。例如，李林曦针对K市某幼儿园音乐教育活动中教师教学行为进行研究，从教师教授知识行为、引导要求实践行为、对活动结果评价反馈行为三个方面分别进行观察、分析、研究后发现，K市幼儿园音乐教育活动中教师教学行为存在的问题有：教师示范行为过多，幼儿主体地位被忽视；在教学过程中教师缺乏对幼儿的倾听且对课堂导入、铺垫不够；教学引导流于形式；教学行为千篇一律，没有因材施教；评价方法单一、笼统；且评价注重结果，忽视过程。之后，在针对问题的基础上尝试分析原因并提出改善的建议：重视和加强对幼儿教师音乐素养的教育和培训；完善幼儿园管理，建立合理的评价体系；教师多加强学前教育相关知识的学习，关注幼儿需要；促进教师的教学活动交流与反思。

此案例是评价者针对幼儿园音乐教育活动中的某一方面（教师的教学行为）而展开的评价，评价的过程也是发现问题、分析问题的过程，最后评价者根据评价的结果，就发现的问题提出改进的建议。

（四）科学性原则

科学性原则是指在评价学前儿童音乐教育活动时要利用尽可能科学的手段、方法和工具，不能只靠经验和直觉或主观判断来判定音乐教育活动质量或幼儿的发展水平。贯彻这一原则必须做到以下几点：第一，科学的评价态度。在对音乐教育活动进行评价时，评价者要坚持一切从实际出发，用事实说话，秉承科学、严谨的态度。第二，科学的评价标准。音乐教育活动评价不是一种主观臆断，也不是随意的评判，而是必须按照一定的评价标准或评价指标进行。第三，科学的评价方法。评价方法的选择直接关系到评价的结果，在进行音乐教育活动评价时应使用科学的方法，以提高评价的水平。同时，科学性原则还要求在进行教育评价时必须做到客观公正，在进行教育评价时要避免主观成见和个人感情色彩。

例如，杨莉君、邹凌霄针对幼儿园音乐集体教学活动质量进行评价研究，其运用文献法、观察法、访谈法，采用"目的性抽样"，

在长沙市某省级示范园选择了 30 个音乐集体教学活动为样本，对每个活动进行观察的同时录音录像，采用《中国托幼机构教育质量评价量表（试用版）（第二稿）》中的子量表，从目标与内容，情感支持、教学设计与组织、教学过程、教学支持、幼儿表现、课堂文化 7 个方面进行评分，其结论显示：该幼儿园音乐集体教学活动总体质量良好，其中各子项目质量呈现不均衡；不同类型（歌唱活动、韵律活动、音乐游戏、打击乐演奏、音乐欣赏活动）音乐集体教学活动质量存在差异，其中打击乐活动得分较高；大、中、小班不同年龄段音乐集体教学活动质量无显著差异。

以上案例中，两位评价者深入幼儿园音乐教育活动的现场，从第一现场收集真实的原始资料，秉承用事实说话、科学研究的学术研究态度，运用科学的评价标准——中国托幼机构教育质量评价量表（试用版）（第二稿）》对音乐教学活动的质量进行评价，在评价过程中，运用了文献法、观察法、访谈法等科学的评价方法来收集资料，分析资料。

（五）量化和质性相结合的原则

量化评价是对音乐教育活动从量的方面进行评价和分析，通过数量化的说明对所评价的现象做出解释。如某幼儿园一学期开展音乐教育活动内容各类型数量的统计，即开展的歌唱活动有多少次，韵律活动多少次，打击乐活动多少次，音乐欣赏活动多少次。又如对某一个音乐教育活动中的师幼互动情况进行评价，评价者可采用量化的方式进行记录，即由教师开启的师幼互动有多少次，由幼儿开启的师幼互动有多少次；教师与集体互动的有多少次，与小组互动的有多少次，与个别幼儿互动的有多少次。

质性评价是评价者从不同的视角，用文字描述的方式记录音乐教育活动的过程或者结果的一种评价方式。这种评价不以知识、技能掌握的多少进行衡量，而是关注音乐活动的过程，关注幼儿在音乐教育活动中的表现。在质性评价的过程中，评价者更多的是一个观察者、倾听者、发现者，只有这样才能真正理解幼儿外显行为背后的含义。通过质性评价，与儿童进行长期交往，才能真正了解幼儿的兴趣、需要和发展水平，形成支持幼儿发展的策略，促进幼儿主动、持续的成长和发展。

定量是定性的基础，定性是定量的出发点和结果。量的评价可以反映事物的一个方面，质的评价可以反映事物的另一方面，评价者在对音乐教育活动评价时，应将定量评价和定性评价两种方法结合起来，才能使评价更全面、更科学。

第二节　学前儿童音乐教育活动评价的内容和标准

情境导入

《幼儿园教育指导纲要（试行）》中有关评价部分指出，对教育活动评价应该建立在对本班幼儿实际了解的基础上；教育活动的目标、内容、组织与实施方式，以及环境能否向幼儿提供有益的学习经验，有效地促进其符合目的地发展；教育内容、方式、环境条件能够调动起幼儿学习的积极性，有利于他们主动学习，活动内容方式是否能兼顾群体需要和个体差异，使每个幼儿都有进步和成功的体验；教师的指导是否有利于幼儿进一步探索与思考，有利于扩展、整理幼儿的经验。基于以上要求，下面从学前儿童音乐教育活动评价的内容和标准两个方面来阐述。

一、学前儿童音乐教育活动评价的内容

（一）幼儿"学"的评价

音乐教育活动的最终目的是促进幼儿音乐素养和音乐能力的发展和提高，而幼儿作为教育活动中的个体才是真正需要关注的。对幼儿"学"的评价也是考查教师"从儿童出发""以幼儿为中心""以幼儿发展为本"教育理念在教育活动中的践行情况。

学前儿童音乐教育活动评价从幼儿"学"的评价角度，主要包括：幼儿对活动的参与度、幼儿的情感态度、幼儿的学习习惯表现三个方面。

1. 幼儿对活动的参与度

幼儿在活动中的参与程度是评价音乐教育活动质量的重要指标，其主要评价在音乐教育活动过程中幼儿的注意力的集中程度、积极

参与活动的程度，在音乐学习过程中表现出来的积极性、主动性、能动性等。例如，在组织音乐欣赏活动《小白兔和大黑熊》时，让幼儿多次"听"音乐后，要求幼儿根据音乐想象表演，由于幼儿缺失相关经验，加上教师的引导和支持策略不够（图谱、道具等），大部分幼儿对此音乐活动没有兴趣，参与度较低。相反，另一个教师在组织此活动时，请幼儿观看了一段《小白兔和大黑熊》视频，幼儿很快就被视频中的故事情节吸引，之后，教师请幼儿带上小白兔和大黑熊的头饰，让幼儿根据视频中的情节和音乐创编小白兔和大黑熊的表演动作，由于幼儿对故事情节有了直观的印象，再加上教师的有效引导，创编动作过程中每个幼儿都积极参与，勇敢表现。同一个音乐教育内容，幼儿的参与率不同，反映出音乐活动效果也不同，所以幼儿在音乐活动中的参与度是评价音乐教育活动效果的重要指标。

2. 幼儿的情感态度

幼儿的情感态度主要评价幼儿在音乐教育活动中情绪状态，即幼儿活动中表现出来的学习态度、面部表情、肢体动作等。如在歌唱活动中幼儿喜欢参与唱歌活动，表情愉悦轻松，动作自然大方，气氛活跃，幼儿体验并享受着唱歌活动带来的乐趣。

音乐教育活动是儿童喜欢的一种教育活动，它能让幼儿产生轻松、欢快、愉悦的情绪，形成积极的情感态度，促进幼儿身心和谐发展。在《幼儿园教育指导纲要（试行）》艺术领域的三个目标中都提出到关于幼儿情感态度的要求，突出了儿童艺术活动的情感教育价值。

3. 幼儿的学习方式

主要评价幼儿在音乐活动中所表现出来的学习风格和学习策略，包括其学习方式的多样性、差异性、独特性的表现。评价幼儿主动参与、大胆表现、自由表达、善于合作等多样、开放的学习方式对幼儿学习状况和发展水平的影响。如在韵律活动《采茶扑蝶》中，教师尊重幼儿的个体差异性和表达方式的独特性，幼儿在多次欣赏采茶的场景后，让幼儿自由商量表演动作，请个别幼儿表演、两两合作表演、小组合作表演等，以尊重幼儿合作学习、体验感受学习的方式。所以，对幼儿学习方式的评价是评价幼儿园音乐教育活动的又一重要指标。

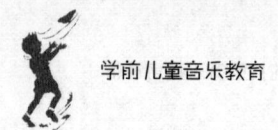

（二）教师"教"的评价

1. 活动目标的评价

学前儿童音乐教育活动的目标是教育活动的起点，也是音乐教育活动的归属。它规定了音乐教育活动预期的效果，是评价活动内容、活动方法、活动效果的依据。因此，明确音乐教育活动目标的过程，也是精选音乐教育活动内容、优化活动方法、预设活动结果的过程。

在评价音乐教育活动目标时应该以下几点：第一，在活动目标的设置的依据上是否考虑到幼儿艺术发展的特点和规律、社会文化背景对幼儿艺术教育的要求，幼儿艺术教育领域本身的特性三个方面。第二，在音乐教育活动目标的表述上，应该以幼儿作为主语，从幼儿的角度提出目标，突出音乐教育活动是如何促进幼儿学习能力的发展的。另外，表述是否规范、清晰，是否有可供观测的行为标准也是评价音乐教育目标的重要因素。第三，在学前儿童音乐教育活动目标的构成方面，一般来说，应涵盖认知、动作技能、情感态度三维目标，但不是说每一个音乐教育活动目标都要有这三个方面，可按照具体的活动内容和幼儿的实际情况来制定相应的目标。值得注意的是，由于音乐领域具有一定的特殊性，认知、动作技能、情感态度中应着重强调情感目标，而非强调知识和技能目标。

在评价活动目标时，除了注意上述几点以外，评价学前儿童音乐教育活动目标时，还应该将活动目标与本班幼儿的实际情况联系起来看，由于同一个活动目标对于不同的幼儿园、不同的班级、不同的幼儿会存在一定的差异，因此，评价活动目标时还要看教师制定的目标是否与本班幼儿的实际水平和发展特点相联系。

2. 活动内容的评价

评价音乐教育活动内容时，首先应该保证音乐教育活动的内容符合《幼儿园教育指导纲要（试行）》和《3～6岁儿童学习与发展指南》中对艺术领域的要求。其次，音乐教育活动内容应该以幼儿的已有经验为基础，且符合小、中、大班幼儿的年龄特点，但又要具有一定的挑战性，适合幼儿的"最近发展区"，即幼儿通过此音乐教育活动能够在原有经验的基础上有所提高或发展。

从宏观上来说，学前儿童音乐教育活动内容的四种类型——唱歌活动、韵律活动、打击乐演奏、音乐欣赏活动中，前三类是音乐表现活动，后一类是艺术欣赏活动，艺术表现与艺术欣赏两者相辅相成，不可偏废。在评价学前儿童音乐教育活动内容选择时，应该关注各类型在四种音乐活动类型总量中所占的比重，应关注艺术表现活动和艺术欣赏活动是否严重偏颇。

从微观上来说，具体到每一个音乐教育活动，由于幼儿发展具有整体性的特征，音乐教育活动内容的选择既要考虑音乐领域经验的连续性，还应该考虑与其他领域的活动、经验相关联。即音乐教育活动内容选择的评价既要考虑音乐领域横向的联系，又要考虑音乐领域与其他领域纵向的联系。

3. 活动方法的评价

学前儿童音乐教育活动的方法有很多种，如情境创设法、示范模仿法、角色变换法、多感官参与法、联想仿创法等，对音乐教育活动方法的评价主要看教师在选择音乐教育活动的方法时，是否考虑了幼儿的年龄特点，能否根据小、中、大班各班幼儿的特点，选择采用适宜的方法。还应看教师能否依据不同音乐教育活动类型选择适宜的活动方法，但各种活动方法不是孤立的，可以在一个音乐教育活动中运用多种教学方法，让幼儿通过听、看、唱、说、表演等多种途径体验音乐活动的乐趣。另外，还应看教师能否运用适宜的方法满足幼儿学习方式的差异性，能否运用有效的方法促进幼儿在已有水平上的学习的提高。

例如，在中班音乐活动《小猫歌》中，S老师说："我们已经会唱小猫歌了，今天我想请小朋友和我一起来表演这个游戏。"接着S老师戴上老花猫的挂饰，对幼儿说："现在，我来当猫妈妈，你们当小花猫，好不好？"幼儿高兴地回答："好。"说着将小猫挂饰发给幼儿。幼儿带好挂饰歌唱表演："许多小花猫，猫呜猫呜叫，我们今天真高兴，要和妈妈做游戏，找个地方快躲好，妈妈快来找。"唱毕，所有小花猫找一个位置藏好。猫妈妈接着演唱："一只老花猫，猫呜猫呜叫，我的小猫快躲好，一会妈妈就来找，找呀找呀找呀找，小猫找到了。"猫妈妈一边演唱一边找小猫。数遍之后，S老师要求交换角色，邀请一位幼儿扮演猫妈妈，自己扮作小猫，再次玩游戏。

在该案例中，教师使用的是角色变换中的参与法，即教师通过角色扮演参与到音乐教学活动中，由教师扮演猫妈妈，由幼儿扮演小猫，在对唱和互动中以角色身份对活动进行指导。这种参与法符合中班幼儿的年龄特点，既让教师和幼儿体验到音乐活动的快乐，又拉近了教师与幼儿之间的距离。如之前音乐欣赏活动的设计一节中，小班音乐活动《小猫圆舞曲》的教学案例，我们可以就方法做以下的评价。教师采用多感官参与的方法，以及情境创设法、角色变换法等先进教学方法，引导幼儿去看、去观察课件中的内容，并满足幼儿想说的愿望，给幼儿发挥想象的空间，鼓励幼儿表达自己的想法。幼儿能够感受到音乐的欢快，随音乐起舞。在第一部分，教师通过形象生动的猫叫声导入，激发幼儿的兴趣。第二部分幼儿整体感受圆舞曲欢快的旋律，充分感受音乐的同时发挥想象，猜测音乐所表达的内容。第三部分分段欣赏 ABA 结构的音乐。有趣、温馨的故事是伴随幼儿快乐成长的好伙伴，教师以生动的故事情节告诉幼儿很多道理，还可以催生幼儿海阔天空的想象。

4. 活动过程的评价

对音乐教育活动过程的评价主要体现在师幼互动上，有的人在评价师幼互动主要包括以下几个方面：师幼互动行为的主体、反馈方式、互动内容产生方式、互动形式、互动双方情感、对互动内容的接受程度。其中，师幼活动行为的主体可以分为以幼儿开启为主和以教师开启为主；幼儿的反馈方式包括陈述、接受、询问和质疑；互动内容产生方式包括生成、预设、预设加生成；互动形式包括教师与集体幼儿互动、与小组幼儿互动、与个别幼儿互动；互动双方的情感包括：教师——正向、中性、负向；幼儿——正向、中性、负向；对互动内容的接受程度包括不接受、比较主动接受和完全主动接受。基于以上几点，评价音乐教育活动过程中有效的师幼互动应该是：教师情感是正向、幼儿反馈方式是询问和质疑、对互动内容是主动接受、幼儿情感是正向。例如，在中班音乐教学活动《小蜻蜓》中，老师首先出示蟑螂、蜻蜓、蚊子、苍蝇、蝗虫等图片，面带微笑地提问："小朋友，你们知道这些图片中哪些是益虫？哪些是害虫吗？"幼儿 1："蟑螂是害虫。"幼儿 2："苍蝇是害虫，蚊子是害虫。"幼儿 3："蝗虫是害虫。"教师："哪些是益虫呢？"幼儿："小蜻蜓是益虫。"教师小结，并说："今天我们就来学习一首新歌《小蜻蜓》。请小朋友跟着老师学唱，老师唱一句小朋友们唱一句，演唱数遍。教师："现在小朋友都会唱这首歌了，下面请小朋友起立，男生手拉手围成一个圆圈站在教室的前面，女生也手拉手围成一个圆圈站在教室的后面，分组演唱。"教师对两组幼儿分别指导并点评。教师："苗苗，你唱得不错，你来给全班小朋友演唱一遍吧。"苗苗接受了老师的邀请并到集体面前表演，苗苗演唱完毕后，教师进行了点评。

通过以上案例可以看到，由老师先开启师幼互动，请幼儿根据图片区分出哪些是害虫和益虫，互动的内容是教师预设的，互动形式是与集体互动。幼儿反馈方式是陈述，即按照老师的要求将害虫和益虫进行了分类。在互动内容的接受程度上是幼儿比较主动接受。在互动双方的情感上，"教师面带微笑地提问"我们可以看出，教师情感是正向的，幼儿的情感也是正向的。在第二轮的学唱新歌环节，教师要求幼儿跟着其学唱歌曲，教师唱一句幼儿唱一句，此部分的师幼互动由教师开启，互动内容是教师预设的，幼儿的反馈方式是接受，即跟着老师学唱歌曲。互动内容的接受程度是幼儿比较主动接受，互动的形式是与集体互动。在互动双方的情感上，教师是中性情感，幼儿是中性情感。在第三轮分男女生演唱歌曲的师幼互动环节，由教师开启，互动内容的产生方式是预设，幼儿的反馈方式是接受，互动内容的接受程度是幼儿比较主动接受，互动形式是与小组互动，在互动双方的情感上，教师是正向情感，幼儿是正向情感。在第四轮的师幼互动中，教师请苗苗到集体面前表演唱歌，互动主体由教师发起，互动内容的产生方式是生成，幼儿反馈方式是接受，互动内容的接受程度是比较主动接受，互动形式是与个别幼儿互动。在互动双方的情感上，教师是正向情感，幼儿是正向情感。因此，从以上四次师幼互动中我们可以看出，师幼互动的主体均是教师；互动内容的产生方式三次是教师预设的，一次是生成；幼儿的反馈方式一次是陈述，三次是接受；在互动内容的接受程度上，三次是幼儿比较主动接受，一次是幼儿完全主动接受；在互动形式上，两次与集体互动，一次与小组互动，一次与个别幼儿互动；在互动双方情感上，教师一次是中性情感，三次是正向情感，幼儿一次中性情感，三次是正向情感。

对音乐教育活动过程的评价还应该关注教师是否适当地采用了集体活动、分组活动、个别活动等多种活动形式，是否在活动过程中关注到特殊表现的幼儿，是否注意到不同组织形式中幼儿的发展需求等。

5. 活动效果的评价

活动效果是指通过音乐教育活动在幼儿身上反映出来的教育结果。其主要内容包括：预期活动目标的达成程度；幼儿积极参与活动的程度，如幼儿是否积极、主动要求参与，是否专注等；

幼儿在活动中的情感态度；幼儿在节奏、音乐、速度等关键经验的增长程度。

如之前音乐欣赏活动的设计一节中，小班音乐活动《小猫圆舞曲》的教学案例，我们可以就效果做以下的评价：整个活动呈现了趣味性、综合性、活动性。教师声情并茂的讲述，吸引了幼儿积极参与活动，幼儿能够在故事情节中表现和理解音乐结构和情绪，愉快主动地参与感受和体验活动，并能合作性地进行表演。

二、学前儿童音乐教育活动评价的标准

为了使音乐教育活动评价真正促进幼儿的发展，评价时首先要确定评价的标准。音乐教育活动评价标准的制定，对幼儿园的管理、教师的自我调整、专业成长有着指导性作用。

表8-1 幼儿园音乐教育活动评价标准表（供参考）

日期： 班级：

	评价指标	评价内容	分值	得分	备注
教师	目标制定	1. 活动目标明确，符合已有经验和发展需要，能体现音乐领域活动的特征。 2. 有机整合情感、态度、能力、知识技能等方面的发展要求。 3. 目标达成意识强，能贯彻教学过程始终。	10		
	内容选择	1. 贴近幼儿生活，既符合幼儿的现有水平，又体现一定的挑战性，有助于拓展幼儿的经验和视野、促进幼儿长远发展。 2. 善于利用和开发教学资源，活动容量合理，突出重点，体现科学性、可行性。	15		
	过程组织	1. 能以亲和的态度和灵活的活动形式构建安全、平等、温馨、丰富的学习环境。 2. 提供充分的活动时间和适宜的活动空间、设施、材料，有效引发幼儿与环境、材料的积极互动。 3. 教学基本功扎实，教学语言生动活泼，简洁流畅，富有启发性和感染力，有利于激发幼儿主动学习的兴趣和热情。 4. 教学思路清晰，环节分明，张弛有度，能恰当运用多元化的教学方法和手段，采用适宜的指导策略，形成有效的师幼、幼幼互动。	40		

（续表）

	评价指标	评价内容	分值	得分	备注
教师	过程组织	5. 关注幼儿在活动中的表现和反应，能灵活调整活动进程与指导策略；尊重幼儿的个体差异，实施因人而异的个别辅导。	40		
幼儿	活动态度	轻松、愉快、积极、有序、乐于参与活动。	10		
幼儿	活动表现	1. 对音乐学习内容感兴趣。 2. 对活动环境、活动材料、活动方式有兴趣，会利用环境资源学习。 3. 能主动、积极、专注而投入地参与讨论、表现、表达、创造等活动流程。 4. 愿意与同伴分享经验、意见和感受，有需要时会与同伴合作。	15		
幼儿	活动效果	1. 活动中有自信的表现和成功感。 2. 获得与活动内容相关的新经验和新体验，在经验、能力和智慧等方面有所发展。 3. 有属于个体的新收获。	10		

上表从教师和幼儿两个方面来制定学前儿童音乐教育活动评价的标准，其等级可分为：90～100为优秀，80～89为良好，60～79为一般，60以下为较差。

第三节　学前儿童音乐教育活动评价的方法

知识导入

《纲要》中指出："评价应自然地伴随着整个教育过程进行。综合采用观察、谈话、作品分析等多种方法。"学前儿童音乐教育评价的方法有很多，但不管哪种方法都要遵循一定的程序和步骤，以保证评价工作的科学性和有效性。本节着重介绍几种评价学前儿童音乐教育活动时收集资料的常用方法：观察法、访谈法、问卷法。

一、观察法

观察法是指有目的、有计划地对观察对象或行为进行观察、记

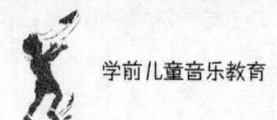

录、分析的一种方法。通过观察，教师可以获得幼儿在音乐活动中的表现，了解幼儿在音乐方面的发展水平和能力。这有助于教师反思音乐教育活动的目标设置、内容选择对幼儿发展的适宜性，从而调整和改进活动内容、活动方法等。

在运用观察收集资料的时候，观察者在活动现场记录行为的发生过程、持续时间、出现次数等，由于观察者可以亲临活动现场进行直接观察，因而，观察法具有真实性、自然性、直接性的特点。观察法非常适合于学前儿童，这是由于他们身心发展水平较低、口头表达能力有限。但值得注意的是，观察者在记录文字资料时应力求客观、真实、详尽，避免夸大或缩小事实，也不可使用带有主观色彩的推断。

观察法在教育评价中应用广泛，具体的方法也很多，但最适合学前儿童音乐教育活动的属事件详录法。事件详录就是通过对某种特定行为或事件的完整过程的观察，进行详细记录，然后做出评价[①]。在观察前，观察者已明确所要观察的行为或事件的类型，在观察的时候只要耐心等候这些行为或事件的发生。事件详录也就是事件取样观察法。事件详录法一般不需要事先编制记录表格，只要针对事件的过程或相应的行为加以记录，并且要确保真实、客观，因而对观察者要求较高。其优点是评价者可以随时随地在日常活动中观察、记录，并及时做出评价，使评价更及时、有效，此方法更加生动、具体，更能完整地反映幼儿的行为过程。

案例分析

在大班音乐活动《粉刷匠》中，老师首先播放了一段《粉刷匠》的视频请幼儿欣赏，幼儿欣赏两遍后，老师说："这是一个小小粉刷匠在粉刷墙壁时演唱的歌曲，歌词是：我是一个粉刷匠，粉刷本领强，我要把那新房子刷得很漂亮，刷了房顶又刷墙，刷子飞一样，哎呀，我的小鼻子变呀变了样。"教师在朗诵歌词之后，对歌词做了详细讲解。"接下来我们再来看几遍视频，小朋友们可以一边看，一边跟着视频学唱这首歌。"接着，老师开始播放视频，小朋友们则跟随视频学唱歌曲。数遍后，教师请幼儿用动作表现歌曲内容，"小朋友可以模仿视频里的动作边唱边表演，也可以自己创编动作边唱边

---

② 赵华民.学前儿童科学教育[M].郑州：郑州大学出版社.2014.

表演。"老师说完，幼儿边唱歌边表演。最后，教师和幼儿随音乐边唱边用动作表演整首歌曲。

以上是对某幼儿园大班音乐教育活动的观察记录，评价者完整地记录了该音乐活动从开始到结束的过程。从观察记录中，我们可以看出该音乐教育活动的内容、方法、师幼活动等，为进一步的分析和评价提供资料和依据。

二、访谈法

访谈法是指评价者通过与访谈对象进行面对面的交谈，以口头问答的形式来获取评价资料的一种方法。通过访谈，可以更深入、更具体地了解被访谈对象的真实想法、感受和其他信息。访谈的形式有多种，可分为集体访谈、小组访谈、个别访谈；直接访谈、间接访谈等。

运用访谈法对学前儿童音乐教育评价时，应注意以下几点：访谈者应设计好访谈提纲，确定好访谈对象、访谈时间、地点和访谈形式。在音乐教育活动评价中，访谈对象一般包括对教师的访谈和对幼儿的访谈。在对幼儿进行访谈时，由于幼儿对语言的理解能力有限，这就要求访谈者对访谈内容反复、仔细地推敲，尽量使用简洁、易懂、直白的语言与幼儿交谈，不使用具有暗示性或诱导性的语言，不使用带有主观色彩的语言，力求访谈的客观性和真实性。

案例分析

下面是关于民族地区县域农村幼儿园音乐教学活动访谈提纲（教师版）。

访谈时间：××

访谈对象：××

访谈实录：

一、教师的基本信息

1. 您的年龄？教龄？民族？

2. 您的初始学历是？您的最高学历？您初始学历和最高学历所学的专业分别是？您的职称是什么？

二、幼儿园音乐教学活动情况

1. 您认为幼儿园的音乐教学活动的目的、价值或作用？
2. 您在制定音乐教学活动目标是一般依据哪几个方面？
3. 您在制定教学目标时，会不会考虑社会文化背景？
4. 您认为音乐教学活动目标的制定上，认知目标、动作技能目标、情感目标哪个更重要？为什么？
5. 在选择音乐教学活动的资源时，您是如何选择的？
6. 据我了解，你们龙胜各族自治县有很多经典的民族乐曲，有没有考虑选择一些用于音乐教学活动？
7. 您觉得需要在音乐教学内容上融入本土本民族的音乐资源吗？
8. 您在选择音乐教学活动的内容时，歌唱活动、韵律活动、音乐欣赏活动和打击乐活动您更倾向于选择哪一个？为什么？
9. 您有没有邀请当地的艺人和农民"歌唱家"到幼儿园来表演节目，为什么？
10. 您有没有带幼儿去文化馆或广场等地方观看演出，为什么？
11. 在日常的音乐教学活动中，您会对音乐教学活动进行评价吗？
12. 幼儿园会组织教师参加培训吗？一般有什么的培训？

以上是一份调查民族地区县域农村幼儿园音乐教学活动时对教师的访谈提纲，其目的是了解民族地区县域农村幼儿园教师在音乐教育活动中目标制定、内容选择、音乐活动方式、教育教学培训等相关方面的认知和理解。

三、问卷法

问卷法是调查者将一系列设计好的问题组合起来，通过书面形式征询被调查者的意见，回收、整理、分析问题的答案，从而获得有关评价对象情况的一种评价收集资料的方法[①]。其优点有：简便易行，省时省力，能在较短的时间里收集到大量的资料，调查内容广泛，便于量化分析。缺点有：受书面语言的限制，问卷法无法获得深层次的资料，无法深入了解被调查者的想法；样本的代表性难以保证；如果被调查者敷衍了事或者受他人诱导，问卷的有效性也难以保证；问卷法对被调查对象也有一定的限制，一般适用于具有阅读能力的成人。

问卷法的类型包括非结构型问卷和结构型问卷两类。非结构型

---

① 赵华民.学前儿童科学教育[M].郑州：郑州大学出版社,2014.

问卷是指结构较松散的问卷，多用在研究者对某些问题尚不清楚的探索性研究中。结构型问卷又称封闭式问卷，是对被评价者应用一致的题目，对回答有一定结构限制的问卷类型。

问卷的结构一般包括：封面信、指导语，问卷题和结束语四个部分。封面信是简要说明调查目的、内容，以及对被调查对象的合作和支持表示感谢。其篇幅应短小，语言精练、明了。指导语是用来指导被调查者填写问卷的说明，如"请将答案填写在括号内"。问卷题是问卷的主体部分，非结构型问卷题以开放式题目为主，如"您认为音乐教育活动的目的、价值是什么？"，结构型问卷题以封闭式题目为主，根据其答案形式的不同可分为：是否式、选择式、排序式、等级式等几类。结束语主要是对被调查者的合作再次表示感谢，或者是征求被调查者的意见，如"您对音乐教育活动有何建议？"

案例分析

关于幼儿园音乐教育的调查

尊敬的老师：

您好！这是一份关于幼儿园音乐教育的调查问卷，请您根据实际情况如实填写。本问卷只用于学术研究，不作为考核教师的依据。请您在问题后面的括号内填写自己的答案，谢谢您的合作与支持！

一、基本信息

1. 您的年龄是（ ）

   A. 20 岁以下　　　　　　B. 21～29 岁
   C. 30～39 岁　　　　　　D. 40 岁以上

2. 您的学历是（ ）

   A. 高中中专及以下　　　B. 大专
   C. 本科　　　　　　　　D. 研究生及以上

3. 您的专业是（ ）

   A. 学前教育　　B. 音乐专业　　C. 其他专业

4. 您任教的班级是（ ）

   A. 托班　　　B. 小班　　　C. 中班　　　D. 大班

二、音乐教育活动方面的情况

1. 您一周组织几次音乐教育活动？（ ）
   A. 一次　　　　　　　　B. 两次
   C. 三次　　　　　　　　D. 四次及以上

2. 您认为音乐教育活动重要吗？（ ）
   A. 非常重要　　　　　　B. 比较重要　　　　　　C. 一般
   D. 不太重要　　　　　　E 不重要

3. 您认为在幼儿园阶段，幼儿音乐能力的发展重要吗？（ ）
   A. 非常重要　　　　　　B. 比较重要　　　　　　C. 一般
   D. 不太重要　　　　　　E. 不重要

4. 您在组织音乐教育活动，哪个类型的音乐教育活动组织得最多？（ ）
   A. 唱歌活动　　　　　　B. 音乐欣赏活动
   C. 韵律活动　　　　　　D. 打击乐活动

5. 您如何组织、选择音乐活动的内容？（ ）
   A. 严格遵循教材　　　　B. 大部分参照教材
   C. 少部分参照教材　　　D. 自由创编

6. 您最期望在音乐教育的哪方面接受培训？（ ）
   A. 音乐教育理论　　　　B. 歌唱　　　　　　　　C. 舞蹈
   D. 弹琴　　　　　　　　E. 其他

感谢您在百忙之中给予我们的支持，谢谢！

以上是关于音乐教育方面的调查问卷，这份问卷的结构包括了封面信、指导语，问卷题和结束语四个部分。目的是了解幼儿教师开展音乐教育活动的基本观点和做法。

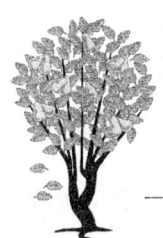

参考文献

[1] 蔡觉民, 杨立梅. 达尔克罗兹音乐教育理论与实践[M]. 上海: 上海教育出版社, 1999.
[2] 陈鹤琴. 儿童音乐教育[M]. 南京: 南京师范大学出版社, 2013.
[3] 杜成宪, 单中惠. 幼儿教诲思维史[M]. 人民教诲出书社, 2008.
[4] 方少萌. 奥尔夫音乐教学法实用教程[M]. 上海: 复旦大学出版社, 2015.
[5] 郭亦勤, 王麒. 学前儿童艺术教育活动指导[M]. 上海: 复旦大学出版社, 2014.
[6] 郭亦勤. 学前儿童艺术教育活动指导[M]. 上海: 复旦大学出版社, 2009.
[7] 何平. 音乐的本质与发展[M]. 人民音乐出版社, 2007.
[8] 黄瑾, 阮婷. 学前儿童音乐教育与活动指导[M]. 上海: 华东师范大学出版社出版, 2015.
[9] 黄瑾. 学前儿童音乐教育[M]. 上海: 华东师范大学出版社, 2006.
[10] 蒋蓉蓉. 音乐基础[M]. 广东: 广东高等教育出版社, 2013.
[11] 李春玲. 幼儿园大型活动组织与策划手册[M]. 北京: 中国轻工业出版社, 2016.
[12] 李德龙. 高师音乐教育学概论[M]. 上海: 上海音乐学院出版社, 2004.
[13] 李树忠. 浅谈声乐研究与声乐教学[J]. 武汉师范大学学报, 1996.
[14] 廖乃雄. 音乐教学法[M]. 北京: 中央音乐学院出版社, 2005.
[15] 刘郎. 声乐教育手册[M]. 北京: 北京师范大学出版社, 1995.
[16] 刘晓东. 儿童教育新论[M]. 南京: 江苏教育出版社, 1998.
[17] 刘晓未, 刘怀峰, 王新凯. 西方音乐发展史研究与艺术赏析[M]. 吉林: 吉林大学出版社, 2012.
[18] 吕耀坚, 孙科京. 幼儿艺术教育与活动指导[M]. 北京: 北京师范大学出版社, 2012.
[19] 马成. 幼儿律动音乐[M]. 北京: 科学普及出版社, 1993.
[20] 田明俊. 中外音乐简史及名作赏析[M]. 上海音乐出版社, 2006.
[21] 王海英. 学前教育社会学[M]. 南京: 江苏教育出版社, 2009.
[22] 王惠. 中国音乐教育发展史概略[M]. 黑龙江: 北方文艺出版社, 2013.

[23] 王秀萍.学前儿童经验音乐教育[M].合肥：安徽文艺出版社，2009.
[24] 王秀萍.幼儿园音乐领域教育精要——关键经验与活动引导[M].北京：教育科学出版社，2015.
[25] 王懿颖.学前儿童音乐教育[M].北京：北京师范大学出版社，1997.
[26] 王懿颖.学前儿童音乐教育的理论与实践[M].北京：北京师范大学出版社，2004.
[27] 王懿颖.幼儿园教师音乐技能[M].北京：高等教育出版社，2014.
[28] 吴邵萍主编.幼儿园开放性区域活动引导（5~6岁）[M].北京：教育科学出版社，2015.
[29] 吴邵萍主编.幼儿园开放性区域活动引导（4~5岁）[M].北京：教育科学出版社，2015.
[30] 吴邵萍主编.幼儿园开放性区域活动引导（3~4岁）[M].北京：教育科学出版社，2015.
[31] 吴文艳.幼儿园一日生活过渡环节的组织策略[M].北京：中国轻工业出版社，2015.
[32] 谢嘉幸，徐绪标.音乐教育的研究与实践[M].上海：上海音乐出版社，1999.
[33] 许卓娅，吴魏莹.学前儿童音乐教育与活动指导[M].湖南：湖南大学出版社，2015.
[34] 许卓娅，戴海云.义务教育教科书《音乐》[M].北京：江苏少儿出版社，2013.
[35] 许卓娅，孔起英.幼儿园课程指导丛书——艺术[M].南京：南京师范大学出版社，1996.
[36] 许卓娅.学前儿童音乐教育[M].北京：人民教育出版社，1996.
[37] 许卓娅.幼儿园音乐教学活动[M].北京：人民音乐出版社，1995.
[38] 许卓娅.幼儿园音乐欣赏教育活动101例[C].南京：江苏人民出版社，1995.
[39] 阎妍、范存嘉、冯羿.学前儿童音乐教育[M].北京：清华大学出版社，2016.
[40] 杨立梅.柯达伊音乐教育思想与实践——音乐基础教育的原则与方法[M].北京：中国人民大学出版社，1994.
[41] 杨立梅.柯达伊音乐教育思想与匈牙利音乐教育[M].上海：上海教育出版社，2000.
[42] 杨立梅.幼儿音乐能力培养的策略与方法[M].北京：教育科学出版社，2007.
[43] 尹红.音乐教学论[M].重庆：西南师范大学出版社，2002.
[44] 郁文武.音乐教育与教学法[M].北京：高等教育出版社，1991.
[45] 张利、纪艳红、苏怡文、刘超.幼儿音乐剧[M].北京：清华大学出版社，2017.
[46] 张琳.幼儿园教育活动设计与实践[M].北京：高等教育出版社，2010.
[47] 赵红、冯桃.幼儿音乐剧——主题活动方案设计与实施[M].北京：电子工业出版社，2017.
[48] 邹本初，沈湘歌唱学体系研究[M].湖南科学教育出版社，1986.